# ESCOLA BRASILEIRA DE FUTEBOL

★

*Paulo Vinícius Coelho, o PVC*

# Escola brasileira de futebol

*3ª reimpressão*

OBJETIVA

Copyright © 2018 by Paulo Vinícius Coelho

*Grafia atualizada segundo o Acordo Ortográfico da Língua Portuguesa de 1990, que entrou em vigor no Brasil em 2009.*

*Capa, projeto gráfico e ilustrações de miolo*
Rodrigo Maroja

*Edição*
Marluce Faria

*Revisão*
Renata Lopes Del Nero
Clara Diament

*Índice remissivo*
Probo Poletti

Dados Internacionais de Catalogação na Publicação (CIP)
(Câmara Brasileira do Livro, SP, Brasil)

    Coelho, Paulo Vinícius
       Escola brasileira de futebol / Paulo Vinícius Coelho. –
1ª ed. – Rio de Janeiro : Objetiva, 2018.

       Bibliografia
       ISBN 978-85-470-0057-8

       1. Escola brasileira de futebol – História 2. Futebol brasileiro 3. Futebol – Brasil – História 4. Futebol – Jogos 5. Jogadores de futebol – Brasil I. Título.

18-13924                                CDD-796.3340981

Índice para catálogo sistemático:
1. Escola brasileira de futebol : História     796.3340981

Todos os direitos desta edição reservados à
EDITORA SCHWARCZ S.A.
Praça Floriano, 19, sala 3001 — Cinelândia
20031-050 — Rio de Janeiro — RJ
Telefone: (21) 3993-7510
www.companhiadasletras.com.br
www.blogdacompanhia.com.br
facebook.com/editoraobjetiva
instagram.com/editora_objetiva
twitter.com/edobjetiva

*Para Adri, Bruna e João Pedro, meus amores, meu abrigo eterno*

# SUMÁRIO

Introdução: O país do futebol .................................................... 9

1. O maior time da história .................................................... 15
2. A influência estrangeira .................................................... 31
3. Flávio Costa .................................................................... 41
4. Marcação por zona ........................................................... 45
5. Tico-tico no fubá .............................................................. 57
6. Os sistemas ..................................................................... 63
7. Os técnicos craques ......................................................... 75
8. O estrategista, Parte I: Tim ............................................... 79
9. A escola mineira .............................................................. 87
10. Quando o futebol começou a mudar ................................. 93
11. Força e futebol ................................................................ 101
12. O técnico paulista: Brandão ............................................. 119

**13.** O estrategista, Parte II: Ênio ...................................................125
**14.** A revolução ao longe ..................................................................131
**15.** Técnicos brasileiros no exterior .............................................137
**16.** O Brasil de 1982 e a grande mentira ...................................145
**17.** Por que Telê voltou? .................................................................161
**18.** A terceira revolução ..................................................................179
**19.** Mudança à brasileira ................................................................185
**20.** O Brasil de 1994 e os dois pontas de lança ......................197
**21.** O jogo copiado ............................................................................205
**22.** A Copa da Ásia: Ganhar como em 1994
ou perder como em 1982 .......................................................209
**23.** O estrategista, Parte III: Luxemburgo ..................................217
**24.** As mudanças de Tite ..................................................................227
**25.** A segunda tela .............................................................................237
**26.** O êxodo pós-Bosman .................................................................241
**27.** O raio X do 7 a 1 .........................................................................247
**28.** O jogo coletivo .............................................................................261

*Epílogo:* Onde nascem os anjos .......................................................265
*Glossário das posições* .........................................................................269
*Explicação sobre a grafia dos craques históricos* .......................275
*Referências bibliográficas* ..................................................................277
Índice remissivo .......................................................................................279

INTRODUÇÃO
# O PAÍS DO FUTEBOL

Ao longo dos anos, muitas teorias malucas tentaram explicar por que o Brasil forma tantos jogadores. A Europa, por exemplo, já ofereceu suas hipóteses. "Eles acham que nós sabemos jogar porque nos formamos no futebol de salão", conta meu irmão Marcos, que se mudou para Londres em 2007 e passou a jogar peladas contra os ingleses.

Bobagem! Os britânicos não percebem que os brasileiros nascem e formam jogadores em todos os cantos, de todos os jeitos. Talvez aí esteja o segredo. Há garotos que começam a jogar nos campos de várzea, cujo nome se explica, em São Paulo, pelo fato de serem montados à margem dos rios. Mais especificamente na várzea dos rios Pinheiros, Tamanduateí e Tietê. Algumas centenas de garotos nasceram para o futebol jogando em terrenos desse tipo, e vários outros começaram em superfícies igualmente improvisadas. Garrincha jogava num platô, um terreno baldio no alto de um morro em Pau Grande, distrito de Magé, na serra fluminense. Ali, quase sem espaço, precisando transformar um pedaço de chão à beira do abismo num latifúndio, aprendeu a driblar.

Nas últimas décadas, com a maciça transmissão de jogos do futebol internacional, em seus estádios lotados e gramados perfeitos, muita gente deste lado do Atlântico passou a acreditar que o Brasil não é, nem nunca foi, o país do futebol.

É e sempre será.

Não por ser o lugar onde mais se assiste futebol. Nesse ponto, o Brasil sempre ficou atrás de italianos, ingleses, espanhóis e alemães. Assistir às partidas nunca foi nossa cultura. Orgulhamo-nos de ter o maior estádio do mundo, mas, na prática, abrigamos os maiores estádios vazios do planeta. O Maracanã chegou a receber 178 mil pagantes num Fla × Flu de 1963, porém também cansou de ter públicos abaixo de 3 mil espectadores. Na história do Campeonato Brasileiro, foram vinte jogos entre 1971 e 2017, no Maracanã, com menos de 3 mil espectadores. Aqui, jogo grande sempre teve público grande, e jogo pequeno sempre mobilizou público pequeno.

Por outro lado, em seus 8,5 milhões de $km^2$, o Brasil é o país onde mais se joga futebol. De acordo com levantamento do IBGE, 39% dos brasileiros que praticam alguma atividade física jogam futebol. Basta lançar uma bola em qualquer pedaço de chão, seja ela de meia, de gude ou até uma casca de laranja. Brasileiro controla a bola em solo de terra batida, na areia da praia, na várzea do rio, à margem do rio Amazonas e do rio São Francisco, no asfalto da rua em São Paulo, na floresta, dentro do mar ou numa plataforma de petróleo. Essa diversidade ajudou a criar a escola de futebol mais admirada do mundo, embora a tenha transformado, com isso, na mais difícil de ser definida.

O que é a escola brasileira? "A escola brasileira é linha de quatro homens na defesa, marcação por zona e toque de bola", diz Carlos Alberto Parreira. "Escola brasileira é empirismo, o talento puro", opina Vanderlei Luxemburgo, para quem Zagallo foi o maior técnico dessa tradição.

Definir a escola brasileira sempre foi complicado porque a sua própria composição envolve a mistura de vários estilos. O futebol é um retrato do Brasil, uma mescla de raças e culturas, mesmo num país que fala português do Oiapoque ao Chuí. Escola brasileira é buscar o gol em todas as circunstâncias, seja na Bahia, seja no Rio Grande do Sul. Escola brasileira é o drible. É esperar que o craque defina um jogo num lance mágico, como o chapéu de Pelé em Mel Charles contra o País de Gales, em 1958, a arrancada de Ronaldinho no gol de Rivaldo contra a Inglaterra, em 2002, ou a deixadinha de Falcão para Éder finalizar e virar o jogo contra a União Soviética, em 1982.

Chapéu, lençol, carretilha, lambreta, meia-lua, drible da vaca, letra, chaleira, bomba, petardo... As expressões definem como se joga, cada cidade e região com sua gíria, seu nome próprio para o que mais caracteriza o futebol brasileiro: o improviso. Nos tempos modernos, o espaço diminuiu, e o desafio passou a ser a manutenção do jeito de jogar, alegre e surpreendente, com marcações prontas para acabar com o brilho num desarme, numa falta ou apenas cortando o passe pela compactação do sistema tático. O trunfo é ter um time organizado que possibilite o improviso mesmo em espaços reduzidos.

No início da relação do craque brasileiro — e mesmo do perna de pau — com a bola, o primeiro adversário não é o zagueiro, mas a condição de vida. Pode ser a moita isolada no campo de terra, o chão duro do asfalto ou o charque da terra molhada pelo temporal. Talvez seja a água na beira da praia ou na margem do rio, o Solimões ou o Guaíba. Driblar cada uma dessas circunstâncias forjou o jogador brasileiro e sua escola.

No passado, as características regionais moldaram o estilo próprio de diferentes estados. Os cariocas jogavam de maneira leve e cadenciada, o que certamente era consequência do clima e do horário das partidas: nos anos 1950, por exemplo, o Maracanã abria para jogos profissionais às 15h. Como seria possível, nesse contexto, imprimir uma velocidade semelhante à do futebol inglês do século XXI? Então o Brasil aprendeu a tocar a bola de pé em pé, até conseguir espaço para se infiltrar com dribles e tabelinhas.

Traços similares marcam o futebol de São Paulo, embora haja uma diferença de intensidade. Como o calor dava mais trégua no território paulista, os jogadores tinham mais condições de avançar em velocidade. As tabelinhas rápidas entre Pelé e Coutinho, no histórico Santos dos anos 1960, são um bom exemplo disso.

No Rio Grande do Sul, contudo, a história era outra. As viagens para o interior do estado — um pré-requisito do Campeonato Gaúcho — e o inverno rigoroso levaram ao estabelecimento de um estilo de jogo particular. Durante os anos 1960, a soberania do Grêmio foi responsável por uma mudança ainda maior. Após ver o adversário se sagrar heptacampeão consecutivo, o Internacional abdicou da técnica em favor da força física, numa transição que, a partir dos anos 1970, começou a alterar o jeito de o Brasil conhecer futebol.

Há diversos tipos de futebol brasileiro, mas uma só escola, admirada e temida no mundo todo. Infelizmente, ela nunca foi apresentada em forma de livro, o que sem dúvida configura um grande erro. Com o devido registro, a escola tem mais chances de ser conhecida e, assim, passada de geração para geração.

Este livro não é uma tentativa de preencher essa lacuna — tal tarefa poderia ser facilmente executada por nossos treinadores. Em vez disso, propõe-se a contar como o futebol brasileiro aprendeu a ser forte, como definiu seu estilo e como encantou o mundo.

Já houve escolas mágicas que desapareceram justamente por não serem protegidas. A brasileira, por sua força, amplitude e potencial, não pode ser uma delas. O Brasil é o país do futebol, e por isso a sua escola tem de ser espalhada pelo mundo. Mas talvez o legado não precise, necessariamente, ser difundido com a bola nos pés. Um pouco de conhecimento sobre sua teoria já pode ajudar bastante.

# 1

# O MAIOR TIME DA HISTÓRIA

★

31 de agosto de 1969 entrou para a história como o dia em que o marechal Costa e Silva deixou a presidência da República, afastado por problemas de saúde. No entanto, outro grande acontecimento marcaria essa data: o Brasil registrou o maior público pagante de todos os tempos do futebol contra o Paraguai, no Maracanã, pelo último jogo das eliminatórias para a Copa de 1970. Foram 183 341 torcedores.

A classificação veio dos pés de Pelé, que marcou o único gol da partida após uma curta troca de passes. Edu recebeu pela esquerda, invadiu a área por trás da defesa do Paraguai e chutou contra a meta de Aguilera. No rebote, Pelé marcou.

Pelo modo como as emissoras de televisão normalmente mostram o lance, parece que foi um contra-ataque rápido. Não é verdade. Embora o final da jogada conte com a velocidade de

Edu, houve uma troca de passes antes do gol. Por outro lado, de maneira geral, a seleção não mostrava grande cuidado com a posse de bola. A obsessão de Josep Guardiola com o passe, fundamental para seu vitorioso Barcelona de 2008 a 2012, não era o princípio básico do jogo brasileiro. A lógica da seleção era o prazer.

No começo da partida, por exemplo, Piazza recebeu uma bola no meio de campo. Sem opção de passe, lançou-a diretamente para a grande área. A defesa paraguaia rebateu. O Brasil esbarrou na defesa bem estruturada do Paraguai até encontrar espaço aos 33 minutos do segundo tempo. Trocava passes, tentava tabelinhas, mas parava no muro de proteção armado pelos paraguaios. No fim, o que decidiu o jogo foi uma jogada individual.

O Brasil concluiu sua campanha nas eliminatórias com seis vitórias em seis partidas, num grupo que incluía Colômbia, Venezuela e Paraguai. Três dias depois de garantir sua presença na Copa, a seleção de João Saldanha disputou o último jogo de 1969 contra a seleção mineira. Perdeu por 2 a 1.

No mês seguinte, a cúpula de preparação física da CBD (Confederação Brasileira de Desportos e futura CBF) reuniu-se para um período de discussões sobre o Mundial do México. Os encontros aconteceram na Escola de Educação Física do Exército, no bairro carioca da Urca. "Não tinha nada a ver com apoio aos militares. O Cláudio Coutinho era capitão e tínhamos acesso às instalações", diz Carlos Alberto Parreira, preparador físico da seleção de 1970.

As conversas giravam em torno de uma questão principal: como fazer o histórico jogo brasileiro vencer o preparo físico dos europeus, grande responsável pelo triunfo da Inglaterra na Copa de 1966? O futebol passava por transformações, e o Brasil precisava acompanhá-las. Durante uma semana, os preparadores físicos Admildo Chirol e seus assistentes Cláudio Coutinho e Carlos Alberto Parreira, com auxílio de convidados como o professor Lamartine Pereira da Costa, conversaram sobre as condições a serem encontradas no México.

Lamartine Pereira era conceituado no campo da biometeorologia e foi levado à comissão técnica para ajudar na adaptação à altitude. De certa forma, sua contribuição representou a entrada da ciência no campo do esporte. Até então, esse conhecimento específico havia figurado raras vezes no futebol mundial, especialmente no Brasil, onde parecia reinar a certeza de que o saber dos gramados solucionaria todos os problemas.

As circunstâncias em torno da Copa de 1970 traziam inúmeras preocupações. Os jogos seriam disputados ao meio-dia, e as cidades-sede estavam localizadas bem acima do nível do mar — Guadalajara a 1556m, Cidade do México a 2250m. A seleção brasileira ainda precisava superar a experiência negativa de 1966, quando sofreu com a velocidade e a violência dos adversários e fez a pior campanha de sua história.

A preparação começou com uma análise do estilo de jogo europeu. Embora a tecnologia fosse precária, as câmeras Super-8 foram muito úteis na época, produzindo vídeos sobre os times que mais poderiam ameaçar o Brasil em 1970. A Copa de 1966 trouxe uma série de mudanças ao futebol, incluindo a introdução do 4-4-2 (*ver cap. 9 para mais detalhes*). Congestionamento no meio de campo e recuo dos dois pontas, um de cada lado. Era o nascimento das duas linhas de quatro homens. Na seleção inglesa, apenas os dois atacantes, Hurst e Hunt, atuavam mais soltos perto da grande área.

O Brasil, contudo, estava acostumado a outro estilo. Na Copa de 1958, Garrincha dominava a bola, olhava fixamente para seu marcador, fingia dar o drible, parava e então avançava rumo à linha de fundo. O mesmo jogo que se aprendia nas ruas, nas praias e nos campos de várzea aparecia numa Copa do Mundo. O

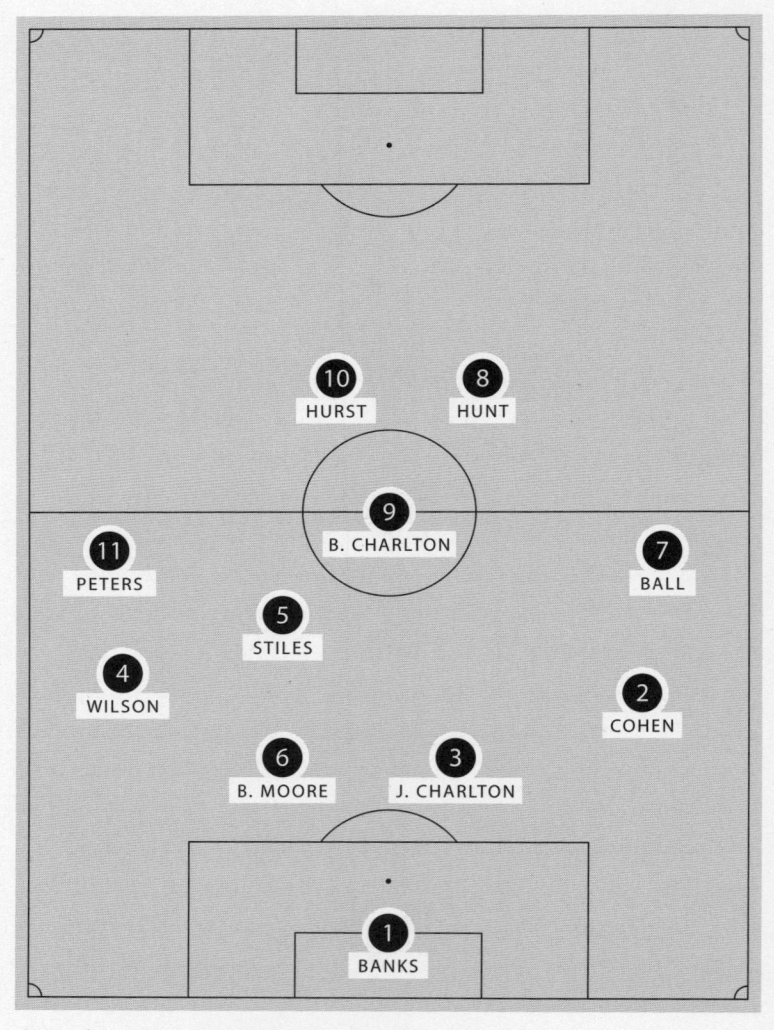

*Os ingleses de 1966. Tinha de igualar no preparo.*

preparo físico não era tão valorizado, corria-se menos, deixava-se mais espaço para o adversário. Em 1962, a seleção ganhou o Mundial com seis titulares acima dos trinta anos. A Copa era pura técnica e habilidade.

Em 1966, a história mudou. O Brasil foi eliminado por Portugal ainda na fase de grupos, por 3 a 1, e saiu da Inglaterra culpando a violência dos portugueses e a articulação política dos ingleses. Só não enxergou a própria incapacidade de planejar e executar sua proposta de jogo. Um exemplo da desorganização pode ser visto na estrutura dos treinos. Durante as atividades, os times eram divididos em amarelo, verde, branco e azul, seguindo as cores da bandeira nacional. A bagunça era tão grande que, em dado momento, a seleção teve dois jogos-treino marcados para o mesmo dia: um contra a União Soviética, no Rio, e outro contra a Hungria, em São Paulo.

O diagnóstico do fracasso apontou para a convocação de 47 jogadores na fase final da preparação. No entanto, pouca gente lembra que 41 jogadores foram convocados em 1962. Durante o Mundial da Inglaterra, vinte dos 22 inscritos entraram em campo, o que na época foi considerado um erro. Mas, em 2002, 21 dos 23 chamados disputaram pelo menos um minuto da Copa, e nem por isso o Brasil deixou de ser campeão.

O maior pecado brasileiro pós-1966 foi a dificuldade em entender o novo tipo de jogo, especialmente diferente nas temperaturas amenas do verão inglês. O Brasil ficou chocado com seu desempenho ridículo, porém não estudou as razões por trás do vexame. A seleção só voltou a campo em 1967, quando disputou quatro amistosos com dois técnicos distintos, Aymoré Moreira e Zagallo. Só voltou a jogar para valer em junho de 1968, contra o Uruguai, no duelo pela Copa Rio Branco.

João Saldanha foi definido como o técnico para as eliminatórias apenas em 1969. Escolha surpreendente. Saldanha só havia atuado como treinador no período de 1957 a 1959. Após deixar a comissão botafoguense, recebeu convite para ser comentarista da rádio Guanabara. Iniciou a trajetória de um dos mais carismáticos comentaristas de futebol do país, mas, com isso, não voltou ao banco de reservas de uma equipe profissional.

Até que, em 1969, o então diretor da CBD, Antônio do Passo, marcou um encontro com Saldanha no apartamento do técnico, no Rio de Janeiro. Sentaram-se na sala, com os filhos e a mulher Thereza. Passo começou a conversa explicando a razão da visita e a necessidade de um novo treinador para a seleção brasileira. Saldanha respondeu:

"Isto é uma sondagem ou um convite?"

"É um convite", respondeu Antônio do Passo.

"Topo."

Está na história do futebol brasileiro, assim, com quatro letras, o sim de João Saldanha para um trabalho que durou apenas onze meses. No livro *João Saldanha: Uma vida em jogo*, de André Iki Siqueira, o mesmo jornalista que descreve o diálogo acima, Saldanha diz nunca ter entendido bem o convite. Sempre se declarou comunista, e o convite ocorreu durante o período em que o Brasil era presidido pela Junta Militar, no ápice da ditadura, meses antes da posse de Emílio Médici.

Em termos de futebol, era um planejamento bem diferente do europeu: na Europa, jogava-se a eliminatória ao longo de meses, como passou a acontecer na América do Sul durante o século XXI. Aqui, não. Havia um grupo de quatro seleções que se enfrentavam em turno e returno num período de 25 dias — 6 a 31 de agosto. A estreia de Saldanha aconteceu em abril, com os onze titulares, suas chamadas "feras", anunciados já em sua primeira entrevista: Félix, Carlos Alberto, Brito, Djalma Dias e Rildo; Piazza, Gérson e Dirceu Lopes; Jairzinho, Tostão e Pelé.

Em teoria, era a mais pura escola brasileira. Note-se que a equipe não tinha nem ponta-esquerda, nem centroavante. A lógica era partir para cima. Se somos melhores, eles que se defendam. Muita gente supõe que a proposta ofensiva dessa seleção

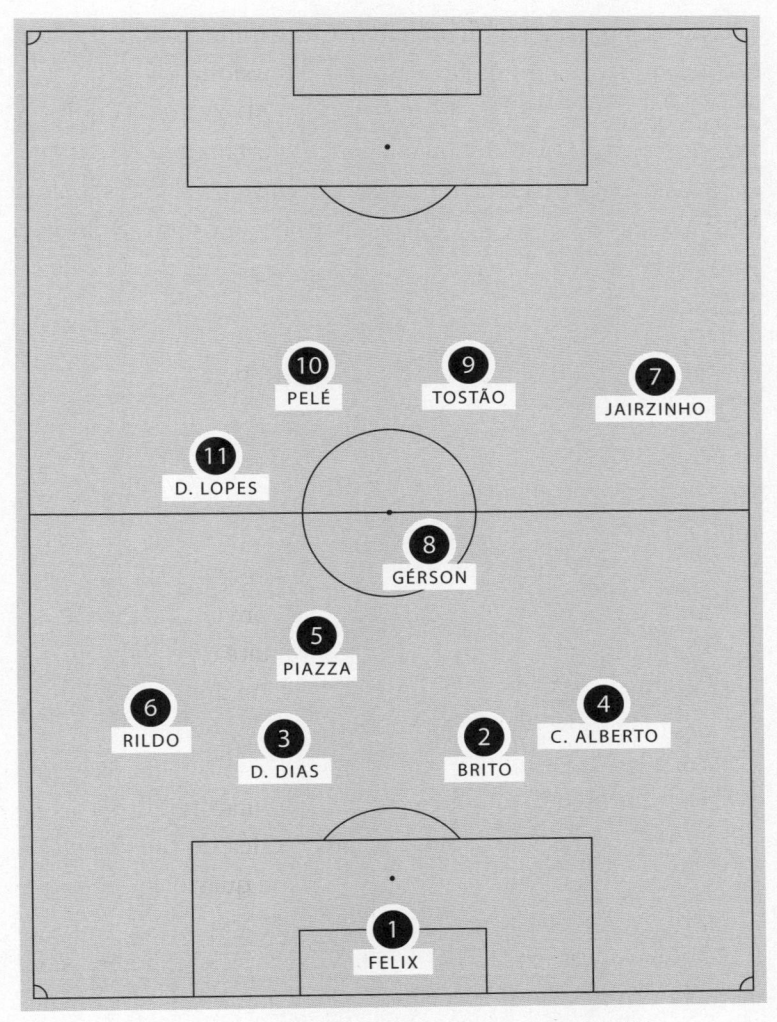

*As feras de Saldanha, com Dirceu Lopes, Djalma Dias e Rildo.*

sempre gerou resultados favoráveis, mas a realidade não era tão simples.

O primeiro amistoso de Saldanha foi contra o Peru, e o jogo se mostrou extremamente difícil. A seleção peruana era muito talentosa, com Cubillas, Gallardo e Mifflin, embora apenas a sofrida vitória brasileira por 2 a 1, no Beira-Rio, tenha revelado o verdadeiro potencial do adversário. No segundo compromisso, também contra o Peru, Saldanha fez duas mudanças quando a seleção perdia por 2 a 0: trocou Dirceu Lopes por Edu e Tostão por Paulo Cézar Caju. No fim, virou para 3 a 2 com um ponta--esquerda natural.

O time das eliminatórias se caracterizava menos por posse de bola e mais por agressividade. Jogava quase num 4-2-4, com Jairzinho de um lado, Edu de outro, Tostão e Pelé na frente, Piazza e Gérson no meio de campo. Não era um jogo da troca de passes, ainda que a bola passasse de pé em pé quando necessário. Como ocorreu no gol da classificação no Maracanã lotado, contra o Paraguai.

A Copa do Mundo começou no dia 31 de maio, e João Saldanha atuou como técnico até o dia 17 de março. Em seu livro, André Iki Siqueira aborda a demissão de Saldanha de maneira ampla, com depoimentos de Gérson, Pelé e Carlos Alberto. Embora não ignore a relação do técnico com a ditadura de Emílio Médici, relativiza a importância de seu posicionamento à esquerda. Houve problemas independentes da questão política, entre eles a briga de Saldanha com o técnico Yustrich, em setembro de 1969, após um amistoso contra a seleção mineira — time que, na prática, correspondia ao Atlético Mineiro.

Ex-goleiro do Flamengo nos anos 1930, Yustrich tornou-se um dos treinadores mais disciplinadores e autoritários do futebol brasileiro. Em tempos de ditadura militar, também parecia, para muitos, alinhado à direita, embora o perfil político não fosse prioridade em sua vida. Era um treinador linha-dura, ditatorial em seu ambiente de trabalho. O oposto do que Saldanha pretendia. No início de 1970, o técnico da seleção continuava em seu cargo e Yustrich começava sua trajetória no comando do

Flamengo. Chegou aos ouvidos de Saldanha que Yustrich havia lhe dirigido ofensas, declarando que o comandante do Brasil não entendia nada de futebol.

A isso somou-se a relação difícil com Pelé. Saldanha afirmou, por exemplo, que Pelé era míope e precisava tratar do problema de visão. Relatam-se, ainda, outros episódios da relação entre o técnico e o melhor jogador de todos os tempos. Num deles, Pelé teria ouvido atentamente o relatório de Saldanha sobre um amistoso contra a Argentina, rebatendo em seguida: "Você diz que o Fischer é meio de campo, mas na verdade é ponta de lança". Com a intervenção, o Rei desafiava a autoridade do técnico e questionava seu conhecimento sobre o próximo adversário do Brasil.

Carlos Alberto Torres conta, também na obra de André Iki Siqueira, que Pelé teria abordado Saldanha de forma ainda mais provocadora em outra ocasião. A gota d'água foi o empate com o Bangu, em março de 1970. O jogo-treino terminou em 1 a 1 e escancarou a crise. Há relatos de que Saldanha estava mais nervoso do que o normal e de que João Havelange, então presidente da CBD, foi até a concentração da seleção brasileira em São Conrado. Quando Havelange aproximou-se, Saldanha fugiu da conversa. No dia seguinte, o técnico foi demitido.

Paralelamente às versões sobre os atritos com Yustrich e Pelé, bem como à importância conferida ao tropeço contra o Atlético Mineiro, um depoimento do ex-ministro da Educação, Jarbas Passarinho, sugere outra explicação à saída de Saldanha. Atendendo a uma reclamação de Emílio Médici, Passarinho afirmou que o técnico seria demitido. Não há dúvidas de que Saldanha não era alinhado com o governo militar e que os militares não gostavam da ideia de vê-lo à frente do campeão mundial. O que não se sabe ao certo é se isso foi determinante para a troca de comando. Pode ter sido um dos fatores, mas secundário diante da insegurança e do nervosismo de Saldanha em seus momentos finais no cargo.

De uma maneira ou de outra, Saldanha caiu em março.

Seu substituto foi Zagallo, que passou a usar uma formação bem diferente. Se os 47 convocados de 1966 viraram justificativas para a derrota, imagine o que não representaria a troca de treinador às vésperas da Copa.

A diferença é que, em 1970, a mudança foi um sucesso. Em parte isso se deve ao planejamento que começou na Urca, com o estudo das condições climáticas e geográficas no México, à análise do tipo de jogo que nascera na Inglaterra e à maior atenção ao preparo físico dos jogadores. Nesse processo, a comissão técnica buscou formas de fazer a escola brasileira se destacar na nova dinâmica do futebol. No momento em que Zagallo assumiu a seleção, a estratégia para a Copa do Mundo já estava desenhada.

"Quando mostramos aos jogadores o planejamento, eles foram muito receptivos. Perceberam que havia um plano para que conseguissem dar o seu melhor e se preparassem para a nova realidade apresentada pelo futebol mundial", diz Parreira.

## AO ATAQUE!

Em onze partidas da seleção sob o comando de João Saldanha, o Brasil marcou 32 gols. Essa conta exclui os jogos contra seleções regionais, como a sergipana, e vai desde a estreia contra o Peru até a vitória contra a Argentina, em março de 1970. Foram quase três gols por partida. Não há nada mais característico do futebol brasileiro do que buscar o gol.

Sob o comando de Zagallo, da estreia à final da Copa do Mundo, o Brasil também disputou onze partidas, novamente contando apenas os jogos contra seleções principais, como recomenda a estatística da Fifa no século XXI. O melhor time da história do futebol tinha uma média de gols melhor do que a seleção de João Saldanha, e ainda enfrentou adversários mais fortes. O Brasil de Saldanha venceu as eliminatórias contra Colômbia, Venezuela e Paraguai e teve como principal adversário nos amistosos a seleção peruana. Fez 32 gols em 11 jogos com média de 2,9 gols.

Já a equipe de Zagallo foi eleita a melhor da história pela revista *World Soccer* por ter vencido a Copa do Mundo de 70. Na campanha do tricampeonato, ganhou os seis jogos, fez dezenove gols (média de 3,2 gols) e passou por Inglaterra, Uruguai e Itália, todos campeões mundiais. Para alguns torcedores da época, vingou a derrota de 1950 ao eliminar os uruguaios na semifinal.

Na história das Copas, esse foi o segundo melhor ataque do Brasil, atrás apenas da seleção vice-campeã de 1950, que anotou 22 gols em seis partidas. Apesar de tudo isso, Zagallo assumiu a seleção com um discurso que não era exatamente ofensivo. Por outro lado, ouvia os preparadores físicos e adaptava sugestões a seus conceitos de futebol.

Depois de ser bicampeão mundial em 1962 como jogador, Zagallo começou a carreira de técnico. Dirigiu os juvenis do Botafogo e chegou ao time principal em 1967. Os alvinegros festejaram nos dois anos seguintes o Bibi — nome dado à conquista do bicampeonato carioca e da Taça Guanabara, na época um torneio independente do estadual. Na decisão que lhe valeu o bi carioca, seu time recuou e apostou nos lançamentos de Gérson para a infiltração de Jairzinho, que ganhava em velocidade dos zagueiros para marcar.

Em contra-ataques mortais, o Botafogo venceu o Vasco por 4 a 0 e garantiu o segundo título carioca consecutivo. O contra-ataque nunca foi apontado como uma característica tipicamente brasileira, mas, com a velocidade de jogo da época, originou muitos dos mais belos lances da seleção de 1970.

Zagallo reuniu-se com os jogadores antes de sua primeira partida como técnico da seleção brasileira, em março de 1970. Em seguida, encontrou-se com a comissão técnica e buscou entender a elaboração do trabalho para o Mundial.

Segundo conta Parreira, o objetivo de Zagallo para a sequência dos treinos era igualar o preparo físico dos ingleses e dar a seu time condições para negar espaço ao adversário. "Os europeus gostam de velocidade e contra-ataque. Se recuarmos todos para marcar atrás do meio de campo, eles não saberão o que fazer", disse Parreira, atribuindo as palavras ao comandante brasileiro.

Nos videoteipes da Copa de 1970, não é raro ver a seleção inteira atrás do meio de campo quando o rival tinha a bola. Gérson se aproximava de Clodoaldo, Rivelino voltava pela esquerda, Jairzinho voltava pela direita, Pelé recuava pelo meio e Tostão ficava no círculo central. "Tostão nunca foi um centroavante. Ele era um 10", diz Parreira.

Cuidado para não propagar a lenda.

Dizem que a seleção tricampeã tinha cinco camisas 10. É mais justo afirmar que havia cinco pontas de lança. Jairzinho era 10 no Botafogo, Gérson, 10 no São Paulo, Pelé, 10 no Santos e Rivelino, 10 no Corinthians. Tostão era o camisa 8 do Cruzeiro. Embora a função fosse semelhante, a camisa era diferente. Quando Jairzinho vestiu a 10 no Botafogo, Gérson foi 8. E o número da camisa não ditava as ações em campo: Gérson cansou de lançar bolas espetaculares para gols de Jairzinho quando os dois atuaram juntos em General Severiano.

A síntese de seleção de 1970 era o talento, e o desafio do treinador era reuni-lo em uma equipe, dando-lhe condições de alcançar a vitória. O melhor time da história, o maior símbolo

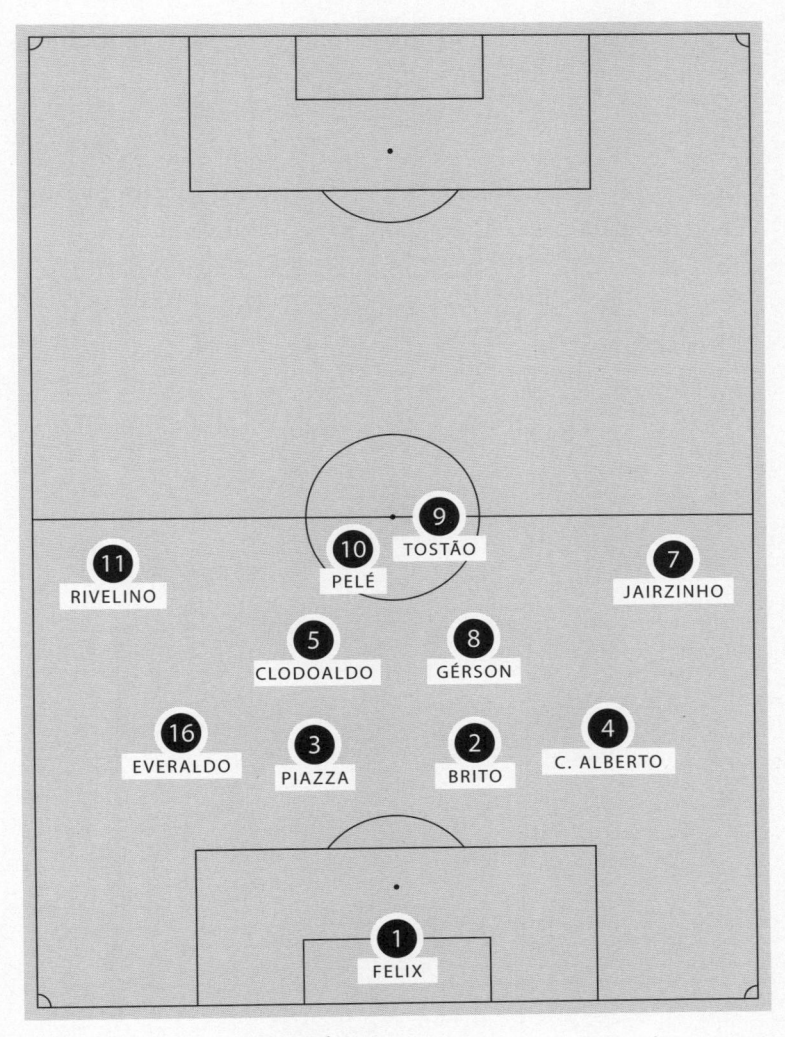

*Seleção de 70: sem a bola, todos atrás.*

do jeito brasileiro de jogar, recuava para se proteger. Tudo mudava quando tinha a bola. Há muitas diferenças entre o futebol daquele tempo e o que vemos hoje, sendo difícil distinguir, em termos exatos, o contra-ataque da posse de bola. Dos dezenove

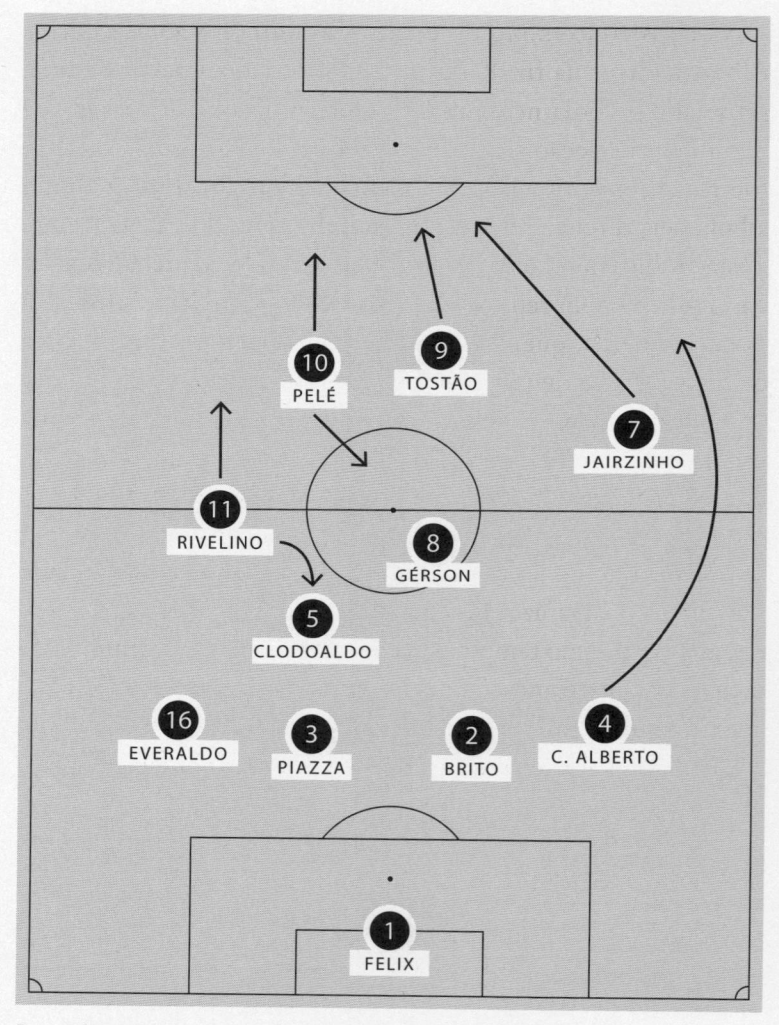

*Jairzinho em diagonal, Carlos Alberto avançava pela direita.*

gols marcados pelo Brasil, dez envolveram a saída de bola desde o campo de defesa, com o adversário ainda fora de posição, o que pode configurar um contra-ataque. No entanto, a bola saía sem pressa, de pé em pé.

O clássico exemplo do estilo brasileiro é o gol de Carlos Alberto Torres na final contra a Itália, criado a partir de uma retomada de bola no campo de defesa. Em nove passes, 29 segundos, a seleção sai da linha da grande área defensiva com toques curtos e precisos, até Carlos Alberto avançar pedindo a bola pela direita. Pelé recebe na linha central e, à sua frente, Tostão indica que Carlos Alberto vem em velocidade. O detalhe da jogada é quem retomou a posse. Voltando para marcar pela ponta esquerda, quem recuperou a bola trinta segundos antes da obra-prima e deu o primeiro passe foi Tostão.

De certa forma, a seleção de 70 foi a mais pura síntese da escola brasileira. Com a mistura de estilos de norte a sul, a equipe representava a troca de passes pelo chão desde o campo de defesa, a marcação com quatro homens em linha sem o acompanhamento homem a homem e o enfoque na habilidade individual. A organização do sistema ajuda o craque a exibir seu talento. Ao mesmo tempo, o maior time da história abriu a porta para o que quatro anos depois se denominaria futebol total. Mas, para entender como o Brasil chegou até aqui e como o futebol avançou nos anos seguintes, é preciso primeiro voltar às origens.

# 2

# A INFLUÊNCIA ESTRANGEIRA

★

Flávio Costa era figurinha carimbada no bar próximo à entrada do clube do Flamengo, pela rua Gilberto Cardoso. Contava muitas histórias. Provavelmente sempre as mesmas, mas para diferentes plateias. No início de uma tarde de 1992, um jovem repórter da revista *Placar* fez parte dessa plateia pela primeira vez, enquanto esperava por uma entrevista do histórico médico do Flamengo, Giuseppe Taranto, sobre o passado de Garrincha. O jovem repórter, de nome Paulo Vinícius Coelho, percebeu que o técnico da seleção brasileira de 1950 estava na mesa ao lado, a apenas cinco metros de distância. Esticou o ouvido para captar suas palavras.

Não era possível escutar tudo, mas dava para sentir perfeitamente a mágoa com que falava de um momento específico da carreira: o dia em que Dori Kürschner foi contratado para ser técnico do Flamengo. No Brasil, o treinador húngaro sempre foi chamado de Dori Kruschner, embora seja um erro de grafia. Kürschner nasceu em Budapeste e jogou como ponta-esquerda do MTK, na Hungria. Campeão nacional em 1904 e 1908, foi dirigido no final da carreira pelo inglês Jimmy Hogan, um dos primeiros treinadores ingleses a trabalhar na sistematização tática. O presidente do Flamengo, José Bastos Padilha, via em Kürschner um técnico capaz de modernizar o futebol brasileiro, mas seu plano encontrou bastante resistência.

Um dos maiores opositores foi Flávio Costa, que, com a chegada do húngaro, teve de se retirar do cargo que ocupava orgulhosamente. Flávio continuou no clube como assistente, mas a notícia foi recebida com indignação. "Saí andando por aquele portão ali...", dizia, apontando para a rua Gilberto Cardoso, que abrigava o estádio da Gávea, mas era situada no bairro do Leblon. "E continuei caminhando até chegar à minha casa. Só lá percebi que tinha esquecido meu carro na frente da sede do Flamengo."

Ter um automóvel em 1937 era luxo, mas Flávio tinha sua baratinha. Ficou fora do comando técnico rubro-negro por dezoito meses, enquanto Dori Kürschner introduzia os primeiros ensinamentos da cultura tática no Brasil. Naturalmente, é exagero dizer que o futebol brasileiro existe antes e depois de Kürschner. Ainda assim, foi ele que trouxe para o país o WM, primeiro sistema moderno do futebol mundial.

Por mais difícil que seja definir inventores sem pecar pela imprecisão, sabe-se que o inglês Herbert Chapman, técnico do Huddersfield e depois do Arsenal, incomodou-se com as mudanças da lei do impedimento. Até 1925, o impedimento só era marcado se, no momento do lançamento, houvesse três defensores entre o atacante e a linha de fundo. A partir desse ano, contudo, bastavam dois jogadores — o goleiro e mais um. A troca da legislação provocou uma enxurrada de gols. Para se

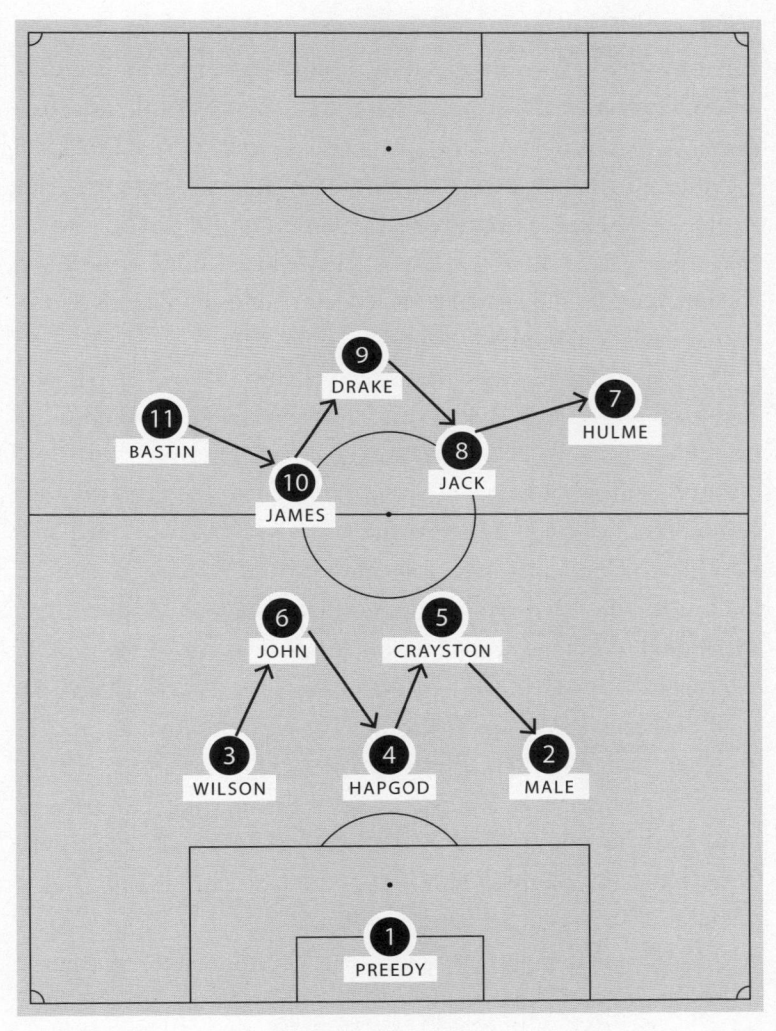

*Chapman recuou um médio e formou um W e um M.*

proteger, Chapman abandonou a tentativa de deixar avantes impedidos e recuou um médio para a posição de zagueiro. Em vez de jogar no 2-3-5, passou a empregar o 3-2-5. No desenho, um W e um M: WM.

Flávio Costa não possuía esse conhecimento teórico. Como a maior parte dos treinadores brasileiros, trabalhava intuitivamente. Transmitia aos jogadores o que aprendia em campo, e esse método avançava de geração para geração. Dori Kürschner era diferente. Faltavam-lhe outros atributos, como comunicação e relação humana, porém tinha conhecimento tático. Ficou no cargo por 71 partidas, somando 21 derrotas, onze empates e 39 vitórias. Em outras palavras, venceu apenas 54% dos jogos. Pouco. Mas deixou um legado.

Está na história que o WM foi introduzido no Brasil por Kürschner, embora Flávio Costa discordasse: para o ex-jogador rubro-negro, Gentil Cardoso começara a falar muito antes sobre as mesmas inovações. Quando o húngaro foi demitido em setembro de 1938, após uma derrota por 2 a 0 em um Fla × Flu, Flávio Costa voltou ao comando. Não deu o braço a torcer totalmente, mas desenvolveu um WM à sua maneira. Assim nascia a diagonal, como se convencionou chamar o sistema tático da seleção na Copa de 1950 e do Vasco, melhor time brasileiro no final dos anos 1940, apelidado de Expresso da Vitória.

Kürschner não foi o primeiro treinador estrangeiro a dirigir uma equipe brasileira. Em São Paulo, o Palestra Itália foi tricampeão paulista sob o comando do uruguaio Humberto Cabelli. O também uruguaio Ramón Platero foi o primeiro treinador oficial do Flamengo, sendo ainda campeão pelo Vasco em 1923 e 1924. Platero chegou ao Brasil em 1919 para acompanhar o Campeonato Sul-Americano e então radicou-se. Dirigiu Fluminense, Flamengo, Vasco e, no Campeonato Sul-Americano de 1925, compartilhou o comando da seleção brasileira com Joaquim Guimarães.

A diferença de Kürschner para os estrangeiros que o antecederam foi sua capacidade de trazer ao Brasil as inovações europeias. Por outro lado, sua saída do Flamengo também ofereceu

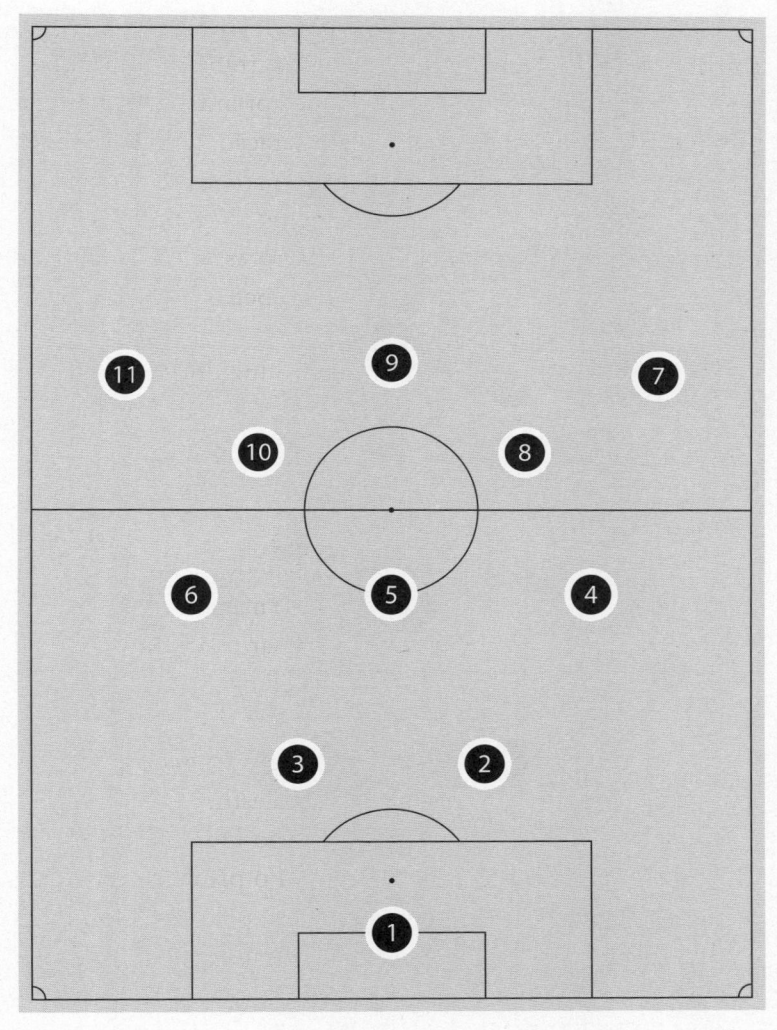

*Nos primeiros times, os números seguiam as posições: 1, 2 e 3; 4, 5 e 6; 7, 8, 9, 10 e 11.*

certas vantagens: ao assumir novamente o posto de treinador, Flávio Costa adaptou os ensinamentos de Kürschner ao jeito brasileiro.

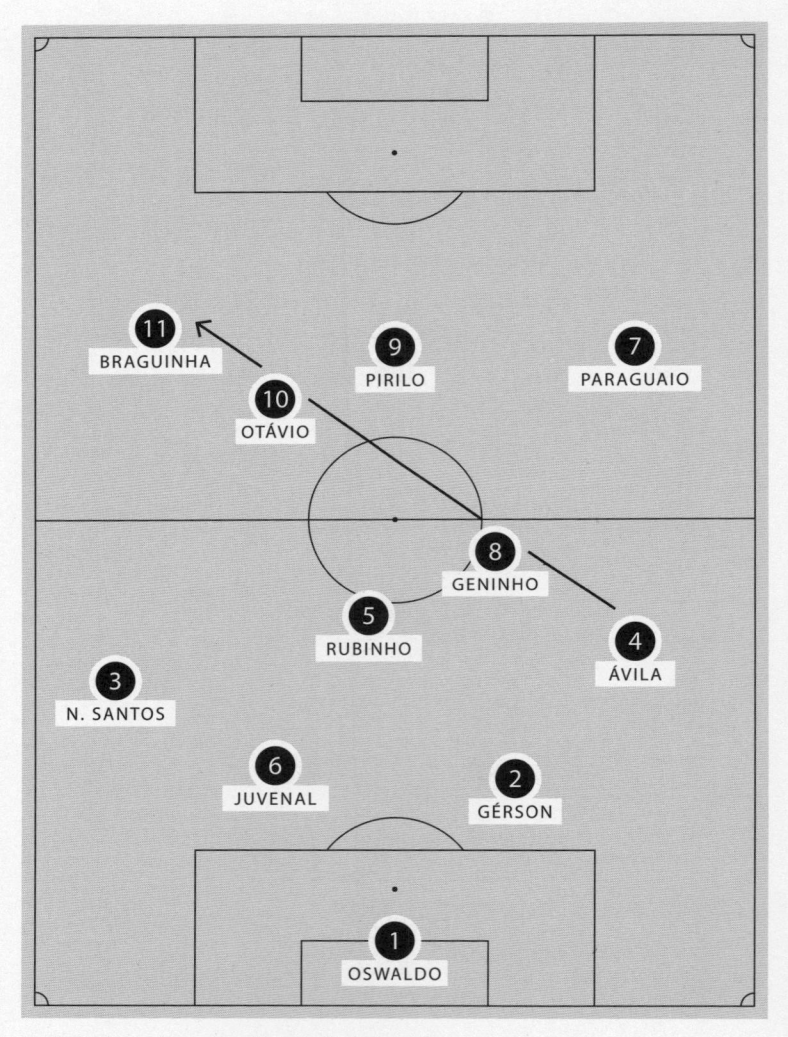

*O Botafogo de 1948: diagonal da direita para a esquerda.*

O jogo continuou sendo menos rígido do que na Hungria ou Inglaterra. Entre o drible e o posicionamento, o brasileiro sempre escolheu o drible. A lógica ainda era centrada na bola, não na marcação. Com esse pensamento, o Brasil manteve sua principal característica, formando craques na várzea e na praia. Flávio Costa recebeu a missão de juntar o conhecimento teórico ao empírico, adaptando o WM à criatividade brasileira.

Prevaleceu a intuição.

A diagonal de Costa era um WM torto. Recuava um lateral por um lado e transformava-o em terceiro zagueiro. Dos três médios, um permanecia mais à frente. Esse movimento interferia também na posição dos meias. Se o lateral-direito recuava, o meia-esquerda avançava mais do que o meia-direita.

Isso explica, em parte, a numeração das camisas, novidade instaurada oficialmente no Brasil em 1948. No velho 2-3-5, escalava-se da seguinte forma: 1, 2 e 3; 4, 5 e 6; 7, 8, 9, 10 e 11.

Tomemos como exemplo o Botafogo campeão carioca de 1948, primeiro vencedor do título estadual no Rio depois da numeração das camisas. Siga a escalação como um poema e coloque um número após cada nome: Osvaldo Baliza (1), Gérson (2) e Nilton Santos (3); Ávila (4), Rubinho (5) e Juvenal (6); Paraguaio (7), Geninho (8), Pirillo (9), Octávio (10) e Braguinha (11). No ataque, setor dos cinco últimos jogadores listados, temos a posição rígida: da direita para a esquerda, o time contava com Paraguaio na ponta direita, Geninho na meia-direita, Pirillo de centroavante, Octávio na meia-esquerda e Braguinha na ponta esquerda.

Na defesa, a lógica era um pouco diferente. O Botafogo mantinha Gérson como zagueiro central e Nilton Santos como lateral-esquerdo. Ávila voltava pela direita como lateral-direito, com Rubinho atuando de centromédio e Juvenal de zagueiro pela esquerda, na função que se convencionou chamar de quarto--zagueiro. Certas equipes se organizavam desse modo, apresentando uma defesa postada com os jogadores 4, 2, 6 e 3, da direita para a esquerda. Outros, com 2, 3, 4 e 6. Dependia do lado para o qual o técnico desenhava sua diagonal.

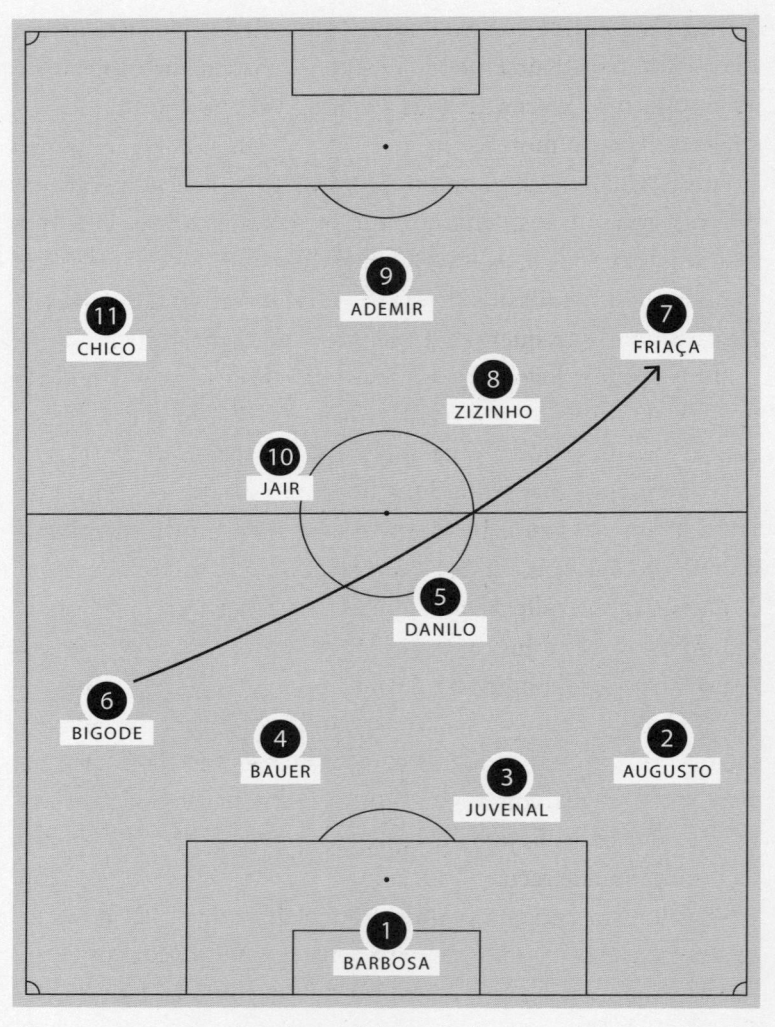

*Augusto quase zagueiro e diagonal da esquerda para a direita, na Copa de 1950.*

O início da história tática do Brasil se dá paralelamente ao começo da numeração das camisas. O WM era uma novidade, e muita gente dizia que as alterações de Flávio Costa apenas buscavam esconder o fato de que, na verdade, seu sistema copiava o de Dori Kürschner. Era o que diziam seus críticos. No entanto, havia diferenças. Aos poucos, um dos três homens da faixa central do meio-campo recuava e agia como um quarto homem da defesa, compondo a linha com os dois laterais e o central. Pode ter sido o início do desenho 4-2-4, que viria a se destacar dez anos mais tarde.

Se a diagonal fosse pela esquerda, o zagueiro mais à direita ficava com a 2, o que deu origem à numeração mais moderna no Brasil. Assim jogou o Brasil, vice-campeão mundial em 1950. Mas, em 1944, ainda não havia numeração de camisas para ilustrar as posições.

Diferentemente do Botafogo de 1948, a seleção de 1950 tinha Augusto como lateral-direito mais defensivo, camisa 2. Recuava da linha média pela direita, e Juvenal, o zagueiro, ficava com a 3. A escalação explica seu posicionamento em campo. Barbosa (1), Augusto (2) e Juvenal (3); Bauer (4), Danilo (5) e Bigode (6); Friaça (7), Zizinho (8), Ademir (9), Jair (10) e Chico (11).

O desenho se dava na defesa e no ataque. Ao recuar, Augusto formava o lado direito da defesa com Juvenal, o zagueiro central. Bauer, o camisa 4, voltava para atuar como quarto-zagueiro, com Danilo, o camisa 5, jogando de centromédio, ou volante. Pela esquerda, Bigode recuava para marcar o ponta-direita adversário. Embora o WM torto ainda mantivesse um 3-2-5 (WM tradicional), na prática começava a haver um 4-2-4, sendo o desenho da defesa composto por Augusto (2), Juvenal (3), Bauer (4) e Bigode (6). É a numeração que conhecemos hoje, exceto nos times que trazem números acima do 11, fato que só foi permitido após 1995.

No ataque, a diagonal também fazia diferença. No Brasil de 1950, Ademir e Zizinho jogavam mais à frente, dois pontas de lança com as camisas 9 e 8, respectivamente. Zizinho vinha um pouco atrás de Jair, mas com características semelhantes. Tanto o camisa 8 da seleção quanto o 10, Jair, marcaram dois gols cada durante a Copa do Mundo.

O funcionamento era o mesmo em todos os times. Se o lateral-direito recuava com o número 2, o meia-armador na diagonal vestia a camisa 10. Isso significava que o 8 era o meia mais próximo do centroavante. Nos times com numeração invertida, como o Botafogo de 1948, se o lateral-direito voltava com o número 4, o meia-armador ficava com a 8 e o meia mais perto do centroavante vestia a 10.

Pouca gente prestou atenção à numeração e ao desenho tático. Por esse motivo, não ficou claro nem nos textos de jornais, nem nas conversas de bar, que o Botafogo atacava mais com Octávio, o 10, pela esquerda e o Brasil avançava mais com Zizinho, o 8, pela direita. Isso foi formando a cultura tática do futebol brasileiro, a ponto de haver, até no século XXI, discussões sobre a necessidade de um grande camisa 10, sem que os debates aprofundem se o 10 é mais atacante, como Zico, ou meio-campo, como Ademir da Guia.

No final das contas, o WM torto perdeu a final para o Uruguai por 2 a 1, significando a primeira história tática do futebol brasileiro.

# 3

# FLÁVIO COSTA

★

A contratação de Dori Kürschner fez com que Flávio Costa voltasse para casa a pé, mas ainda gerou consequências mais profundas. Levou-o ao comando da Portuguesa carioca e à faculdade de educação física. Muito antes de se cobrar formação dos treinadores, Costa buscou se aprimorar para ser um treinador valorizado no Brasil. E foi.

Sua história na seleção brasileira começou em 1944, quando atuou pela primeira vez numa comissão técnica compartilhada com Joreca, do São Paulo. Em janeiro do ano seguinte, foi o único treinador do Brasil no Campeonato Sul-Americano de Santiago, no Chile. Ninguém dirigiu a seleção por mais tempo seguido. Foram seis anos até a derrota para o Uruguai em 1950. Paralelamente ao trabalho na CBD, Flávio Costa foi tricampeão carioca pelo Flamengo e também pelo Vasco. Até hoje, é o treinador mais vezes campeão estadual no Rio de Janeiro. Ganhou em 1942, 1943, 1944 e 1963 pelo Flamengo, e em 1947, 1949 e 1950 pelo Vasco. Na década de 1940, perdeu apenas três vezes o troféu: em 1945, para o Vasco de Ondino Vieira, em 1946, para um Fluminense também comandado por Ondino Vieira, e em 1948, para o Botafogo de Zezé Moreira.

No entanto, Flávio Costa foi símbolo de um tipo de treinador que resistiu à passagem do tempo e que até hoje permanece forte no Brasil: o disciplinador. "Nossa cultura nunca foi tática. Sempre foi da qualidade", diz Paulo Roberto Falcão. A frase do craque do Internacional permeia toda a trajetória do futebol brasileiro. Por esse motivo, nossos técnicos raramente foram os grandes articuladores de esquemas capazes de transformar uma partida. Seu papel mais parece o de um general.

Jogadores de épocas diferentes pregam que o treinador precisa ter pulso firme. Em pleno século XXI, o perfil segue sendo exaltado por jornalistas e ex-jogadores. Por contraste, essa não é a principal característica de dezenas de treinadores brilhantes mundo afora. Não se diz que César Luis Menotti, na Argentina, Rinus Michels, na Holanda, ou Pep Guardiola, no Barcelona, tivessem como melhor atributo a disciplina.

Mas é o caso de Flávio Costa. Com a autoridade conferida por seu curso universitário, Flávio Costa ditou por dez anos o jeito de se trabalhar no Brasil. Tinha a fama de ser um general do futebol nos anos 1940, um treinador que desfrutava de poderes absolutos e chegava a causar danos por seu estilo autoritário. Embora tenha criado a diagonal, para muitos o WM torto, o que o definia era a necessidade de controlar tudo no clube de futebol em que trabalhava. Da preparação física à vida pessoal de seus craques.

O depoimento do jornalista João Máximo é preciso:

Foi, em vários sentidos, uma espécie de dono do futebol brasileiro. Tinha mais força do que qualquer membro do alto-comando da CBD. Convocava e escalava jogadores, definia sistemas e táticas, cuidava do preparo físico, decidia onde seus comandados deveriam se concentrar, controlava pessoalmente seus horários, o que vestir, onde e o que comer. Tirando o médico, ninguém sabia mais do que ele, fosse qual fosse o assunto.

João Máximo já escreveu que Flávio Costa não hesitava em apelar para a força física. Fala-se que, certa vez, desarmou Heleno de Freitas quando o centroavante do Vasco entrou em São Januário para desafiar o treinador com revólver em punho. Aos tapas, também obrigou Ipojucan a voltar a campo depois que o meia teve uma crise no intervalo de um jogo decisivo.

É claro que suas virtudes táticas, expostas no capítulo anterior, justificavam sua permanência na seleção até a perda da Copa de 1950. Ainda assim, o que o levou ao comando brasileiro em 1944 foi seu perfil linha-dura. Após o insucesso no Mundial anterior, em 1938, concluiu-se que a derrota para a Itália nas semifinais se deveu à indisciplina dos jogadores. Flávio Costa, fiel a seu estilo, proibia meias arriadas, camisetas para fora do calção e gorros com as cores dos clubes, comuns na década de 1930.

O passar dos anos tirou um pouco da sua autoridade e do seu autoritarismo. O técnico não conseguiu reeditar o mesmo sucesso de Vasco e Flamengo em outros clubes, realizando um trabalho inexpressivo no São Paulo em 1960 e 1961. Só voltou a conquistar um título estadual em 1963, pelo Flamengo, treze anos após o vice-campeonato mundial. Tudo isso tornou Flávio Costa menos senhor de si, mais natural ao falar de suas vitórias e insucessos.

É o que sugere outra brilhante história contada por João Máximo. Em 1986, durante o lançamento do livro *Anatomia de uma derrota*, do jornalista Paulo Perdigão, uma repórter desinformada aproximou-se do técnico da Copa de 1950 e perguntou: "O senhor é o autor?". Sem modéstia, Flávio Costa respondeu: "Não, eu sou a derrota".

# 4

# MARCAÇÃO POR ZONA

★

O Campeonato Carioca de 1951 representou uma grande transformação no futebol brasileiro. O vencedor foi o Fluminense de Zezé Moreira, famoso por empregar um sistema de marcação diferente do da maior parte dos clubes no Brasil.

Segundo consta na história, Zezé supostamente criou a marcação por zona no Fluminense de 1951, embora seja impossível apontar o nome do inventor. Antes do Campeonato Carioca, a equipe tricolor era chamada de "timinho" por incluir apenas jogadores desconhecidos. Com o passar dos meses, percebeu-se que era um timaço: Castilho, Píndaro e Pinheiro; Édson, Victor e Laffayette; Telê, Orlando Pingo de Ouro, Carlyle, Didi e Joel.

A equipe era escalada como se fosse uma pirâmide, mas já esboçava um 4-2-4. Victor era o centromédio, enquanto Píndaro

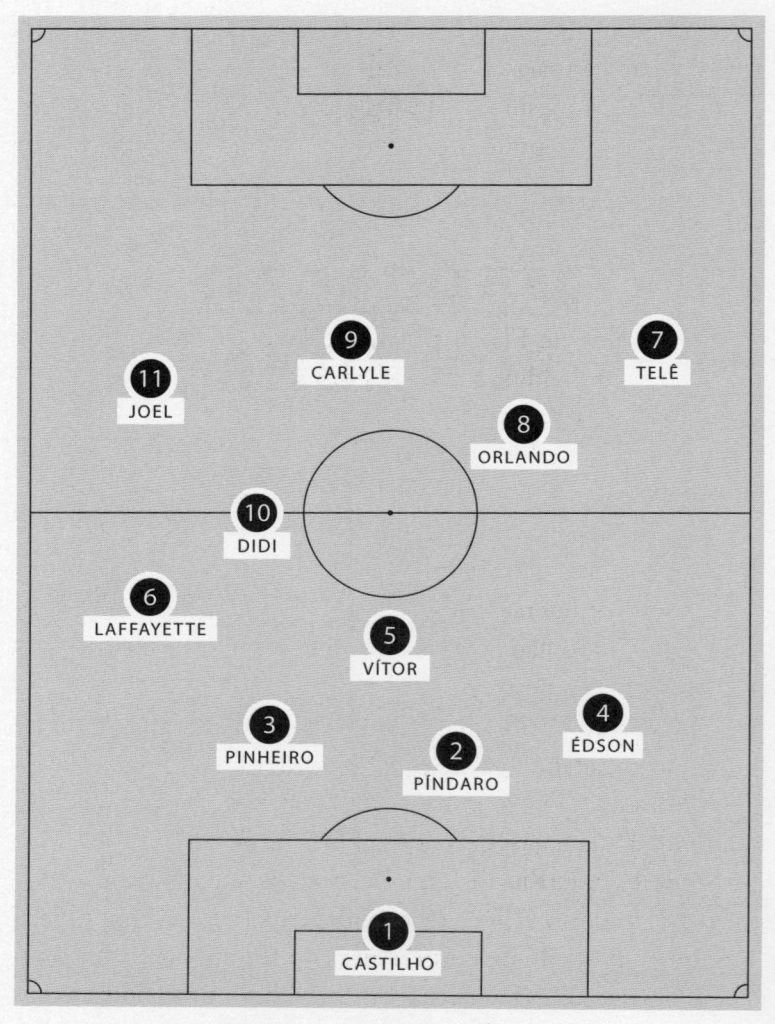

*O Fluminense marcava por zona. Mas era mesmo?*

e Pinheiro atuavam como os dois zagueiros, camisas 2 e 3, seguindo a regra de escalação: Castilho (1), Píndaro (2) e Pinheiro (3); Édson (4), Victor (5) e Laffayette (6); Telê (7), Orlando (8), Carlyle (9), Didi (10) e Joel (11).

Atrás, marcava-se por zona. Em termos práticos, isso significa que Píndaro não saía à caça de Ademir de Menezes nos clássicos contra o Vasco, mesmo porque Ademir não era um centroavante clássico, mas um ponta de lança — circulava pelo campo e se infiltrava em velocidade. Se Píndaro, zagueiro duro, fosse atrás de Ademir por todo o campo, seria presa fácil para o ataque do Expresso da Vitória, o apelido de catálogo do Vasco dirigido por Flávio Costa.

Se era time de Flávio Costa, jogava na diagonal. Em teoria marcava individualmente. Sempre foi assim. No entanto, é impossível saber ao certo como cada time jogou em cada partida, pois os detalhes passaram despercebidos pela imprensa brasileira.

Se perguntarmos a jornalistas da época, como Luiz Mendes, quais eram o desenho tático e o tipo de marcação daquele Vasco, ou por que a numeração obedecia à diagonal, a resposta sempre será vaga. E isso não acontecia só com o mestre Luiz Mendes. Rubens Minelli, mestre da tática dos anos 1970, chegou a oferecer relatos a partir da década de 1980, porém nunca conseguiu registrar os detalhes sobre como exatamente se dava o sistema de marcação.

Zezé Moreira nasceu Alfredo Moreira Júnior, em Miracema, antigo estado do Rio de Janeiro. Surgiu como médio-direito, a nomenclatura do velho lateral-direito, no S.C. Brasil, extinto clube carioca. Passou pelo Flamengo e chegou ao Palestra Itália em 1934, mesmo ano de seu irmão Aymoré, técnico campeão mundial de 1962, ser titular na campanha do único tricampeonato paulista do Palestra, antigo nome do Palmeiras.

Jogou também no Botafogo, onde iniciou sua carreira de treinador em 1948. Montou a equipe que projetou Nilton Santos e que conquistou o título carioca, ausente de General Severiano desde 1935. Como todos os times, marcava homem a homem.

A diferença se deu no Fluminense de 1951, onde Telê Santana e Didi compartilhavam o ataque, e Castilho e Pinheiro garantiam a segurança na defesa. Mais tarde, Zezé Moreira seria o treinador da seleção brasileira na Copa do Mundo da Suíça, em 1954, bem como observador da comissão técnica em sete Mundiais. Por sua importância e pela falta de registros, Zezé Moreira passou a ser considerado o pai da marcação por zona. Mas será que foi mesmo?

O Fluminense de 1951 realmente apresentava esse tipo de marcação. O volante não precisava necessariamente acompanhar o ponta de lança adversário, e por isso Victor nem sempre perseguia Ademir de Menezes. A circulação da bola e o posicionamento do adversário definiam a estratégia. Se Ademir se infiltrasse como centroavante, Pinheiro e Píndaro cuidariam dele.

Depois que o Fluminense passou de "timinho" a "campeão", a marcação por zona se espalhou como novidade indiscutível. A equipe de Zezé Moreira conquistou o Campeonato Carioca de 1951 numa melhor de dois jogos contra o Bangu, vencidos por 1 a 0 e 2 a 0, sendo Telê o herói da decisão atuando improvisado como centroavante. Fez os dois gols da partida.

A marcação individual não desapareceu imediatamente, e vários times continuaram a executá-la. Isso inclui o Flamengo de Fleitas Solich, treinador campeão sul-americano pela seleção do Paraguai, em 1953. Após indicação do rubro-negro José Lins do Rêgo, foi contratado pelo Flamengo e ofereceu à maior torcida do Brasil seu primeiro título dentro do Maracanã, também em 1953. Em 1955, sagrou-se tricampeão carioca.

Evaristo de Macedo, na época jogador do Flamengo, conta as diferenças entre sua equipe e o tricolor carioca. Nos Fla × Flu, quando era ponta de lança no time de Solich, podia ser marcado por Victor, o centromédio. Contudo, se escapasse para o lado esquerdo do ataque, como gostava de fazer, a marcação ficaria a cargo de Píndaro, o médio-direito do Flu.

"Era assim o Fluminense. Mas nós, no Flamengo, marcávamos homem a homem. Se o Dequinha começava marcando o Didi no Fla × Flu, ia com ele até o fim do jogo. Mas marcávamos no nosso campo. A marcação individual começava quando o adversário invadia o nosso pedaço do gramado. Não saíamos para marcar lá no campo deles."

A marcação por zona só virou uma das características fundamentais da escola brasileira porque a seleção campeã em 1958 jogava assim. Nada de percorrer o campo inteiro atrás de um jogador escolhido, porque isso abria vácuos em outros setores do campo. O lateral-direito marcava o ponta-esquerda, porém, se o ponta circulasse, como Zagallo fazia no Mundial da Suécia, os meio-campistas tinham de ajudar na vigilância.

A seleção de 1958 foi dirigida por Vicente Feola, assistente técnico de Béla Guttmann na campanha do título paulista de 1957 pelo São Paulo. Guttmann foi a grande influência de Feola, também vencedor dos títulos estaduais pelo São Paulo em 1948 e 1949.

Antes do São Paulo, Guttmann fez parte da comissão técnica da seleção da Hungria, campeã olímpica em 1952 e vice mundial em 1954, invicta por 32 partidas e a primeira a derrotar os inventores do futebol, os ingleses, dentro de Wembley. Trabalhou com Gyula Mándi, o treinador da Hungria, e Gusztáv Sebes, vice-ministro de Esportes e efetivo condutor do maior time do mundo nos anos 1950.

Se Feola manteve a marcação por zona no São Paulo e foi influenciado por Guttmann é porque a Hungria já marcava por zona. Assim, é impossível dizer que Zezé Moreira foi o inventor desse tipo de marcação. O Brasil não possuía cultura tática suficiente, e a dificuldade em receber informações de fora impedia uma inovação desse porte.

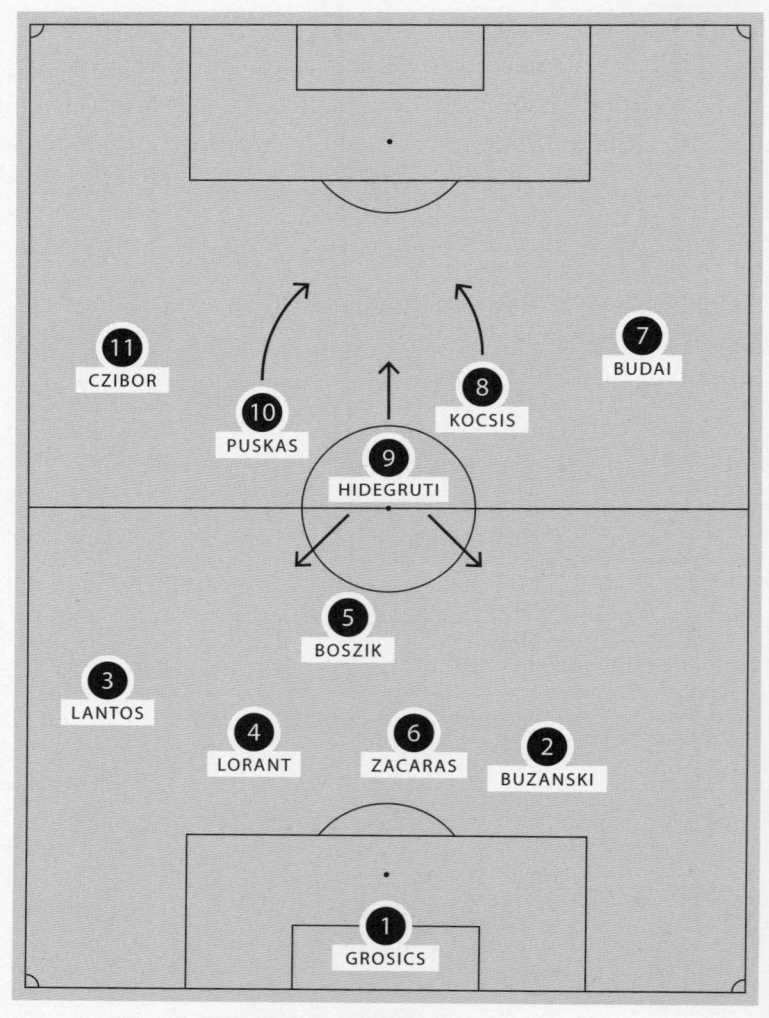

*A Hungria que Guttmann ajudou a montar.*

A verdade é que a seleção húngara foi a grande propagadora da marcação por zona. Embora seu auge tenha sido a vitória sobre os ingleses em Wembley, a Hungria já vinha empregando esse sistema antes de 1953. É possível que Zezé Moreira tenha visto o time jogar, inspirando-se a reproduzir seu estilo. Lembre-se de que, para ver uma seleção moderna em ação, era preciso viajar. Não havia transmissões pela TV, muito menos pela internet.

Entre 1951 e 1958, certas equipes marcavam por zona e outras marcavam individualmente, mas pouca gente notou. As informações nos jornais nunca detalhavam o tipo de estratégia utilizada. Nem mesmo os sistemas táticos ajudavam, pois eram repetidos à exaustão nas fichas técnicas como se o desenho do jogo ainda fosse uma pirâmide, o 2-3-5, quando na verdade já se aproximava do 4-2-4.

O futebol brasileiro aprendeu a marcar por zona, mas manteve a vigilância homem a homem e não avançou na aplicação dos conceitos táticos. Na prática, o que ocorria nos anos 1950 não era a marcação por zona que o futebol europeu apresentou nos anos 1980. A partir do momento em que o adversário passava do meio-campo, mesmo no Fluminense de Zezé Moreira, a marcação passava a ser definida. O ponta de lança, homem de meio mais avançado, era perseguido pelo centromédio, normalmente o número 5. Quando se deslocava do meio para o lado direito, o ponta de lança continuava tendo a companhia do número 5. Como o ponta-direita, número 7, e o ponta-esquerda, número 11, saíam pouco de suas posições, o lateral-direito e o lateral-esquerdo definiam a marcação na defesa. Estavam na zona dos pontas e, por isso, tinham a responsabilidade de persegui-los. No entanto, não saíam para o combate em outras regiões do campo.

No final das contas, a marcação por zona abarcava muitos elementos do sistema homem a homem. A exceção eram os dois zagueiros. O central acompanhava o centroavante quando ele caía para a esquerda do ataque, enquanto o quarto-zagueiro fazia a cobertura. Nas vezes em que o centroavante caía para a direita, ocorria o inverso. A marcação por zona passou a ser apontada como característica fundamental da escola brasileira por teóricos como Carlos Alberto Parreira, realizadores como Zagallo e jornalistas como o britânico Jonathan Wilson, autor de *A pirâmide invertida*. Mas a marcação nunca foi puramente por zona. A característica que seguia prevalecendo no Brasil não era tanto o método de marcação. A essência ainda era, e continuaria a ser, a capacidade de romper o sistema defensivo com o drible e com jogadas individuais.

## DEFESA À BRASILEIRA

É mais importante entender quem sedimentou a marcação por zona do que definir quem a inventou. Na década de 1950, não havia nenhum torneio de clubes com a relevância da Copa do Mundo. Mesmo que o Real Madrid conquistasse cinco Copas dos Campeões da Europa consecutivamente, pouca gente ficaria sabendo no outro lado do Atlântico.

A Copa do Mundo, por outro lado, sedimentava conceitos para quem a assistia — e para quem tinha alguma cultura tática. A seleção da Hungria já marcava por zona quatro anos antes e não venceu, por isso ninguém prestou atenção. Ganhar o Mundial em 1958 com o mesmo conceito foi fundamental para estabelecê-lo na cultura tática do esporte.

Até o fim dos anos 1950, e aqui incluída a diagonal de Flávio Costa, as equipes atuavam no WM. Os jogadores se encaixavam: os dois médios marcavam individualmente os dois meias do time adversário, enquanto os dois laterais seguiam os pontas e o zagueiro central ficava responsável por acompanhar o centroavante. O time adversário apresentava o mesmo posicionamento, de modo que uma partida de futebol disputada por onze jogadores contra onze transformava-se em onze duelos à parte.

Com a marcação por zona, o cenário mudava. O trabalho do lateral-direito ainda era vigiar o ponta-esquerda adversário, porém não precisava persegui-lo por todo o campo. Os benefícios da marcação por zona ficaram evidentes em lances famosos de Copa do Mundo. O principal exemplo é o já citado gol de Carlos Alberto Torres contra a Itália, o último da campanha do tricampeonato em 1970. Quando Jairzinho recebe na ponta esquerda, quem está grudado nele é o lateral-esquerdo italiano Giacinto Facchetti. Jairzinho corta para o meio e serve Pelé. O passe para a direita cai num setor que deveria estar protegido por alguém. Esse alguém era Facchetti, que naquele momento estava do outro lado do campo na caça a Jairzinho.

A marcação por zona nunca permitiria aquele espaço.

Em 1954, a Hungria chamou menos atenção por essa mudança posicional do que pela preparação física. Até hoje se fala da partida contra o Brasil, vencida pelos húngaros por 4 a 2. Os brasileiros riram ao ver os rivais se desgastando no aquecimento antes da partida. Depois, perceberam que os adversários entravam no ritmo certo para fazer gols nos primeiros dez minutos, praxe em todos os seis jogos da Copa.

Em 1958, os olhos dos espectadores estavam voltados para Garrincha, Didi e Pelé, mas os treinadores do mundo observaram o sistema de marcação do Brasil. Orlando Peçanha fazia a quarta zaga e atuava na sobra quando Bellini saía à caça. Em outros momentos, dependendo do lado por onde o centroavante adversário jogasse, a marcação se invertia.

O desenvolvimento da equipe campeã só começou a partir de março de 1958, quando Vicente Feola foi contratado por Paulo Machado de Carvalho, diretor de seleções da CBD, na época presidida por João Havelange. Feola foi escolhido por ser o técnico do São Paulo nos títulos paulistas de 1948 e 1949, e por trabalhar no clube desde os anos 1930. Ou seja, estava lado

*A Hungria de 54 não foi modelo, mas ajudou Guttmann no São Paulo.*

a lado com Paulo Machado de Carvalho, também dirigente e conselheiro do clube paulistano.

Feola foi assistente técnico de Béla Guttmann no Campeonato Paulista de 1957. No torneio, o São Paulo se sagrou campeão à frente do Santos, vice, e do Corinthians, terceiro colocado depois de perder o jogo decisivo para o São Paulo por 3 a 1. Feola viu Guttmann organizar sua equipe marcando por zona. Poy, De Sordi, Mauro... A formação sugere um WM, mas, na prática, De Sordi marcava o ponta e Mauro era o zagueiro central. Dino, Vítor e Riberto... Dino Sani era o volante central, Vítor, o caçador, e Riberto, o lateral-esquerdo. Muitas vezes Vítor saía à marcação de Pelé, mas isso significava que Mauro ficava na sobra.

Até hoje, há quem diga que Vítor foi o melhor marcador de Pelé. Muitos jogadores receberam esse título, e o mesmo aconteceu com os marcadores de Garrincha. Um equívoco pensar assim no contexto desse São Paulo, no qual Vítor só saía à caça dependendo do setor onde cada atacante estava. Mauro, o clássico Mauro Ramos de Oliveira, capitão do bi mundial em 1962, também ia à marcação direta a Pelé. Por seu estilo mais clássico, era mais comum vê-lo na cobertura.

Mas ele ia...

Na Copa de 1958, Zito vigiava o ponta de lança adversário. Contudo, se a movimentação fosse distante demais de seu setor, a responsabilidade se transferia para o zagueiro ou para o lateral.

Nunca deixavam espaço.

"Nunca" em termos.

Aos dois minutos da final contra a Suécia, o meia-esquerda Nils Liedholm fez um lançamento longo pelo alto que facilmente deixaria o centroavante Simonsson na cara do goleiro Gilmar. O capitão Bellini não teve dúvidas: saltou com os braços estendidos e meteu as duas mãos na bola. Falta.

Em outros tempos, seria cartão vermelho e rua! Bellini poderia ter mudado todos os planos de Vicente Feola. Naquele jogo, ele seguiu em campo comandando a marcação por zona da seleção brasileira.

Evidentemente, o principal responsável pela vitória por 5 a 2 sobre a Suécia não foi o sistema de marcação. Foi o talento de Pelé, Garrincha, Didi e Vavá.

# 5

# TICO-TICO NO FUBÁ

★

Vale lembrar que, para Carlos Alberto Parreira, a escola brasileira de futebol não depende apenas da marcação por zona. Além do sistema, ainda tem no toque de bola um de seus principais fundamentos. Embora a qualidade no passe seja, de fato, uma das marcas do Brasil, o cuidado com a posse nunca foi exatamente uma prioridade. Mas há quem veja diferente.

A entrevista coletiva de Josep Guardiola logo após a decisão do Mundial de Clubes, em 2011, acariciou o futebol brasileiro com uma faca no peito. Seu Barcelona aniquilou o Santos por 4 a 0 com um toque de bola envolvente. Ao fim, o técnico espanhol declarou que aprendeu esse jeito de jogar com o Brasil do passado, assistindo a partidas da seleção e ouvindo histórias de seu pai. Como doeu!

A percepção era de que o país do futebol não sabia mais

exercer aquele estilo, apontado como o mais moderno do planeta e ensinado pela escola brasileira. A definição de Guardiola era justa, mas nem tanto. O Brasil nunca foi o país da posse de bola. Sempre foi o jogo do ataque. Ora com passes, ora com dribles em direção ao gol. Não que jamais tenha havido times com um estilo puro de troca de passes.

O mais famoso deles foi o América, que terminou em quarto lugar no Carioca de 1946, depois de ter feito a melhor campanha da primeira fase, empatado com Fluminense, Botafogo e Flamengo. O ataque formado por China, Maneco, César, Lima e Jorginho entrou para a história do futebol carioca por dois motivos. Primeiro pelo talento de Maneco. Manoel Anselmo da Silva era um meia-direita pequenino, capaz de dribles incríveis. "Contra o Vasco ele sacaneava", já disse o sambista Monarco, americano de coração, sobre o craque dos anos 1940.

A fama do time também se propagou pela insistência na troca de passes. Os cinco homens da frente poderiam passar dias tocando a bola de pé em pé. Isso funcionava para ganhar dos adversários mais frágeis, embora raras vezes desse certo nos clássicos. O América foi a sensação do Campeonato Carioca de 1946, brilhando no período imediatamente posterior à Segunda Guerra Mundial. Venceu nove partidas consecutivas, mas sofreu 6 a 2 do Flamengo, 5 a 1 do Vasco e 8 a 4 do Fluminense.

Classificou-se para o quadrangular decisivo, e o Vasco Expresso da Vitória ficou de fora. As finais foram chamadas de supercampeonato, já que Flamengo, Fluminense, Botafogo e América terminaram empatados com 26 pontos e tornaram necessário um turno extra para a definição de um vencedor. O América perdeu todos os jogos, mas estava lá, graças ao seu jogo incansável de troca de passes. Faltavam gols, o que os transformava no pior ataque dos quatro finalistas, porém sobrava inspiração.

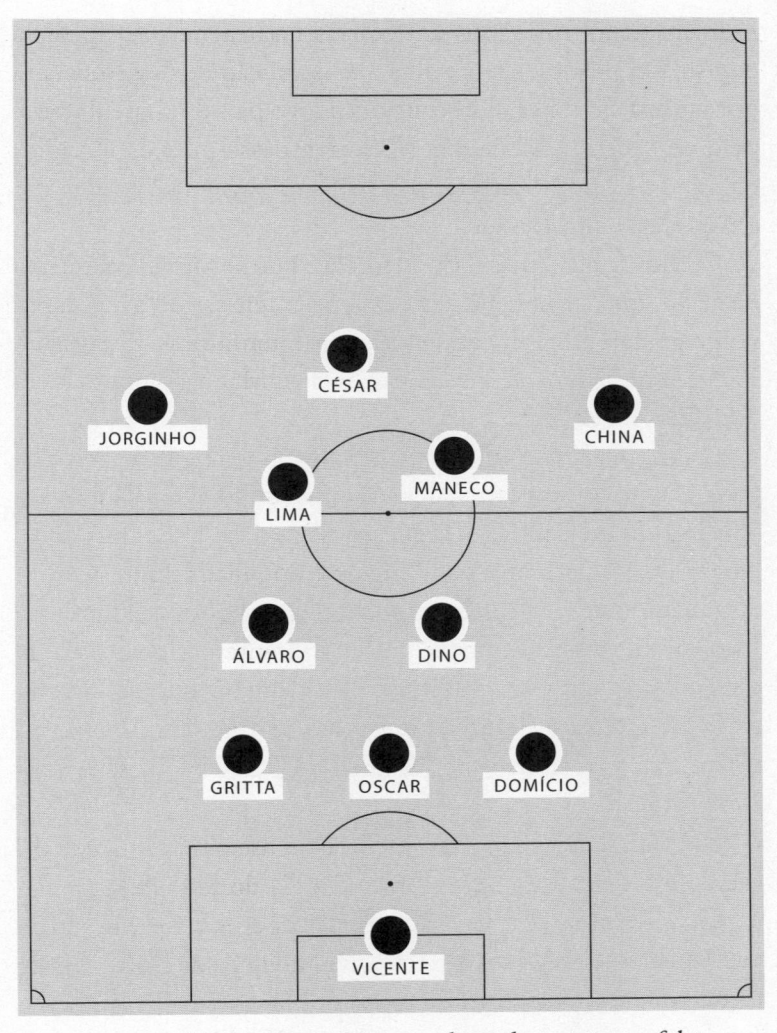

*O América com Maneco: troca de passes chamada tico-tico no fubá.*

Sua beleza e paciência renderam-lhe o apelido de Tico-Tico no Fubá. Quando o Brasil se preparava para enfrentar a Holanda na semifinal da Copa de 1974, o técnico Zagallo foi questionado sobre a força dos adversários. Respondeu com uma referência ao

América de 1946: "É muito tico-tico no fubá". Quarenta anos depois, Zagallo ainda respondia à acusação de ser desinformado por comparar a Holanda com o América, clube onde jogou e pelo qual torceu. Diferente do América nas finais do Carioca, que saiu de campo derrotado, a Holanda venceu o Brasil por 2 a 0 na Copa do Mundo.

O Brasil que inspirou Guardiola pode ter sido o da Copa de 1982, que trocava passes como se desfilasse na avenida no domingo de Carnaval. Por outro lado, se pensarmos no Brasil de 1970 ou no Santos de Pelé, a paciência nunca foi o ponto forte dos times brasileiros.

O jogo mais marcante e a atuação mais festejada de Pelé nos anos 1960 aconteceram na decisão do Mundial de Clubes em 1962, contra o Benfica. Os gols revelam o estilo de uma equipe capaz de misturar passes curtos e arrancadas fulminantes. As tabelinhas de Pelé e Coutinho não eram como as de Xavi e Iniesta. Pelé arrancava em direção ao gol, tocava no centroavante e recebia de volta em altíssima velocidade. O craque marcou três gols contra o Benfica no estádio da Luz, em Lisboa, no primeiro jogo das finais do Mundial de Clubes. O Santos venceu por 5 a 2.

Em Copas do Mundo, o estilo mais tico-tico no fubá do futebol brasileiro se apresentou em 1994. O modo de jogar não agradava ao país, que achava o time chato. Parreira foi acusado de europeizar a seleção brasileira, julgamento que não fazia sentido. O próprio treinador explicou por que considerava seu estilo mais brasileiro do que qualquer outro, apontando o toque de bola como uma das características de nossa escola. Mas o time tocava, tocava, tocava, tocava... e cansava! A crítica por ter um time europeu era injusta. Parreira não fez o tico-tico no fubá do América de 1946, e muito menos a Holanda de 1974. Mesmo assim, a seleção de 1994 não encantava como o Brasil de 1982.

Havia algumas semelhanças de estilo entre o Brasil de 1994 e o tiki-taka do Barcelona que atropelou o Santos de Neymar. A equipe nacional trocava passes sem parar. Contudo, não oferecia marcação por pressão como parte de seu cardápio. Quando perdia a bola no campo de ataque, o time inteiro voltava ao campo de defesa. Carlos Alberto Parreira usaria com prazer o sistema do tiki-taka, a troca de passes insistente do Barcelona de Guardiola, mas provavelmente não empregaria a pressão do Barcelona para recuperar a bola.

Entre o tiki-taka do Barcelona de Guardiola e o tico-tico no fubá do América de 1946, havia uma diferença ainda maior. A capacidade de marcação no campo inteiro proporcionada pela melhoria do preparo físico explica boa parte desse desequilíbrio.

# 6

# OS SISTEMAS

★

João Saldanha morreu em 1990, na semana da final da Copa do Mundo, repetindo o mantra de que o futebol não havia se transformado em sua essência. Na opinião do treinador, a última e única grande revolução havia acontecido em 1925, com as já citadas mudanças na regra do impedimento e a criação do WM. pelo inglês Herbert Chapman. Dali em diante, alteravam-se posicionamentos, mas nunca a base. Os sistemas mesmo assim foram variando, embora, por um pecado da imprensa esportiva brasileira, não seja muito fácil apontar datas.

O equívoco de escalar equipes sem respeitar o posicionamento ainda se repete no século XXI. Nos mais modernos 4-3-3, em que os pontas recuam para marcar laterais, muitas vezes os dois pontas são citados antes do centroavante. Não está certo. O normal é ordenar o ataque da direita para a esquerda, como se fazia com Garrincha, Vavá, Pelé e Zagallo. Escalar dentro de um padrão serve para mostrar como os times jogavam em cada época.

Tomemos como parâmetro o Santos de 1955, campeão paulista pela primeira vez em vinte anos, e os problemas de uma ordenação imprecisa ficarão mais claros. Aquele Santos era escalado da seguinte forma: Manga, Hélvio e Feijó; Ramiro, Urubatão e Formiga; Tite, Álvaro, Del Vecchio, Negri e Pepe. Na teoria, deveria se posicionar num 2-3-5, sistema anterior até mesmo ao WM. Não era o que acontecia. Segundo relata o ponta-esquerda Pepe, o Santos já atuava em um 4-2-4 antes de Pelé. Como os jornais escalavam dois zagueiros e três médios, a história se perde.

Embora o 4-2-4 já fosse o esquema corrente pelo menos desde o final dos anos 1950, até mesmo o Santos bicampeão do mundo em 1963 era escalado por jornais e emissoras de rádio na lógica do WM: Gilmar, Lima, Mauro e Dalmo; Zito e Calvet; Dorval, Mengálvio, Coutinho, Pelé e Pepe. Por mais que pareça um poema com métrica e rima, o jeito certo de escalar o time seria: Gilmar, Lima, Mauro, Calvet e Dalmo; Zito e Mengálvio; Dorval, Coutinho, Pelé e Pepe.

Conversas registradas ao longo das décadas ajudam a esclarecer o estilo de jogo da equipe, sendo fácil saber, por exemplo, que o Santos contava com Zito e Mengálvio no meio de campo. Mengálvio diz ter feito a melhor partida de sua carreira em 1963, no segundo jogo da final do Mundial de Clubes contra o Milan, quando o Santos venceu por 4 a 2 no Maracanã. Aos dezessete minutos do primeiro tempo, o Milan já ganhava por 2 a 0. O camisa 8 narra sua mudança de posicionamento: "Zito pediu para inverter, e fiquei postado como cabeça de área enquanto ele se mandava para o ataque como meia-armador". Ainda que tenha atuado como cabeça de área durante todo o segundo tempo,

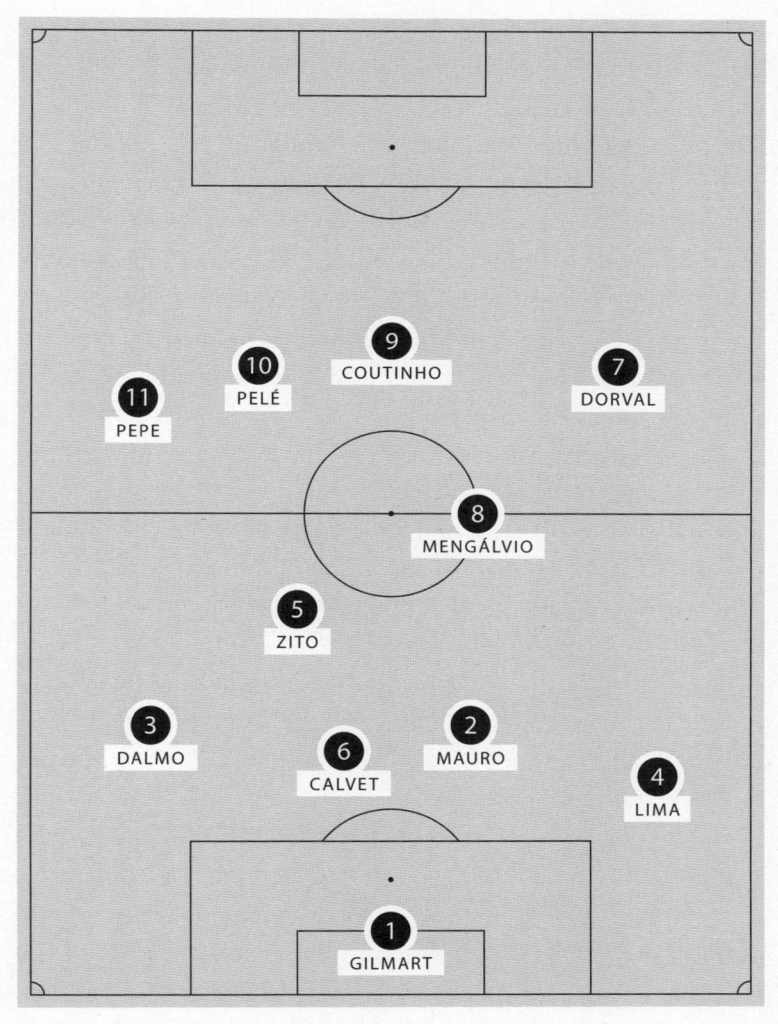

*Santos bi mundial: o melhor 4-2-4.*

mostrou vitalidade para percorrer toda a extensão do campo. "Marquei e cheguei ao ataque também", lembra Mengálvio.

Na histórica virada do Santos, outro jogador disputou a melhor partida da carreira: Pepe. O ponta-esquerda marcou dois gols, incluindo o primeiro do Santos no jogo, aos cinco do segundo tempo. Depois de iniciar a reação brasileira, anotou o último gol da noite em cobrança de falta, enganando o goleiro Ghezzi num Maracanã inundado pela chuva.

O Santos jogava no 4-2-4. O Milan já caminhava para o 4-3-3, com o brasileiro Amarildo na ponta esquerda. O mesmo Amarildo que foi estrela da seleção de 1962 como substituto de Pelé. Um ano após a Copa do Mundo do Chile, transferiu-se do Botafogo para a Itália com a função de fechar o meio de campo e permitir que Gianni Rivera continuasse sendo o principal ídolo da torcida milanista.

Essa confusão nas escalações — que pode ser vista até em sistemas mais recentes, nos quais muitas vezes uma equipe começa jogando de uma maneira e termina de outra — configura um obstáculo para o mapeamento da tática no Brasil. Por isso, é difícil saber exatamente quando houve a transição do WM para o 4-2-4, ou do 4-2-4 para o 4-3-3.

Em 2004, Carlos Alberto Parreira promoveu um simpósio no Rio de Janeiro com treinadores estrangeiros. Em sua palestra, apresentou dois desenhos sobre a formação da seleção brasileira de 1958. Um deles, feito por ele próprio. O outro, por Zagallo. No gráfico de Parreira, a seleção brasileira aparecia num 4-2-4. Zagallo aparecia na ponta esquerda com uma seta para trás, como se já estivesse nascendo o papel de terceiro homem no meio de campo. No desenho de Zagallo, não havia seta alguma. Zagallo se via como um atacante pela ponta esquerda, não como o terceiro homem do meio.

É consenso afirmar que o 4-3-3 começou com o Brasil de 1958. Em 1962, a seleção brasileira certamente jogou nesse esquema, com o ponta Zagallo desempenhando o papel de terceiro homem de meio. Mas o gráfico de Zagallo em 1958 indica que, na verdade, o Brasil ainda jogava no 4-2-4 na Copa do Mundo da Suécia.

O técnico do Flamengo campeão mundial em 1981, Paulo César Carpegiani, indica que escalou sua equipe num 4-2-3-1 em algumas partidas da temporada. Na decisão do Campeonato Carioca, uma semana antes do título mundial, o Flamengo entrou em campo com Raul, Nei Dias, Mozer, Marinho e Júnior; Andrade e Leandro; Lico, Zico e Adílio; Nunes. Rever o jogo trinta anos depois nos permite enxergar o mesmo sistema e a mesma marcação adiantada, por pressão, para dificultar a saída de bola do adversário. O 4-2-3-1 era um esquema ultramoderno, definido por esse nome apenas na primeira década do século XXI.

Atenção para a palavra "nome". Por mais que Josep Guardiola, um mestre, diga que os números parecem listas telefônicas, os sistemas têm nomes, definidos por algarismos. Como 4-4-2, 4-2-3-1, 4-3-3... Ou como WM. É bem verdade que poderiam ter recebido designações diferentes, como "balão" no caso do 3-5-2 ou "linhas rasas" para o 4-4-2, mas a convenção ditou o uso de números.

Apesar de Carpegiani afirmar, trinta anos mais tarde, que seu Flamengo atuou em alguns jogos num 4-2-3-1 com marcação por pressão, os jornais da época — e até de hoje — sempre escalaram o Flamengo num 4-3-3: Raul, Leandro, Marinho, Mozer e Júnior; Andrade, Adílio e Zico; Tita, Nunes e Lico. Os dois pontas do time voltavam para marcar, desempenhando uma função que, naquele período, ficaria conhecida como falso ponta (*ver capítulo 16 para mais detalhes*).

Carpegiani foi revelado no grande Internacional do início dos anos 1970, destacando-se na campanha do título brasileiro de 1975 — a primeira conquista nacional de um clube gaúcho —, mas uma lesão no joelho tirou-o dos jogos que levaram ao bicampeonato. O Flamengo apostou em sua contratação em 1977, antes mesmo que estivesse plenamente recuperado. Carpegiani nasceu Paulo César no Internacional comandado por Daltro Menezes, passou pela equipe de Dino Sani e então chegou a Rubens Minelli. Tornou-se Paulo César Carpegiani porque encontrou Paulo Cézar Caju na seleção brasileira, e, além do nome, mudou também seu posicionamento. No Inter, era meia de ligação. No Flamengo, vestia a camisa 6 e jogava como primeiro volante. Tornou-se titular no tricampeonato carioca entre 1978 e 1979 — devido à demora da CBD em definir o calendário, houve dois campeonatos em 1979, ambos vencidos pelo Flamengo —, ajudando o clube a alcançar o primeiro título nacional em 1980.

Abandonou a carreira depois do Carioca, já no final de 1980, e iniciou a carreira de auxiliar técnico. No ano seguinte, Cláudio Coutinho foi contratado pelo Los Angeles Aztecs, dos Estados Unidos, e em seu lugar entrou Dino Sani. O novo treinador durou pouco e acabou demitido em julho de 1981, apenas 24 partidas depois de sua chegada. Por muito tempo, Dino Sani ressentiu-se da demissão e acusou Carpegiani de ter contribuído para sua queda. Ninguém da época confirma essa teoria.

O fato é que Carpegiani conhecia muito mais o estilo daquele Flamengo, implementado por Cláudio Coutinho ainda em 1977. Zico costuma contar como Coutinho fazia seus treinos: "Ele posicionava o time titular, sem os reservas, e trabalhava apenas a movimentação tática. Fingia ser a bola e obrigava o time a se movimentar de acordo com seus deslocamentos. Quando saía para a direita, o time inteiro subia a marcação para o campo de ataque". Treinos desse tipo são comuns hoje em dia. No final da década de 1970, eram uma novidade absoluta.

O resultado foi a formação de uma equipe diferente de todas as outras no contexto brasileiro da época. O Flamengo marcava por pressão no campo de ataque e rodava a bola com paciência, como se fosse o Barcelona de trinta anos mais tarde. Zico conta que o sistema de pressão ofensiva à saída de bola adversária era

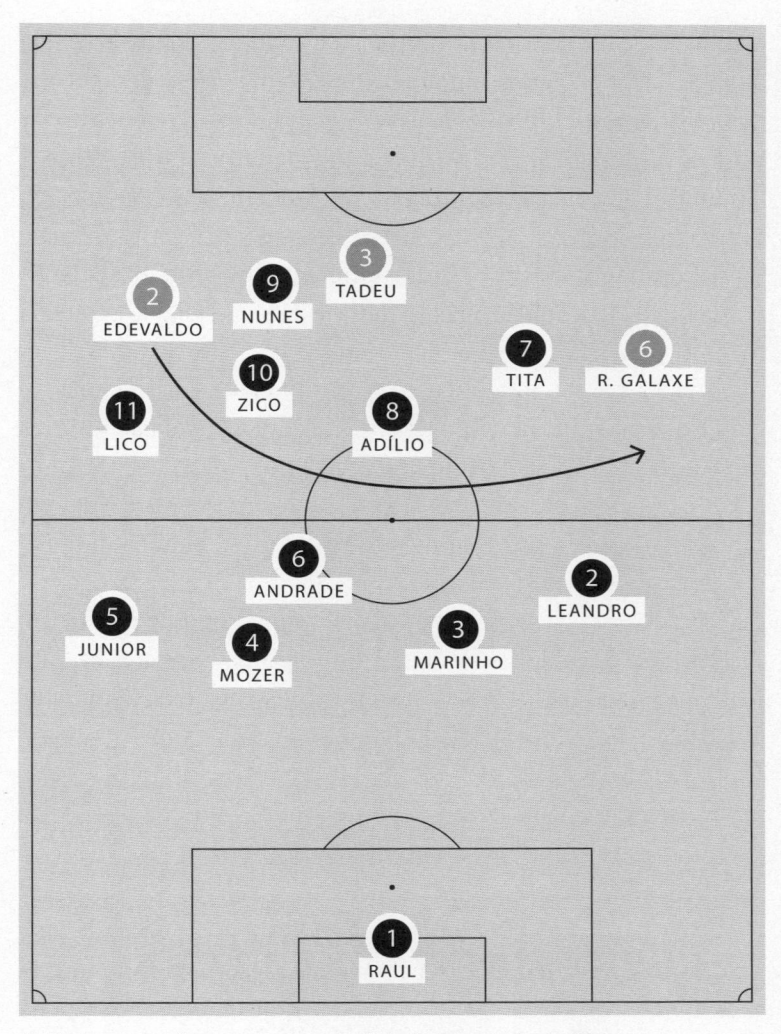

*O Flamengo sofria com inversão do lado de jogada do Fluminense.*

chamada pelos jogadores de teia de aranha. Era o que pretendia aquele Flamengo: prender o rival em sua teia. "Nosso grande rival era o Vasco, mas o time mais difícil de enfrentar era o Fluminense. Porque subíamos a marcação exatamente como nos treinos, e, se o Fluminense saía pelo lado direito, fazíamos a teia daquele lado. Só que o Fluminense tinha dois laterais de ótimo passe, Edevaldo e Rubens Galaxe. Quando marcávamos a saída do Edevaldo, ele sabia inverter a jogada em um único passe. Como tínhamos armado a teia de um lado, Galaxe saía livre do outro", conta Zico.

É quase impossível definir exatamente quando os sistemas mudaram, quem adotou cada sistema e em qual jogo a estratégia foi empregada. O livro A *pirâmide invertida*, de Jonathan Wilson, tenta fazer isso ao longo das décadas, iniciando a investigação com clubes dos anos 1920. Detalha cuidadosamente que Vittorio Pozzo, técnico da seleção da Itália bicampeã mundial em 1934 e 1938, resistiu por muito tempo à adoção do WM. Mas em quais jogos optou por atrasar um médio ou adiantar um meia, empregar o WM ou o velho 2-3-5?

O problema das escalações não é exclusivamente brasileiro. Na Itália, até os anos 1990, a ordem numérica se mostrava o princípio regente. O Milan bicampeão da Liga dos Campeões em 1989 e 1990 era alinhado nos jornais da seguinte maneira: Galli, Tassotti e Maldini; Colombo, Costacurta e Baresi; Donadoni, Ancelotti, Van Basten, Gullit e Evani. O time italiano, na prática, jogava com duas linhas de quatro homens.

## QUEM MATAVA OS SISTEMAS

Os dois minutos mais brilhantes da história do futebol foram assim descritos após a vitória do Brasil sobre a União Soviética, no terceiro jogo do Mundial de 1958. Era a estreia de Pelé e Garrincha numa partida de Copa do Mundo. A União Soviética foi a segunda seleção a enfrentar os dois maiores jogadores da história do futebol brasileiro no século XX. Juntos, Pelé e Garrincha jogaram pela seleção quarenta vezes. Não perderam nenhuma. Foram 36 vitórias e quatro empates desde o primeiro jogo, um amistoso contra a Bulgária às vésperas da Copa da Suécia, até o último, na estreia do Mundial de 1966.

Entre a primeira aparição da dupla contra a Bulgária e a partida contra a União Soviética, houve um amistoso contra o Corinthians, no Pacaembu, no qual Pelé e Garrincha começaram como titulares. Os craques brasileiros demoraram a iniciar uma partida de Copa do Mundo. Pelo relatório da CBD, que analisou detalhadamente cada atleta, Pelé era muito jovem, com apenas dezessete anos, e Garrincha tinha requintes de irresponsabilidade.

A história conta como folclore o teste psicotécnico realizado pelo ponta, em que recebeu o pedido para desenhar um corpo humano. Garrincha teria feito um círculo. Quando lhe perguntaram o significado do desenho, respondeu que era o corpo de Quarentinha, centroavante do Botafogo e dono de uma cabeça enorme. Nos anais do futebol brasileiro, está escrito que o psicólogo João Carvalhaes recomendou a exclusão de Garrincha da equipe e que, em 1957, ele só atuou contra o Peru no jogo determinante para a classificação à Copa de 1958 por intervenção de Bellini e Nilton Santos.

Depois de empatar com a Inglaterra, o primeiro 0 a 0 da história das Copas, o Brasil necessitava vencer a União Soviética para chegar às quartas de final. Nos primeiros dois minutos de partida, Garrincha driblou seguidamente o lateral-esquerdo Kuznetsov e os marcadores que se multiplicavam à sua frente. Após uma dessas sequências de dribles, chutou na trave. O jogo mal começara e Garrincha já tinha desestabilizado os soviéticos. Pouco depois, Didi ofereceu passe perfeito para o centroavante Vavá marcar o primeiro gol do Brasil.

No jogo seguinte, ainda com Garrincha em estado de graça, foi Pelé quem desnorteou a marcação. Recebeu passe de Didi, dominou no pé direito a meia altura e elevou a bola para tirá-la do alcance de Mel Charles, zagueiro do País de Gales. Em seguida, chutou no canto. A vitória apertada por 1 a 0 garantiu a passagem para as semifinais. No duelo contra a França, as jogadas mais belas ficaram a cargo de Garrincha e seus dribles pela direita, um deles antes de finalização de Pelé, autor de três gols na partida. Garrincha foi o mais brilhante driblador daquela Copa, e Pelé, artilheiro da seleção com seis tentos, iniciou com imensa categoria sua trajetória em quatro Copas do Mundo.

Quatro anos mais tarde, a seleção estava envelhecida e o técnico já não era Vicente Feola, que, por problemas de saúde, dera lugar a Aymoré Moreira. Pelé sofreu uma lesão contra a Tchecoslováquia na segunda partida do Mundial do Chile, sendo forçado a perder todo o restante da campanha. Amarildo foi o substituto com a camisa 10 e fez gols decisivos, como os dois da vitória sobre a Espanha que evitaram o vexame da eliminação ainda na fase de grupos. Mas o herdeiro da liderança de Pelé foi Garrincha. Virou consenso dizer que Garrincha ganhou essa Copa sozinho. O ponta-direita do Botafogo, que nunca foi de ir muito às redes, transformou-se em artilheiro depois da classificação do Brasil para as quartas de final. Terminou o torneio com quatro gols. Na partida do mata-mata contra a Inglaterra, começou jogando como no Botafogo. Dominava e partia em direção à linha de fundo, mas teve dificuldade na disputa com o lateral-esquerdo Wilson, do Huddersfield, futuro campeão mundial pela seleção inglesa. Sem sucesso no duelo individual, Garrincha foi procurar espaço em outros lugares do campo. Fez um gol de fora da área, pela meia esquerda, e outro de cabeça.

No jogo seguinte, contra o Chile, marcou mais uma vez de fora da área, com o pé esquerdo, no rebote de um cruzamento. O segundo gol da vitória por 4 a 2 também foi de Mané. De cabeça, após cobrança de escanteio de Zagallo. Garrincha foi expulso no fim da partida e, assim, ficaria de fora da decisão contra a Tchecoslováquia. Entretanto, armou-se uma grande artimanha para anistiá-lo e permitir sua escalação em Santiago. Com suposta ajuda da CBD, o bandeirinha uruguaio Esteban Marino foi colocado num avião e enviado de volta para casa. Sem o depoimento incriminatório da testemunha, um jogador excluído na semifinal conseguiu disputar a finalíssima. É um caso único na história das Copas do Mundo.

A atuação de Garrincha contra a Tchecoslováquia foi discretíssima. Isso significa que o time precisava muito dele, mas também contava com outros jogadores capazes de decidir. Era o caso de Amarildo, autor de um gol e de um passe para gol de Zito.

Desde a sua criação, em 1863, o futebol é um jogo coletivo. A Alemanha campeã mundial de 1954 pode ser considerada o primeiro grande exemplo de vitória coletiva sobre uma equipe individualmente melhor. A Hungria tinha talentos notáveis como Puskás, Hidegkuti e Kocsis, mas foi superada pela força combinada dos alemães.

O Brasil pensava diferente. As atuações impecáveis de Garrincha e Pelé em 1958, e depois de Garrincha em 1962, serviam apenas para reforçar a cultura do futebol brasileiro: o jogo podia ser coletivo, mas, no fim das contas, era resolvido por ações individuais. O futebol dependia dos craques. E só deles.

# 7

# OS TÉCNICOS CRAQUES

★

Didi esteve na seleção campeã em 1962, mas seu auge aconteceu em 1958, quando foi eleito o melhor jogador da Copa do Mundo. A honraria não coube nem a Pelé, nem a Garrincha. Foi Didi quem buscou a bola no fundo da rede de Gilmar na decisão do Mundial, quando Liedholm marcou o primeiro gol da Suécia no estádio Råsunda. Também foi dele o lançamento perfeito para Garrincha fazer uma jogada genial e chutar na trave, numa mostra de reação antes de o Brasil chegar ao empate.

Além de encantar na Copa, Didi se destacou no Fluminense campeão carioca de 1951 e no Botafogo campeão estadual de 1957. Fora do país, jogou bem pelo Real Madrid na temporada 1959/60, quando o time venceu a Liga dos Campeões da Europa. Ao seu lado, jogava o ponta-direita Canário, vendido pelo América para o clube espanhol. Canário não passou a temporada toda brilhando. Ao contrário, foi titular durante a maior parte da campanha vitoriosa, porém jogou apenas cinco vezes na Primeira Divisão.

Didi, até hoje apontado como um fiasco retumbante na Espanha, atuou em dezenove das trinta partidas, o que corresponde a mais da metade dos jogos. Contudo, não esteve em campo na reta de chegada e protagonizou grande polêmica com Di Stéfano. Quando o inverno chegou, Didi desapareceu das escalações do Real Madrid. Seis meses depois, voltou ao Brasil para jogar outra vez pelo Botafogo. Isso alimentou a informação de que Di Stéfano, o maior personagem do Real Madrid em todos os tempos, teria boicotado o brasileiro. Ciúme!

O craque argentino costuma dizer que Didi foi dos maiores jogadores que já viu. Em sua opinião, ele batia na bola como ninguém, mas chegou à Espanha na hora errada — o Real Madrid precisava de um meio-campista de marcação, e o estilo de Didi era o oposto. Di Stéfano afirma que o brasileiro não fazia o trabalho sujo de buscar a retomada da bola, desejando ser lançado para definir ele próprio as jogadas.

Depois de encerrar a carreira de jogador, craque indiscutível de Madureira, Fluminense, Botafogo e seleção brasileira, Didi levou como técnico o Peru à Copa do Mundo do México, deixando a Argentina de fora com um empate por 2 a 2 em La Bombonera. Também esteve presente na montagem da Máquina Tricolor em meados dos anos 1970, assim como na campanha do título carioca do Fluminense em 1975.

Embora recebesse todo o devido respeito, Didi era testado na função de técnico. Um exemplo disso ocorreu nas Laranjeiras, quando os jogadores estavam se aquecendo antes do treinamento coletivo. Durante uma troca de passes, Mário Sérgio dominou a bola na intermediária, mirou no peito do treinador e disparou o chute. Uma bomba! Didi tinha 47 anos na época. Ao ver a bola em sua direção, estufou o peito, respirou fundo e aguardou o contato. Do peito ela desceu para a terra, amortecida com o pé direito famoso por lançamentos brilhantes.

"O Didi jogava muito e sabia o que fazer", lembrava Mário Sérgio. Na hora de apontar os maiores estrategistas com quem trabalhou, o jogador não incluiu Didi. Revelado no futebol de salão do Fluminense, Mário Sérgio chegou aos profissionais pelo Flamengo, onde discutiu com o disciplinador Yustrich, passou por Vitória, Botafogo e Fluminense, até encontrar no Internacional quem foi a sua maior referência como técnico: Ênio Andrade. Ainda assim, Didi tinha reconhecimento. Não só de Mário Sérgio, como de todo o elenco tricolor. Mas craque que é craque testa o conhecimento do treinador com a bola no pé. Essa parece ser uma característica de muitos jogadores brasileiros. Para conhecer futebol, o técnico precisa saber jogar.

Por outro lado, nota-se que alguns dos maiores treinadores do país não tiveram carreiras vencedoras dentro de campo. É o caso de Flávio Costa, zagueiro violento do Flamengo apelidado de Alicate. Também de Osvaldo Brandão, zagueiro sem destaque no Internacional e no Palmeiras, ou de Vicente Feola. Carlos Alberto Parreira nem chegou a ser jogador profissional. "Não é preciso ter sido cavalo para ser jóquei" era o lema de Arrigo Sacchi, treinador do Milan bicampeão europeu de 1989 e 1990. Sacchi jamais calçou chuteiras profissionalmente.

No Brasil, país do futebol muito mais jogado do que assistido — seja nos estádios ou mesmo pela televisão —, aparentemente havia um código de honra de alguns grandes jogadores para testar a sabedoria dos técnicos. Uma maneira de conquistar respeito é desenvolvendo um trabalho diário. No início, o treinador que nunca entrou em campo pode ser visto com preconceito pelos boleiros, porém isso vai mudando à medida que os seus treinos forem bons e se as situações treinadas tiverem sucesso nos momentos decisivos. "O que ele fazia no treino acontecia no jogo", diz o meia Alex sobre o trabalho de Felipão em 1997, quando começou a ser treinado por ele. Alex sempre considerou Vanderlei Luxemburgo seu técnico mais talentoso, até por ter vivido com ele seus maiores momentos individuais. Sob o comando de Luxemburgo, conquistou a tríplice coroa no Cruzeiro, levando no mesmo ano de 2003 o Campeonato Mineiro, o Brasileirão e a Copa do Brasil. Ainda fez um gol de placa pelo Torneio Rio-São Paulo de 2002, em jogo do Palmeiras contra o São Paulo, aplicando dois chapéus antes de finalizar para o gol aberto.

Há técnicos testados no campo, como Mário Sérgio fez com Didi em 1975. Outros são testados pelas decisões que se mostram certas ou erradas. Há, ainda, os que não precisavam mais ser testados, mas, mesmo assim, ganhavam aval no treinamento do dia a dia pelas atividades com bola. Era o caso de Telê Santana no São Paulo dos anos 1990, quando orientava Cafu antes de o jogador ser lateral-direito titular da seleção. Matérias do início dos anos 1990 valorizavam Telê por insistir no treino de fundamentos, que tinha como objetivo aprimorar passes e cruzamentos dos jogadores. Uma das imagens mais repetidas pelas emissoras de televisão da época era a de Telê controlando uma bola e chutando-a até uma lata de lixo. Acertava. O chute preciso era uma de suas qualidades como técnico. Ou seria como jogador?

Entender-se bem com a bola e compreender o jogo não são atributos equivalentes. Por décadas, a dificuldade em enxergar essa diferença atrapalhou o Brasil a perceber que o esporte estava em constante evolução.

# 8

# O ESTRATEGISTA
PARTE I
# TIM

★

Quando o assunto é interferir na partida e mudar o rumo de um jogo, há três técnicos sempre apontados como os mais incríveis na história do futebol brasileiro. Estamos falando de Elba de Pádua Lima, o Tim; de Ênio Andrade, entre os gaúchos (*ver capítulo 13 para mais detalhes*); e de Vanderlei Luxemburgo, a partir da década de 1990 (*ver capítulo 23*).

Craque dos anos 1930, Tim atuava como meia-esquerda. Na época, os números ainda não estavam estampados na parte de trás dos uniformes, por isso não se cobrava que fosse um camisa 10. De todo modo, essa seria sua camisa se a numeração já existisse. Não um 10 como Pelé, mas como Gérson, Ademir da Guia, Rivelino. Era um meia-esquerda armador. Indicava onde a bola deveria passar e ditava o ritmo do jogo.

Na função de treinador, agia de maneira semelhante. Primeiro no Olaria, onde encerrou a carreira de jogador e iniciou a trajetória de técnico. Exerceu ao mesmo tempo os dois papéis, como aconteceria décadas mais tarde na Europa, por exemplo com Kenny Dalglish, campeão inglês pelo Liverpool em 1986.

Tim fazia o que poucos faziam: via o jogo. E interferia nele. Sua carreira não foi recheada de títulos, mas de elogios. O melhor time que dirigiu foi o Fluminense campeão carioca de 1964. Como, desde 1951, muitas vezes aconteceu nas Laranjeiras, a equipe começou a temporada apelidada de "timinho" por jogar à base de contra-ataques e em velocidade. "O lanterninha dos grandes", dizia-se. Uma espécie de quarta força, ou quinta, porque o América ainda era um dos membros da elite do futebol carioca.

O time titular tinha Castilho, Carlos Alberto, Procópio, Valdez e Altair; Denílson e Oldair; Jorginho, Amoroso, Joaquinzinho e Gílson Nunes. Tirando o fato de que lançava, pela primeira vez, o lateral-direito Carlos Alberto Torres como titular, aquela não era uma equipe de craques. Por outro lado, apresentava diversas estratégias. Quando Joaquinzinho dominava na intermediária, Amoroso se mandava em velocidade para o campo de ataque. Ou Jorginho, o ponta-direita, que se revezou durante a campanha com Ubiraci.

Na final do campeonato, o Fluminense era azarão contra o Bangu. Venceu o primeiro jogo por 1 a 0. O gol de Amoroso não veio de contra-ataque, mas em jogada construída por Jorginho, instruído a atuar no setor do lateral-esquerdo banguense Nilton Santos — vale notar que a semelhança com o maior lateral brasileiro da história se estendia apenas ao nome. Percebendo que aquele setor era o mais frágil, Tim incentivou sua equipe a buscar jogo com o ponta-direita, que poderia desestabilizar o sistema defensivo do Bangu.

Na segunda partida, o Bangu dominou a primeira etapa e fez 1 a 0 com Bianchini. Tim mudou a estratégia. Em vez do contra-ataque, passou a apostar novamente em jogadas pelo lado direito. "Conheci muitos técnicos brilhantes. Trabalhei com Telê Santana, Evaristo de Macedo, fui auxiliar do Zagallo. Mas, na hora de interferir no jogo durante o intervalo, não conheci ninguém igual ao Tim", diz o ponta-esquerda Gílson Nunes. "Naquela partida de 1964, chegamos ao vestiário e ele estava lá com seus botões. Mexeu aqui, ali, mostrou como o posicionamento deveria mudar e disse que, se fizéssemos daquele jeito, o jogo viraria em dez minutos." O Fluminense virou em oito, com gols de Joaquinzinho, aos cinco, Jorginho, aos oito, e Gílson Nunes, aos 22. "Não lembro exatamente o que ele disse. Mexeu no posicionamento defensivo e deu recomendações para atacarmos. Não posso dizer com exatidão."

O jogo ficou mais forte pelo lado direito, com o ponta Jorginho, que só ganhou a posição nas finais do Campeonato Carioca. Antes, o titular da camisa 7 era Amoroso, escalado como centroavante na decisão. Jorginho fazia parte do time de juvenis, junto com Gílson Nunes. "Ele decidiu aproveitar o Jorginho, porque nos conhecíamos muito bem e porque sabia que o entrosamento da equipe vinha desde os aspirantes", lembra Gílson Nunes.

A jogada mortal daquele Fluminense era o lançamento de Joaquinzinho para Amoroso entrar em diagonal, da direita para o meio da área, e marcar. Por vezes, Amoroso era o ponta. Outras, o centroavante, mas sempre o alvo do lançamento. Durante a campanha, o Flu venceu quinze partidas, seis delas por um gol de diferença, das quais cinco contaram com gol decisivo de Amoroso. "Ele era um falso ponta-direita, pois não ia à linha de fundo. Entrava em diagonal para fazer o gol", conta Gílson Nunes. Pelo faro de gol e por Tim julgar necessário atacar pelos lados contra o Bangu, Amoroso virou centroavante na final.

Em 1965, sob o comando de Zizinho, o Bangu voltou a ser vice-campeão carioca. A forte equipe banguense havia sido mon-

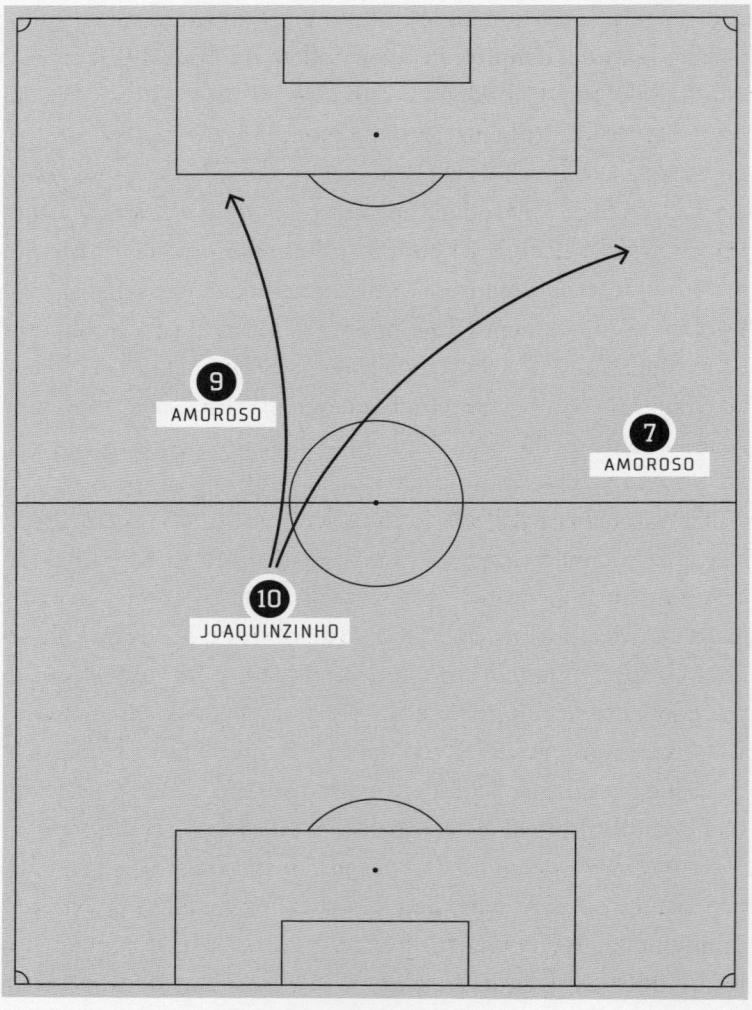

*Joaquinzinho lançava e Amoroso decidia, como ponta ou centroavante.*

tada pelo próprio Tim, que começara o trabalho em 1963 com Ubirajara, Fidélis, Paulo Borges e Parada. O time, seguindo o estilo de Tim, era capaz de mesclar posse de bola e aceleração. Jogava rápido em contra-ataques e sempre estudava as regiões mais frágeis do adversário. A flecha era o ponta-direita Paulo Borges, lançado sempre em velocidade para fazer gols ou oferecer passes para Cabralzinho e Parada.

O Bangu foi brilhante até a antepenúltima rodada, quando um empate contra o América permitiu ao Flamengo se distanciar na liderança. Na rodada seguinte, venceu o Botafogo por 3 a 0, mas o placar de 2 a 1 contra o Fluminense deu o título ao rubro-negro com uma rodada de antecipação. A equipe seria finalmente campeã em 1966, sob o comando do argentino Alfredo González.

Depois de conquistar o Carioca com o Fluminense, Tim teve poucos sucessos no clube, que só seria campeão outra vez em 1969 com um Telê em início de carreira. Acabou se transferindo para a Argentina em 1967, onde assumiu o San Lorenzo. Venceu o Campeonato Metropolitano no ano seguinte e se tornou o primeiro campeão invicto da história do país. Além disso, ajudou a trazer alguns jogadores da equipe para o Brasil, como o meia Doval, o argentino mais carioca de todos os tempos, o centroavante Fischer, bem-sucedido no Botafogo e vice-campeão brasileiro em 1972, e o goleiro Buttice, que passou por Corinthians e Bahia.

De volta ao Brasil, Tim voltaria a ser campeão no Vasco em 1970. Assim como seu Fluminense de 1964, o clube era apenas a quarta força do estado, mais um azarão. O jejum de títulos representava um ingrediente extra: o Vasco não ganhava o campeonato desde 1958. Time limitado, técnico brilhante. Andrada, Fidélis, Moacir, Renê e Eberval; Alcir e Buglê; Luís Carlos, Valfrido, Silva e Gílson Nunes.

Na decisão contra o Botafogo, Valfrido fez o gol da vitória por 2 a 1. Mas toda a estratégia havia sido montada no vestiário. Tim fazia suas palestras em um campo de futebol de botão, com as peças colocadas estrategicamente para mostrar como seus jogadores deveriam se posicionar. "Era um quadro pequeno", diz Gílson Nunes. Tim o segurava na diagonal e movimentava as peças para passar instruções.

O maior sucesso de Tim, contudo, aconteceu no Coritiba. Ganhou dois Campeonatos Paranaenses, embora o auge tenha sido o Torneio do Povo, disputado pelos clubes de maior torcida em cada estado. Em 1973, a competição incluía Corinthians, Flamengo, Atlético Mineiro, Bahia, Coritiba e Internacional. A equipe coxa-branca foi campeã com Jairo, Hermes, Oberdan, Cláudio e Nilo; Fito e Dreyer; Leocádio, Tião Abatiá, Paquito e Dirceu.

Eram jogadores com história, como o goleiro Jairo, que passou pela seleção e brilhou no Corinthians no final da década de 1970. O zagueiro Oberdan acompanhara Pelé no Santos e seria campeão gaúcho pelo Grêmio em 1977. Dirceu consagrou-se no Botafogo e no Vasco, disputando três Copas do Mundo. Dirceu, aliás, é dono de uma marca histórica: quando foi convocado por Telê Santana para a Copa de 1982, virou, junto a Falcão, o primeiro jogador da seleção a jogar um Mundial enquanto pertencia a um clube do exterior. Na época, atuava no Atlético de Madrid.

Nesse Coritiba, Tim empregava uma jogada semelhante à do Fluminense de 1964. A bola partia de Fito ou Dreyer. Enquanto preparavam o lançamento, Tião Abatiá e Paquito invertiam de lado para confundir os zagueiros. Se a bola chegasse em qualquer um dos dois, invariavelmente terminava no fundo das redes.

Na decisão, houve mudanças. Jairo, Orlando, Oberdan, Cláudio e Nilo; Hidalgo e Negreiros; Leocádio, Zé Roberto, Hélio Pires e Aladim. O Coritiba perdia por 2 a 1 quando teve dois jogadores expulsos: Cláudio e Hidalgo. Tim trocou o meia Negreiros e o ponta Leocádio por Reinaldinho e Dreyer, com o intuito de proteger a defesa. Abriu Zé Roberto, meia-direita de origem, pela ponta esquerda, e infiltrou Hélio Pires entre os dois zagueiros. Pretendia impedir que um dos beques tivesse superioridade numérica no meio de campo. Os contra-ataques foram planejados com a ordem de que toda bola retirada da defesa fosse lançada para Zé Roberto. Do novo ponta saía o passe para Hélio Pires. O gol do empate por 2 a 2 aconteceu exatamente assim e deu o troféu ao Coritiba.

Tim ainda disputou a Copa do Mundo de 1982 com a seleção peruana, mas o fato é que não teve uma carreira marcada por grande sucesso. Sua importância não deve ser medida por títulos. O país do futebol sempre foi dos jogadores, com técnicos mais preocupados em ensinar o que fazer com a bola do que em interferir estrategicamente nos posicionamentos. Tim é um caso à parte. Sua missão era assistir às partidas e transformá-las. Embora vivesse num contexto em que o poder de decisão estava inteiramente na mão dos craques, foi um dos raros exemplos de que o treinador também pode vencer jogos.

# 9

# A ESCOLA MINEIRA

★

Além do Fluminense de Tim, outros clubes se destacaram pelo país nos anos 1960. Um deles foi o Cruzeiro, que mudou a história do futebol brasileiro após a inauguração do Mineirão, em 1965. Isso porque, no segundo ano de atividade do estádio, o espetacular time formado por Raul, Pedro Paulo, William, Procópio e Neco; Piazza e Dirceu Lopes; Natal, Tostão, Evaldo e Hilton Oliveira venceu o Santos na decisão da Taça Brasil. O placar foi 6 a 2 em Belo Horizonte, 3 a 2 em São Paulo.

Com os dois triunfos, o título nacional de clubes ficou fora do eixo Rio-São Paulo, que sentiu a derrota pela primeira vez na história. O Bahia já tinha conquistado a Taça Brasil de 1959, mas, naquele tempo, não houve o mesmo impacto de uma derrota num torneio desejado por times cariocas e paulistas. Vale a lembrança de que, três anos antes, a seleção mineira também conquistara o Brasileiro de seleções estaduais. Aos poucos, Minas Gerais entrava no mapa do futebol do país.

O título do Cruzeiro e a maneira avassaladora como atropelou o Santos de Pelé fizeram a CBD perceber que a estrutura dos torneios de clubes precisava ser modificada. A Taça Brasil, criada em 1959 para indicar o representante brasileiro na Libertadores, continuou existindo até 1968. Na época, as outras competições eram os estaduais, disputados no país desde 1902, e o Torneio Roberto Gomes Pedrosa, que tinha em seu nome um tributo ao ex-goleiro do São Paulo e futuro presidente da Federação Paulista, mas que, em 1933 e entre 1950 e 1966, era mais conhecido como Torneio Rio-São Paulo. Já em 1967, quando a competição foi ampliada para receber mineiros, gaúchos, paranaenses e pernambucanos, seu nome oficial ganhou destaque e levou a seu apelido mais popular: estava criado o Robertão, o Rio-São Paulo grande.

Tudo por causa do Cruzeiro e da escola mineira, que tomavam conta do país com um jeito bem "brasileirin" de jogar. Alegria, ofensividade, busca insistente pelo gol. Em síntese, o Cruzeiro jogava num 4-2-4, mas seu meia-armador, Dirceu Lopes, infiltrava-se em direção ao gol com o mesmo dinamismo de um ponta de lança. Na prática, havia três homens pela faixa central que partiam juntos em direção ao gol: Piazza com a camisa 5, Tostão com a 8 e Dirceu Lopes com a 10.

A conquista da Taça Brasil de 1966 rendeu muitas histórias. O goleiro Raul Plassmann narra a inacreditável façanha de chegar à decisão do torneio e enfrentar o Santos de Pelé. Estava tão assombrado que chegou a levar bronca do capitão, Piazza, no início do primeiro jogo das finais, vencido pelo Cruzeiro por 6 a 2. Pelé pegou uma bola na intermediária, driblou um zagueiro e chutou forte. Raul nem olhou para a bola, que passou zunindo rente ao gol. O craque santista partiu novamente e repetiu

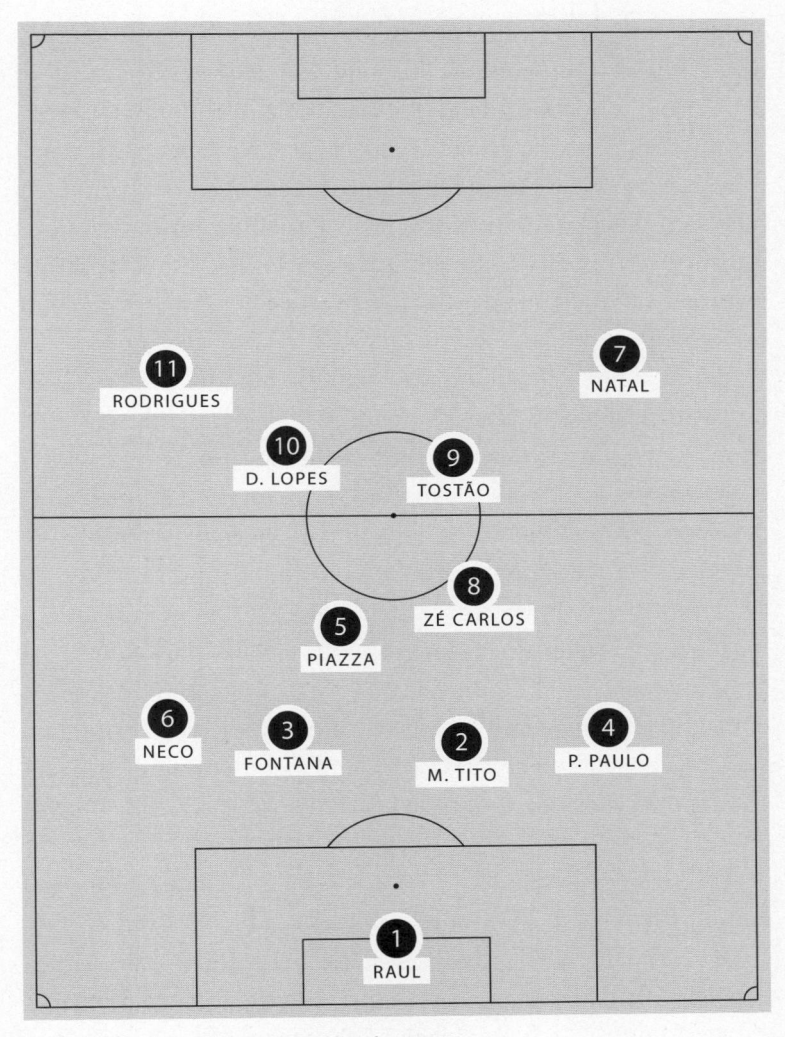

```
          [field diagram]
              11                    7
          RODRIGUES              NATAL
                  10        9
              D. LOPES    TOSTÃO
                         8
                      ZÉ CARLOS
                  5
              PIAZZA
          6       3       2       4
         NECO  FONTANA  M. TITO  P. PAULO
                      1
                     RAUL
```

O Cruzeiro de 1969 e seu quadrado mágico.

a dose. Raul não olhava para o jogo, só para o Rei. Foi quando ouviu a bronca de William: "Você vai jogar ou vai logo querer dar pra ele?". Raul acordou e jogou. Mas quem jogou muito mesmo foi Dirceu Lopes.

Esse time cruzeirense foi mudando no decorrer do tempo, especialmente por causa de outro meio-campista. Chamava-se Zé Carlos, e, por sua qualidade, não podia ficar de fora. O técnico Ayrton Moreira, irmão de Zezé Moreira e Aymoré Moreira, tratou de juntar os maiores talentos e fez nascer o primeiro quadrado mágico, com quatro meias atuando juntos. O time passou a ter Piazza, Zé Carlos e Dirceu Lopes. Natal, Tostão e Rodrigues. Por alguns meses, Tostão vestiu a camisa 9 também no Cruzeiro.

Ainda assim, não havia lugar para todo mundo. Evaldo, outro monstro de jogador, ficava no banco. Voltou a figurar entre os titulares quando Tostão sofreu descolamento da retina. Mas a equipe tinha jogadores jovens surgindo, como Palhinha, centroavante posteriormente campeão da Libertadores em 1976, que ocupava até a ponta direita para poder jogar. Em vez de ser o ponta que levava a bola até a linha de fundo, entrava em diagonal para finalizar e fazer gols. Esse tipo de ponta-direita já tinha aparecido no Fluminense de 1964, campeão carioca sob o comando de Tim, e também faria história na seleção brasileira. Na Copa do Mundo de 1970, Jairzinho vestia a camisa 7 e jogava como ponta de lança, entrando em diagonal para fazer sete gols em seis partidas.

O Cruzeiro do quadrado mágico chegou às finais do Robertão em 1969 e foi vice-campeão, atrás apenas do Palmeiras de Rubens Minelli. A premissa do jogo mineiro, de enorme sucesso nos anos 1960, era de que os melhores precisavam jogar. Assim, a equipe quase sempre escalava quatro jogadores de meio de campo: Raul, Lauro, Darci Menezes, Fontana e Neco; Piazza e Zé Carlos; Palhinha, Tostão, Dirceu Lopes e Rodrigues. O quadrado mágico tinha Piazza, Zé Carlos, Dirceu Lopes e Tostão. Palhinha e Rodrigues entravam em diagonal das pontas para o meio.

Na década seguinte, o mesmo princípio reinou em Minas Gerais. Os melhores sempre iniciavam a partida. Por isso, o Atlético Mineiro produziu tantos jogadores extraordinários, o que ficou mais evidente quando não foi campeão do que no título brasileiro de 1971. Em 1977, o único vice invicto da história do Brasileirão tinha Marcelo, Paulo Isidoro, Ziza, Toninho Cerezo, Serginho, Danival... Todos formados em casa, com um jogador especial acima de todos: Reinaldo.

Como Tostão nos anos 1960, Reinaldo saía da área e produzia genialidades. Estreou no Atlético em 1973, aos dezesseis anos. Jogou em alto nível até os 26. Nenhum zagueiro jamais o derrotou. As lesões nos joelhos, sim.

# 10

# QUANDO O FUTEBOL COMEÇOU A MUDAR

★

A Copa do Mundo de 1966 trouxe um novo sistema de marcação que escandalizou os brasileiros. A violência era um dos aspectos mais assustadores. O zagueiro português Vicente, que atuava pelo Belenenses, cansou de bater em Pelé no terceiro jogo da Copa do Mundo, disputado no estádio de Goodison Park, em Liverpool.

Mas essa não era a única questão.

"Um jogador que prefiro não identificar me disse certa vez que ficou chocado porque os europeus não nos deixavam jogar", diz Carlos Alberto Parreira, indicando que o Brasil sofria com a marcação adversária. "Foi o início do *play and don't let play*, jogar e não deixar jogar."

Nos oito anos anteriores, o futebol tinha passado por uma tímida revolução. Tímida porque não havia TV e os meios de comunicação não captavam as mudanças. Do 4-2-4 anunciado pela Hungria em 1954 e confirmado pela seleção brasileira em 1958, chegou-se ao 4-3-3. A transformação era modesta.

A Inglaterra de 1966 era diferente. Recuava os dois pontas, Alan Ball pelo lado direito, Peters pelo lado esquerdo. Foi a primeira vez que se viu uma seleção jogando com duas linhas de quatro homens, uma na defesa, outra no meio de campo. Na frente, só ficavam os dois atacantes: Hurst e Hunt.

Os dois jogadores tinham um posicionamento similar ao de históricas duplas de ataque do Brasil, o que mudava era o talento. O Santos bicampeão mundial de 1962 e 1963 também contava com uma dupla de frente, formada por Pelé e Coutinho, que atuavam lado a lado, com Pelé um pouco atrás de seu parceiro.

Diferentes eram as funções dos pontas. Os ingleses formavam a linha de meio de campo com responsabilidade de marcação, buscando negar espaços ao adversário e impedi-lo de jogar. Os pontas brasileiros atacavam ora em direção à linha de fundo, ora em direção ao gol. Em vez de Ball e Peters, o Santos de Pelé tinha Dorval e Pepe. Sempre havia jogadas que visavam ao gol.

Pepe, também um ótimo cobrador de faltas, notabilizou-se pelos 403 gols marcados pelo Santos. "Sou o maior goleador da história do clube. Pelé não conta, porque é extraterrestre", costumava dizer. Os pontas eram muito mais atacantes no Brasil do que em outros lugares do planeta, mas, curiosamente, os títulos mundiais foram conquistados sem um ponta-esquerda ao estilo de Pepe. Os que defenderam as seleções mundiais não eram nem agressivos para chegar à linha de fundo, nem goleadores como o camisa 11 do Santos. Zagallo, por exemplo, era a formiguinha. Percorria todos os lugares mais importantes do campo para preencher espaço e liberar Pelé, Vavá e Garrincha no ataque.

Nos anos 1950, havia clubes nos quais o trabalho de meio-campo era executado pelo ponta oposto, o direito. Uma das

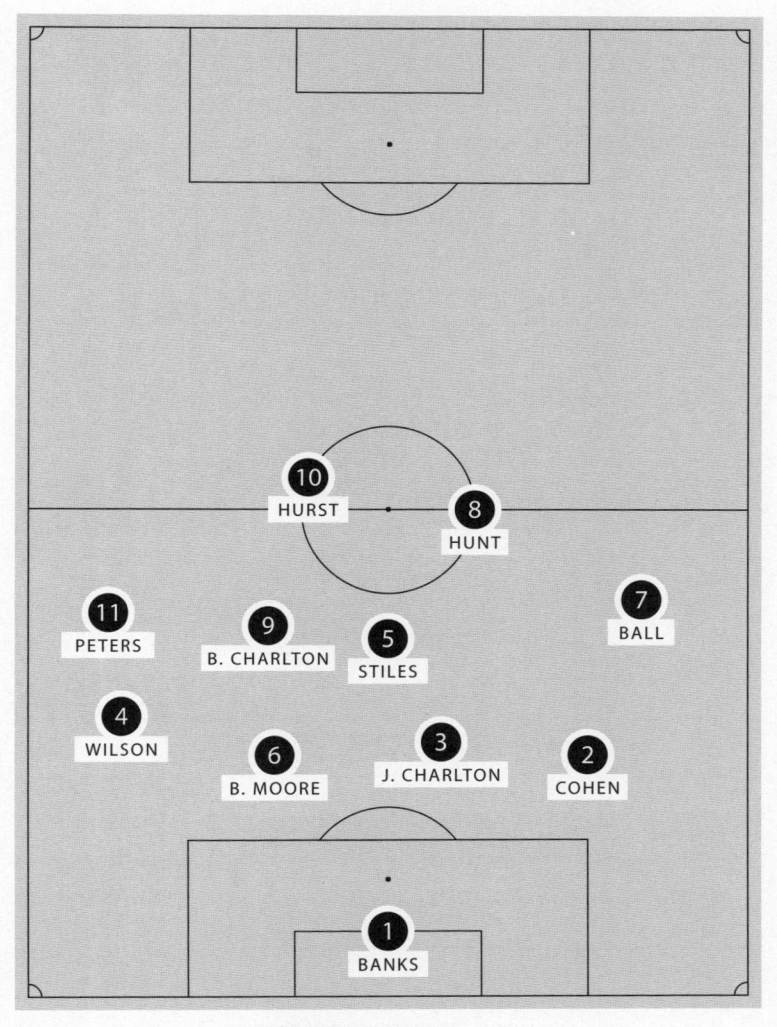

*A Inglaterra e suas duas linhas de quatro em 1966.*

crônicas mais precisas de Mário Filho leva o nome de "Telê". Não trata do futuro técnico Telê Santana, mas do jovem Telê ainda ponta-direita do Fluminense, que, diferentemente de Pepe ou Garrincha, ocupava espaços e às vezes jogava até como centroavante. Na decisão do Campeonato Carioca de 1951, Telê vestiu a camisa 9 na ausência de Carlyle e marcou os dois gols do título. Mas seu papel rotineiro não era esse. Percorria o lado direito, auxiliava na marcação e iniciava jogadas de ataque como se fosse meia, posição em que terminou a carreira.

O trabalho que, no Brasil, era desempenhado por pontas ora pela esquerda, ora pela direita acontecia na Inglaterra campeã de 1966 nos dois lados. Alan Ball e Peters recuavam juntos para marcar e organizar o jogo nas laterais do campo. Com forte marcação, a Inglaterra venceu a Copa do Mundo de 1966 em casa. Já o Brasil voltou para a América do Sul lamentando o fim de sua soberania e sua própria decadência.

Entre os clubes brasileiros, houve quem tentasse transformar a parte física no aspecto mais importante do jogo. Por um bom tempo, o país viveu uma confusão de valores entre a técnica e a força. Ainda assim, não é justo dizer que o culto à atividade física como premissa de um bom time começou apenas após a Copa de 1966. Isso pode até ser verdade em certas regiões, mas não no Rio Grande do Sul.

## OS GAÚCHOS

Os pesados gramados invernais, as viagens longas para o interior do estado e a chuva forte faziam os gaúchos jogarem num estilo mais uruguaio, mais platino. Ao longo dos anos 1960, o grande time era o Grêmio, que dominou o Campeonato Gaúcho antes da formação dos Mandarins no Internacional.

"É difícil falar em escola brasileira, porque até da escola gaúcha sempre houve dois tipos. Uma técnica, representada pelo estilo do Internacional, pelo jeito como seu Ênio Andrade montava suas equipes. Outra de força, do Sérgio Moacir, do

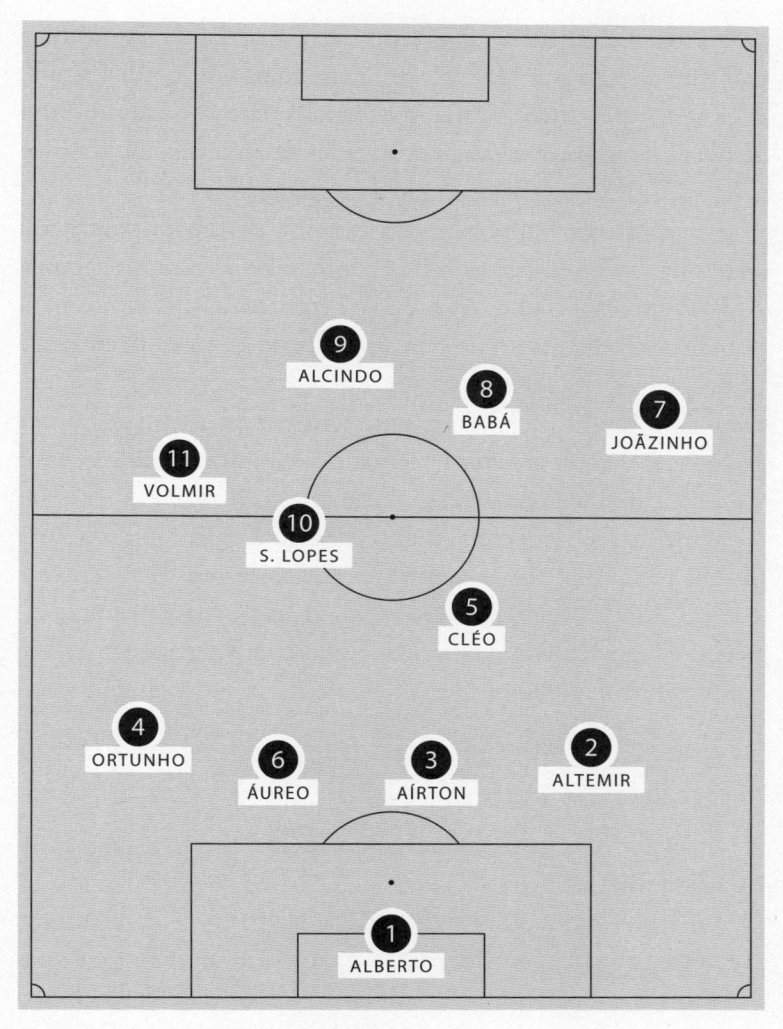

*O Grêmio heptacampeão, em 1968.*

Carlos Froner", diz Tite, formado como jogador no Caxias. "Eu trabalhei com o Froner lá", conta. Depois, Tite foi dirigido no Guarani vice-campeão brasileiro por Carlos Gainete. Outro estilo, caracterizado por mais técnica e mais cuidado com a bola.

No Rio Grande do Sul dos anos 1950, o cuidado era com o corpo, não com a bola. O Grêmio era comandado por Oswaldo Rolla, o Foguinho. Antes dos treinos coletivos, fazia todos os jogadores subirem e descerem as arquibancadas do estádio Olímpico. Em sua visão, esse esforço deixaria a equipe fisicamente preparada para os embates do fim de semana. Quantas lesões de joelho não devem ter acontecido a médio prazo com aqueles atletas?

Num país de 8,5 milhões de quilômetros quadrados, enquanto Bahia e Vitória podiam privilegiar a parte técnica e os treinos na praia — até os anos 1990, acontecia o mesmo com os quatro grandes do Rio de Janeiro — os gaúchos apostavam no preparo físico. Muito antes da Copa do Mundo de 1966.

Entre 1956 e 1968, o Grêmio de Foguinho (1956-60), Sérgio Moacir (1962, 1963 e 1968) e Carlos Froner (1964, 1965 e 1967) conquistou doze títulos estaduais de treze disputados, contando ainda com a contribuição de Luís Engelke em 1966. O Internacional até ganhava os clássicos, invariavelmente disputados na última rodada do Campeonato Gaúcho, mas, como a competição era disputada por pontos corridos, àquela altura já estava condenado ao vice-campeonato. Quando o Grenal acontecia, o Grêmio já havia confirmado a taça nos jogos contra times do interior.

A partir do final dos anos 1960, um grupo de dirigentes e colorados notáveis — conhecidos como Mandarins — passou a influenciar na administração do Internacional, delineando um novo estilo de jogo. Até então, o Inter trocava passes, era técnico e insinuante. O Grêmio, por contraste, ganhava o título gaúcho no interior do estado com força e muito mais marcação. O objetivo dos Mandarins era fazer o Internacional apresentar, a médio prazo, uma equipe mais sólida. Rapidamente definiu-se um bode expiatório, alguém que precisaria deixar o time titular por simbolizar o refinamento capaz de vencer Grenais e perder campeonatos.

Esse jogador foi Bráulio. Ainda foi titular da equipe que saiu da fila e encerrou a sequência de sete títulos gaúchos consecutivos do Grêmio. No ano da inauguração do Beira-Rio, em 1969, o Internacional chegou ao Grenal com o título já assegurado. Também venceu o clássico. Mas o time já começava a passar por uma transformação de estilo, e logo Bráulio foi afastado pelo técnico Daltro Menezes. Num primeiro momento, Tovar passou a ser o jogador símbolo do meio de campo. Alguns anos depois, o treinador deu lugar a Dino Sani, o que tornou a equipe ainda mais gaúcha. Por sua experiência como jogador do Boca Juniors e do Milan, Dino trouxe conceitos de disposição física e organização defensiva. Daltro Menezes foi bicampeão gaúcho em 1969, 1970. Dino deu sequência e conquistou os troféus de 1971, 1972 e 1973. O período de glórias do Internacional estava apenas começando.

# 11

# FORÇA E FUTEBOL

★

Na estreia da segunda fase do Brasileirão de 1973, já em janeiro de 1974, o Internacional estreou seu novo técnico. Rubens Minelli escalou Schneider, Cláudio, Figueroa, Pontes e Scott; Tovar e Paulo César Carpegiani; Valdomiro, Garcia, Escurinho e Djair. No segundo tempo, entraram em campo Falcão e Manoel. Eram duas revelações vice-campeãs da Taça São Paulo de Futebol Júnior de 1972, conquistada pelo Nacional de São Paulo.

    O Colorado tinha Falcão. Já o Nacional contava com Toninho Vanusa, campeão paulista dois anos mais tarde como reserva do Palmeiras. Todo mundo sabia quem era melhor. Rubens Minelli também. Nos três primeiros jogos do novo treinador, Falcão entrou no segundo tempo no lugar de Tovar. Empates contra Atlético Mineiro e Palmeiras por 0 a 0, e vitória sobre o Vasco por 2 a 1. No quarto jogo, Falcão tornou-se titular. Não saiu mais do time. Falcão reunia a competitividade dos Mandarins e o refinamento de Bráulio, com o qual compartilhava até os cabelos loiros encaracolados.

Minelli foi ponta-esquerda do Taubaté e do São Bento e encerrou a carreira precocemente por causa de uma fratura na perna esquerda. Voltou para São Paulo, cidade onde nasceu. Dois anos depois de se aposentar, assumiu o comando das divisões de base do Palmeiras. Trabalhou na capital paulista entre 1958 e 1963, temporada em que se transferiu para São José do Rio Preto. Quando chegou ao estádio Mário Alves de Mendonça, Minelli era magro, tinha um bigode fino ao estilo Clark Gable e cabelos pretos com insistentes entradas que prenunciavam a calvície. Não era galã, mas um estudioso. Pelo menos para o padrão da época. Era do tipo que dava treinos coletivos e os interrompia para corrigir defeitos. Insistia cuidadosamente nas jogadas de bola parada, detalhando a movimentação de cada falta e escanteio.

O América de Rio Preto ganhou o Campeonato Paulista da Segunda Divisão em 1963. Minelli dirigiu o Botafogo de Ribeirão Preto em 1966 e, no ano seguinte, conquistou seu primeiro título estadual pelo Sport. Em meados de 1969, voltou ao Palmeiras, dessa vez como treinador da equipe principal.

Ao mesmo tempo que o Internacional discutia sua reformulação em Porto Alegre, o Palmeiras revolucionava-se em São Paulo. Em 1968, foi vice da Libertadores, mas escapou do rebaixamento apenas na última rodada do Campeonato Paulista. O técnico era Alfredo González, ex-ponta-direita argentino que jogou no próprio Palmeiras e foi campeão paulista em 1944. Em seu lugar, entrou Filpo Núñez, ex-jogador de pouco destaque e carreira breve, com apenas dois anos de atividade na Argentina. Como técnico, passou por Chile, Equador, Peru e Bolívia antes de desembarcar no Brasil. Fez sucesso no Palmeiras comandando a equipe campeã do Rio-São Paulo de 1965, chamada de Academia pelo estilo clássico de jogo. Em sua segunda passagem pelo Palmeiras, em 1969, pouco antes de cair, Filpo foi vice-campeão paulista e venceu o Corinthians. Não era pecado perder o título para o Santos, mas o Palmeiras daquela época pensava diferente.

Minelli foi a próxima aposta do clube, determinado a se reerguer após o fiasco de 1968. Tirou nove titulares do time, mantendo apenas Dudu e Ademir da Guia. O novo Palmeiras era veloz com seus pontas, talentoso no meio de campo e cuidadoso na defesa. Em seis meses, Rubens Minelli conquistou o Robertão, o Campeonato Brasileiro da época. As finais do torneio foram disputadas em um quadrangular com Cruzeiro, Corinthians e Botafogo. Leão, Eurico, Baldocchi, Minuca e Dé; Dudu e Ademir da Guia; Cardosinho, Jaime, César e Pio. Era o embrião da equipe que, quatro anos mais tarde, seria bicampeã brasileira sob o comando de Osvaldo Brandão.

Se comparado a Brandão, o estilo de Minelli apresentava um pouco mais de rigor tático. A marcação era treinada em mais detalhes, com ensaios e coleta de informações sobre os rivais, mesmo os mais desconhecidos. Naquele tempo, o Palmeiras tinha Dudu e Ademir da Guia no meio de campo e mostrava um estilo clássico. No entanto, precisava da velocidade dos seus dois pontas e exibia muita força de marcação, utilizando um sistema que não era exatamente por zona. O volante marcava o ponta de lança, e, se o adversário passasse, era acompanhado pelo zagueiro. O marcador seguia seu rival por boa parte do caminho, mas não o tempo todo. A lógica não era homem a homem, e tampouco definia-se por zona, já que esse sistema só era empregado a partir da intermediária defensiva. Era um híbrido, que hoje os técnicos chamam de *encaixe*, parecido com o sistema meio zona, meio individual de Zezé Moreira.

Quando Rubens Minelli assumiu o Internacional, o time já era um dos grandes rivais do Palmeiras de Brandão na campanha do bicampeonato brasileiro: disputou a semifinal de 1972 e chegou ao quadrangular decisivo de 1973. Nas finais de 1973, disputadas em fevereiro do ano seguinte, houve um enfrentamento direto: Brandão versus Minelli. Quer dizer, Palmeiras versus Internacional. Na segunda rodada do quadrangular, Ronaldo e Luís Pereira marcaram para os paulistas, Figueroa para o Inter. O Colorado foi eliminado e, na rodada seguinte, o Palmeiras se sagrou campeão após empatar por 0 a 0 com o São Paulo.

Havia uma mistura de estilos novos em ambos os times. A classe de Ademir da Guia duelava com o estilo de Carpegiani e Falcão, enquanto a velocidade de Edu e o vigor de Leivinha rivalizavam com a força de Valdomiro e Escurinho, escalado como ponta-esquerda. Do ponto de vista tático, Minelli mostrou-se soberano. Era o que sugeriam os relatos do jogo no dia seguinte, pois o Internacional tinha três homens no meio, Tovar, Falcão e Carpegiani. No Palmeiras, por outro lado, o ponta Édson chegava ao ataque junto com Leivinha e Dudu recuava como se fosse zagueiro, deixando apenas Ademir no meio palmeirense. Era um duelo entre o futebol moderno, com ocupação dos espaços, e a velha guarda, espalhada pelo campo.

O segundo tempo teve Fedato ao lado de Leivinha. O Palmeiras agredia com dois atacantes a mais, e a bola ligada diretamente atormentava a defesa adversária. O jogo saiu do meio de campo. O que definiu a partida não foi posse de bola, não foi troca de passes, nada de tico-tico no fubá. O talento também sobrevivia às bolas lançadas para ganhar na força física. Os jogos entre Minelli e Brandão no início dos anos 1970 já anunciavam o tema das décadas seguintes: uma briga entre a força física e a qualidade técnica.

## MINELLI E COUTINHO

O Internacional era um time espetacular, embora não espelhasse os valores tradicionais do futebol brasileiro por ser um time forte e duro. Foi bicampeão brasileiro em 1976, registrando o melhor ataque e a melhor defesa nas duas campanhas, mas em média o sistema defensivo é que se mostrava superior.

Na época, não se discutia se o futebol era de contra-ataque ou de posse de bola, se era jogo apoiado ou reativo, já que todos esses termos pertencem aos anos 2010. O Inter era um time que aplicava seu talento quando tinha a bola e entendia a necessidade de marcar quando não a possuía. Mas essa ideia não era tão comum naquele tempo. Até a primeira década do século XXI, muita gente inclusive brincava com a expressão. Como é que se joga sem a bola? Marcando, ora...

E o Internacional jogava, fosse com ou sem a bola. Era seu grande diferencial em relação ao futebol praticado no Brasil até então. A qualidade de suas atuações lhe rendia reconhecimento, e cada detalhe era devidamente valorizado, pois o time vencia e jogava bem. O advérbio "bem" é importante. Jogar bem é diferente de jogar bonito. Dar um drible desconcertante, um chapéu ou uma caneta não correspondia ao estilo do Internacional. Também não correspondia ao estilo do Santos de Pelé, nem do Flamengo de Zico. A questão era impor o estilo de jogo ao adversário. Marcar melhor, recuperar a bola e, então, jogar. Era o inverso do Santos de Pelé, que jogava bem, impunha-se ao rival e, quando perdia a bola, marcava.

Todos podiam fazer isso antes dos anos 1970, mas não faziam. A diferença entre as duas épocas era o preparo físico. Junto a Rubens Minelli, trabalhava o preparador Gilberto Tim, que apresentava métodos modernos para os anos 1970, porém destrutivos para quem pensa nas práticas mais recentes. Tim

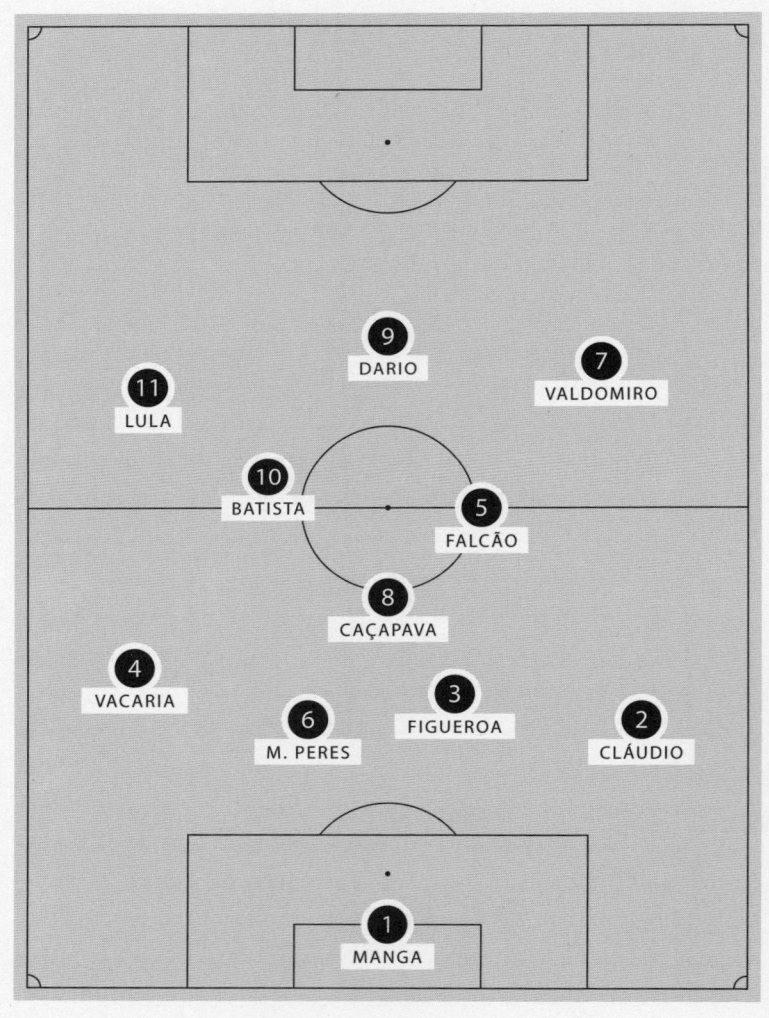

*O Internacional de 1976: diferente com a bola e sem a bola.*

deixava o time pronto para correr noventa minutos em busca da bola, fosse para fazer um cruzamento na linha de fundo, fosse para voltar em alta velocidade e realizar um desarme.

O Internacional era uma equipe brilhante, mas eminentemente física. Com a bola no pé, destacava-se pelo talento de jogadores especiais, sobretudo Paulo Roberto Falcão. Também era o caso de Elias Figueroa, que definia da seguinte forma sua função como zagueiro: "Preciso fazer com que o atacante faça o que eu desejo". Em síntese, se o adversário fosse canhoto, Figueroa o obrigaria a jogar com o pé direito. Se fosse destro, ofereceria o lado esquerdo do campo para ele chegar à linha de fundo. Não se tratava de um aspecto tático, mas técnico.

No princípio dos anos 1970, a lógica dos mais vitoriosos times do Brasil era defensiva. Era como se a força física dos ingleses na Copa de 1966 e a ocupação de todos os espaços apresentada na Copa de 1974 eliminassem a importância da qualidade individual. De certo modo, naquele momento, o jogo começou a ser mais coletivo pela primeira vez na história, já que o fator individual sempre reinou no Brasil. O talento nunca havia trabalhado a serviço do time, e, devido a essa novidade, o Internacional mostrou-se imbatível por dois anos. Pouca gente percebeu que o jogo brasileiro estava mais físico e defensivo.

Paralelamente a isso, havia Cláudio Coutinho. Aos 31 anos, foi preparador físico da seleção brasileira na Copa do Mundo de 1970, no México, e seis anos depois tornou-se treinador da seleção olímpica nos Jogos de Montreal. O convite se deveu a um acaso, pois Zizinho discutiu com a CBD e afastou-se do cargo. A diferença entre Coutinho e Zizinho era o tipo de conhecimento envolvido. Zizinho era o craque. Atrelava seu preparo técnico ao que havia aprendido como jogador. Já Coutinho, o teórico, recorria à experiência de quem viveu o vestiário, não os gramados.

Como alguém que tinha participado da Copa do Mundo de 1970, convivido com Zagallo e se tornado referência acompanhando o que havia de mais moderno no futebol mundial, Coutinho estava muito à frente de seu tempo. Tanto que não foi compreendido na função de treinador. Coutinho estudou o esporte e poderia ter se transformado num dos maiores estrategistas da história do Brasil, não fosse sua morte precoce aos 42 anos, após acidente enquanto mergulhava na Zona Sul do Rio de Janeiro.

No final dos anos 1970, a ideia de que a preparação física era um aspecto fundamental do jogo estava presente na formação do Internacional de Rubens Minelli, bicampeão brasileiro em 1975 e 1976, e do Flamengo de Cláudio Coutinho, tricampeão carioca em 1978, 1979 e 1979 especial. Eram times diferentes. O Flamengo era mais leve. O Inter, mais competitivo. O Flamengo, mais arte. O Internacional, mais forte.

O grande embate aconteceu no final de 1977, quando Osvaldo Brandão foi demitido da seleção brasileira. Em 20 de fevereiro de 1977, o Brasil empatou com a Colômbia em Bogotá. Pela primeira vez na história, a seleção deixou de vencer os colombianos. O empate parecia tão inadmissível que Brandão foi afastado no retorno ao Rio de Janeiro.

O favorito para substituí-lo era Rubens Minelli. Tanto gaúchos quanto paulistas viam no técnico a escolha ideal. Minelli representava o futebol ao mesmo tempo moderno e habilidoso. A força física de seu Internacional não abdicava do talento de Falcão. Oferecia marcação e, às vezes, espetáculo. Naquele ano, Minelli transferia-se para o São Paulo.

Na partida seguinte, contudo, o treinador da seleção foi Cláudio Coutinho. Para os críticos paulistas e gaúchos, foi um escândalo. Na visão da CBF, Coutinho significava um retorno à estratégia para a Copa do Mundo de 1970. Era um técnico bom, estudioso, competente, mas não estava pronto para uma responsabilidade tão grande. Parte da crítica considerava o fato de ele ser militar. No período da ditadura, esse era um pecado mortal para quem defendia a democracia.

Porém Coutinho tinha boas ideias. Uma delas foi ridicularizada na época, mas hoje é muito reproduzida em clubes do Brasil e da Europa: jogar com um lateral-direito na ponta direita, ou com um ponta-direita na lateral direita. Coutinho foi criticado quando escalou Toninho e Nelinho, ambos laterais-direitos, na mesma equipe. Um fazia o lado ofensivo, outro, o defensivo. A seleção brasileira de Dunga utilizou a mesma estratégia na Copa América de 2007, quando Daniel Alves disputou parte do jogo final contra a Argentina como ponta-direita enquanto Maicon atuava na lateral. No Barcelona de Luis Enrique, Sergi Roberto jogou como lateral e como ponta. No Manchester United de Mourinho, o ponta-direita Antonio Valencia virou lateral.

Na concepção de jogo de Coutinho, era essencial ampliar o campo para os lados a fim de abrir a defesa contrária. Se fosse possível ter dois jogadores que soubessem atacar e defender nas laterais, seria ainda melhor. Outro conceito que pregava era o *overlapping* no ataque, ou seja, a ultrapassagem. Enquanto o ponta-direita puxava o jogo para o meio, o lateral avançava para receber à frente. "No ponto futuro", dizia o treinador.

Tanto Minelli quanto Coutinho atuaram em jogos específicos com dois meio-campistas mais defensivos, o que não era comum no futebol brasileiro anterior à Copa de 1974. Enquanto o Corinthians contava com Tião e Rivelino, um cabeça de área e um meia-armador, e o Palmeiras tinha Dudu e Ademir da Guia, o Internacional chegou a escalar Caçapava, Batista e Falcão na final do Brasileiro de 1976. Caçapava vestia a camisa 8, Batista, a 10 e Falcão, o mais ofensivo dos três, jogava com a 5.

O Flamengo de Cláudio Coutinho trazia Carpegiani, Adílio e Zico na conquista do tricampeonato estadual de 1978, 1979 e 1979 especial. Na final do Campeonato Brasileiro de 1980, primeiro título nacional conquistado pelo Flamengo, Carpegiani formou dupla com Andrade e deu liberdade a Zico para atacar.

Pode-se dizer que jogou como meia de ligação. Cláudio Coutinho entregou a camisa 6 a Paulo César, que vestia a 10 no Inter. Deixou Andrade com a 8, em posição mais recuada. Ambos sabiam jogar. Nenhum era brucutu. Mas, nessa época, já se discutia às vésperas das partidas a estratégia de jogar com um ou dois cabeças de área.

## DOIS CABEÇAS DE ÁREA

Falcão se lembra de detalhes táticos do Internacional antes e depois da entrada de Batista no time campeão brasileiro. No início, Falcão e Carpegiani jogavam como meias, com Caçapava mais recuado. Era um triângulo que tinha como base Caçapava, o jogador com maior responsabilidade de marcação. "Quando entrava, Escurinho cavava no volante", lembra Falcão. Com Escurinho, o sistema mudava um pouco. Se substituísse Carpegiani, tornava o time mais ofensivo. Jogava como um segundo centroavante e marcava a saída de bola do volante, obrigando-o a recuar e se juntar aos zagueiros. Nesse caso, o Inter voltava a ter uma dupla no meio de campo.

"Começamos o Brasileirão marcando homem a homem. Aumentamos a marcação quando Caçapava entrou contra o Fluminense no Rio. Inverteu o meio de campo, com dois homens atrás do meia", diz Falcão.

Com Rubens Minelli, o trabalho já começava no campo de ataque. Na semifinal do Brasileiro de 1975 contra o Fluminense, o centroavante Flávio ia até o meio para acompanhar o volante Zé Mário. Valdomiro ficava em cima do lateral-esquerdo Marco Antônio, e o ponta Lula cercava o lateral-direito Toninho. "O Fluminense não deu um chute a gol", lembra Falcão. Em vários momentos, a inversão do triângulo citada pelo craque fazia parecer que havia dois cabeças de área.

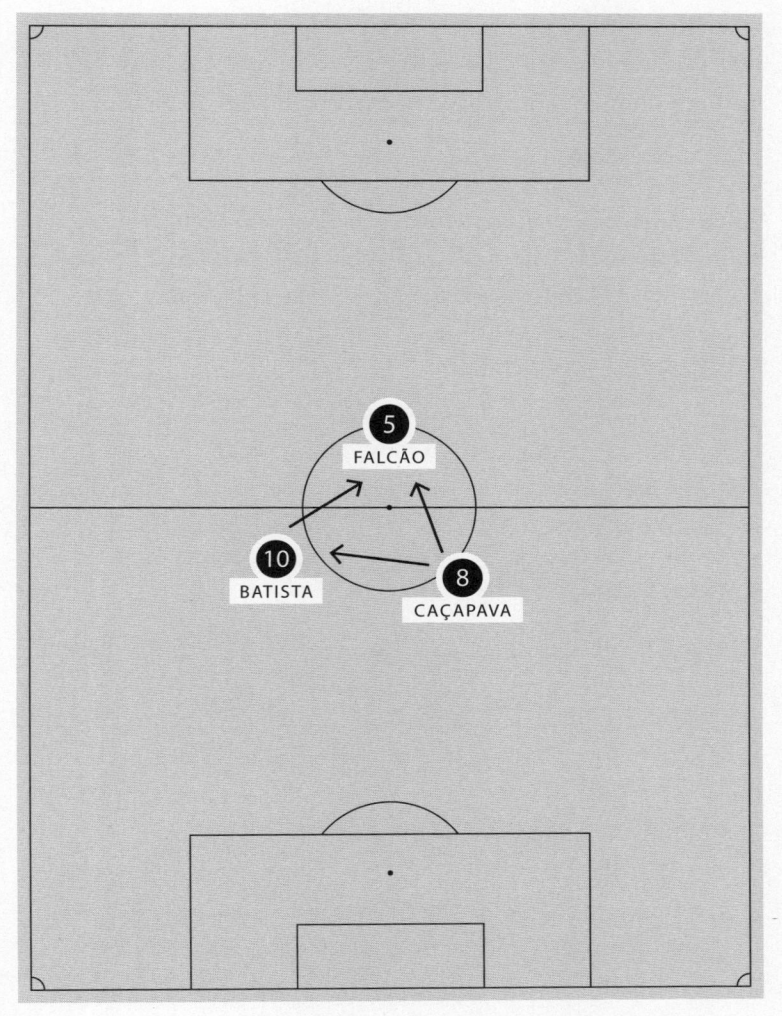

*Falcão meio-campo completo, protegido por Batista e Caçapava, um cão de guarda.*

Por mais que se diga que Falcão foi um meio-campista sensacional antes da divisão entre marcadores e criadores, não devemos esquecer que Caçapava jogava ao seu lado. Um cão de guarda, marcador implacável. Missão dada era missão cumprida, e assim o cabeça de área sempre perseguia o principal articulador adversário. Essa também é a história da formação de um cabeça de área genial, Denílson, o Príncipe, que atuou no Fluminense de 1969 a 1973. Seu grande mérito era perseguir os adversários e marcá-los excepcionalmente bem. Quando recuperava a bola, tinha bom passe. Claro, bom passe é escola brasileira de futebol.

Em 1977, Minelli se transferiu do Internacional para o São Paulo e conquistou seu terceiro título brasileiro consecutivo. Na decisão contra o Atlético Mineiro, escalou Chicão como primeiro volante e Viana com a camisa 7, dando-lhe a missão específica de perseguir individualmente o camisa 5 atleticano, Toninho Cerezo. Na prática, Viana era o segundo cabeça de área.

Postura defensiva não representava necessariamente retranca. Uma dupla de armadores defensivos poderia ser bem-sucedida dependendo da execução, a exemplo do Flamengo de Andrade e Carpegiani na final do Brasileiro de 1980. A estratégia rubro-negra funcionava apenas porque os dois tinham excelente capacidade de passe e muita visão de jogo. Enquanto Andrade marcava, Carpegiani voltava às origens e se transformava em meia-armador. Quando o nome da posição é usado sem critério, misturando as funções e características dos jogadores, o sentido pode se perder. Dois cabeças de área, assim como nomenclatura, tanto poderiam significar Falcão e Beckenbauer quanto Chicão e De Jong, holandês expulso na final da Copa de 2010. Ora uma dupla refinada, ora uma dupla destruidora.

Já o Santos de 1978, dirigido por Chico Formiga, nasceu para jogar com meias criativos. Nas finais do Campeonato Paulista, terminou com dois cabeças de área. Não eram dois brucutus, mas dois volantes. Zé Carlos e Toninho Vieira formavam a dupla, sendo que o segundo vestia a camisa 8 e subia como meia. Repare que esse era o termo empregado na época. Não médio-volante,

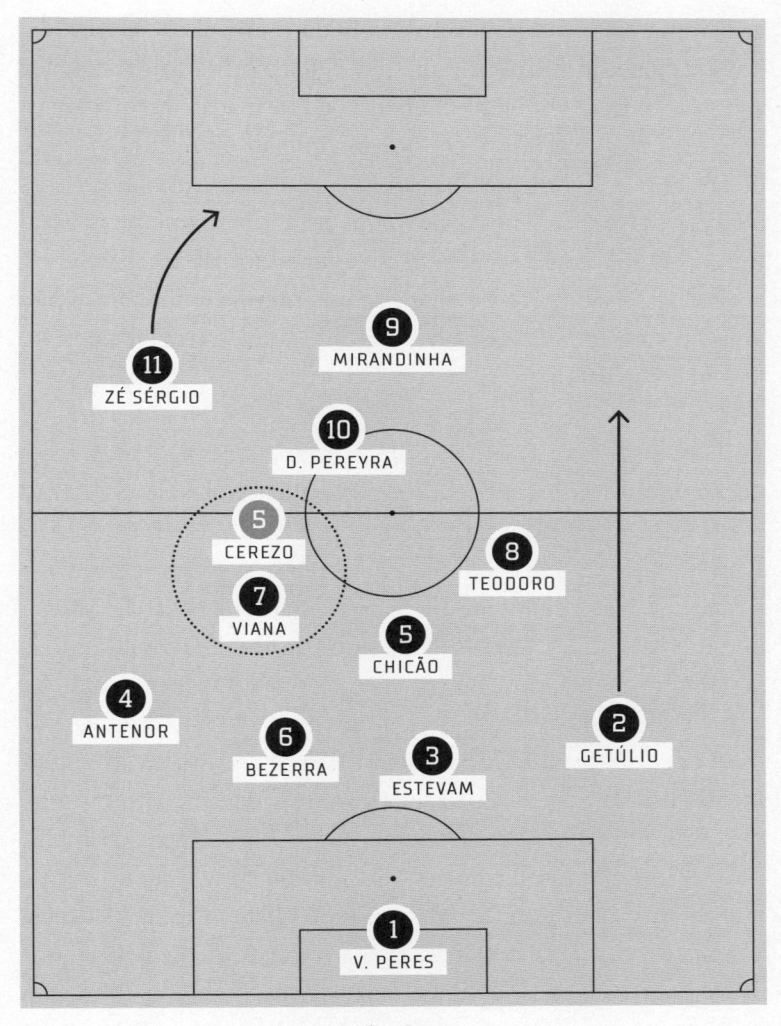

*Viana escalado para marcar Toninho Cerezo.*

sinônimo naqueles tempos, nem volantes, abreviação que ficou mais popular a partir da década de 1980.

Formiga, campeão como jogador do Santos e do Palmeiras nas décadas de 1950 e 1960, assumiu o time principal santista após uma crise que culminou com a eliminação do clube na terceira fase do Brasileirão de 1977. Pelé havia se aposentado três anos antes, e o time não conseguia se recuperar. Tinha alguns jogadores medíocres, outros medonhos. Entrava em campo com o goleiro argentino Ricardo, Nelson, Joãozinho, Fernando e Gilberto Sorriso; Clodoaldo, Aílton Lira e Toinzinho; Nílton Batata, Reinaldo e João Paulo. O elenco até incluía veteranos como Carlos Roberto, campeão com a número 5 do Botafogo em 1968, quando compôs o meio de campo com Gérson. Mas já estava cansado.

O novo treinador foi assistir à partida contra o Operário-MS no Pacaembu, pela primeira fase do Brasileiro de 1978. Mais tarde, o próprio Formiga contou a história: "Me chamaram para ver o jogo e fui. Pacaembu. Quando o Santos sofreu o gol da derrota por 2 a 1, um torcedor desceu até o campo com um pedaço de pau na mão direita. Corria em direção ao Mengálvio, técnico interino. Quando chegou perto dele, arrependeu-se. Ajoelhou-se e cravou o pedaço de pau na grama, como se fosse uma cruz".

A crise era grande. O presidente do Santos, Rubens Quintas, assustou-se e perguntou ao recém-contratado Formiga como deveriam proceder. A resposta foi clara: "Vamos jogar agora contra o Náutico e perder por 4 a 0. Tem que montar outro time inteiro". A viagem para Recife foi semanas depois do que Formiga costumava contar, e o placar foi 2 a 0 para o clube pernambucano. Ainda assim, seu Chico romanceava e dizia que perdeu por 4 a 0, quando teria ouvido do presidente: "Você disse que íamos perder de quatro e perdemos mesmo. O que precisamos fazer?". Formiga respondeu: "Já lhe disse que precisamos montar um time novo inteiro. Ou então... Ou então é melhor colocar os moleques para jogar". Com um tom entre resignado e irônico, Quintas concluiu: "Pode colocar os meninos". À parte a história

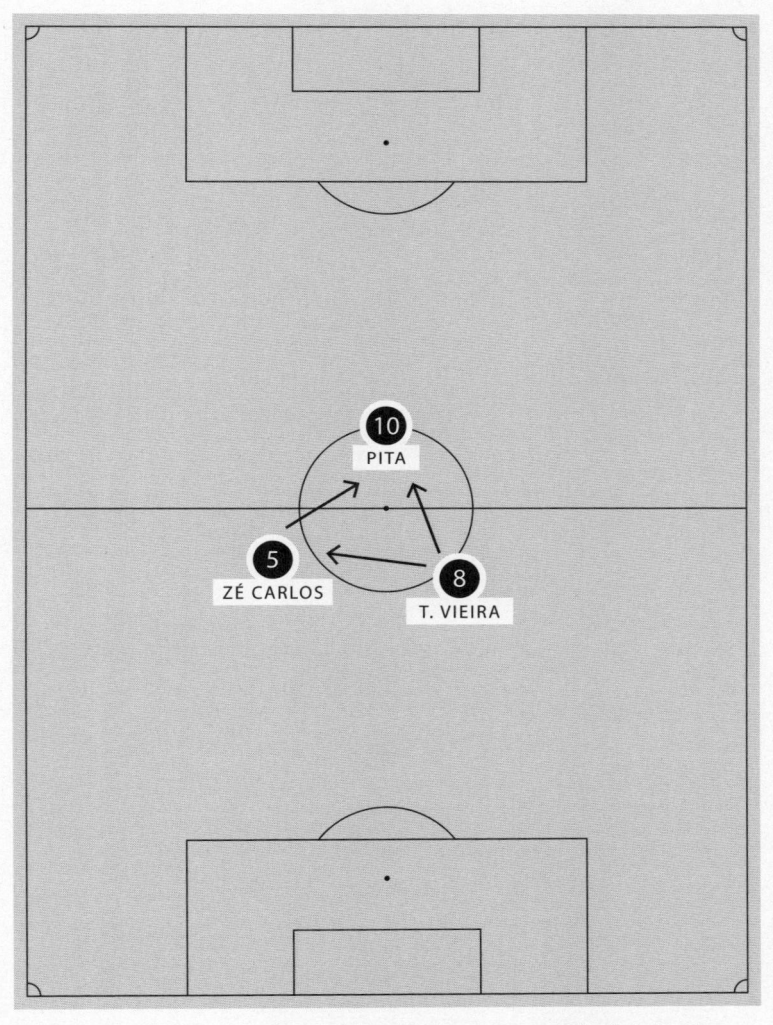

*O Santos mudado e com dois cabeças de área na parte final do Paulista de 1978.*

divertida, alguns meninos já jogavam desde 1977: Juary começou como ponta-direita, Nílton Batata entrava em vários jogos e João Paulo era o ponta-esquerda.

Formiga barrou Aílton Lira e Carlos Roberto, mas, semanas depois, recolocou Lira na equipe titular e rebaixou-o de camisa 10 para número 8. A 10 foi entregue a Pita. Lira passou a jogar com Clodoaldo como primeiro volante e chegou à decisão do Campeonato Paulista no primeiro turno. No segundo turno, Rubens Feijão ganhou espaço como meia-direita. No terceiro turno — sim, o estadual tinha esse refinamento —, Clodoaldo e Aílton Lira se machucaram, Rubens Feijão perdeu espaço, e o time passou a ser escalado com Gilberto Costa, Zé Carlos e Toninho Vieira. Desses três, só dois jogavam.

Toninho Vieira até aceitava a nomenclatura de meia-armador, mas também vestia a camisa 5 em alguns jogos. Ou seja, discutia-se a cada partida se Formiga iria a campo com dois cabeças de área ou apenas um. Descrever o debate quase quarenta anos depois soa estranho para muita gente que viveu aquele período. Gente que respondeu: "Não, mas o Toninho Vieira era meia". Contudo, em dois clássicos diferentes, nas finais do Campeonato Paulista de 1978 contra o São Paulo, Toninho Vieira atuou em funções distintas. No primeiro duelo decisivo, jogou de 5. No último, de 8.

Isso dava margem a discussões nas raras mesas-redondas daquele período, como o programa *Olho no Lance*, da TV Record, exibido nas manhãs de sábado. Analisavam-se os acertos ou equívocos de atuar com dois cabeças de área.

No fundo, o que estava em debate era o estilo de jogo brasileiro. Muitos consideravam um absurdo completo prender dois jogadores de marcação em vez de escalar um meia-armador clássico. Ao mesmo tempo, já havia a visão conservadora de que as características da posição deveriam ser mantidas para proteger a tradição do futebol brasileiro. O debate podia ir além. Certos times jogavam com dois cabeças de área extremamente ofensivos e criativos, como o Santos dos Meninos da Vila nas vezes em que empregava esse sistema. Por outro lado, havia times em que se notava a presença de dois cabeças de área muito mais duros e voltados à marcação.

Depois da conquista do Santos, começou a se firmar um novo time, dirigido por Telê Santana: o Palmeiras. Na semifinal do Paulistão de 1978, em junho de 1979, Telê caiu diante de Rubens Minelli. Aos treze minutos da prorrogação, Serginho Chulapa desviou de cabeça e encobriu o goleiro palmeirense Gilmar. O Palmeiras jogava pelo empate. Telê prosseguiu seu trabalho e chegou à semifinal do Brasileirão em novembro, sendo também semifinalista do estadual, quando foi derrotado pelo Corinthians. Entre 18 de novembro e 9 de dezembro de 1979, o Palmeiras de Telê aplicou cinco goleadas consecutivas, marcou 23 gols e fez 4 a 1 no Flamengo de Cláudio Coutinho, resultado que levaria o treinador à seleção brasileira no início do ano seguinte. O Palmeiras de Telê era extremamente ofensivo. Escalava Pires com a camisa 5 e Mococa com a 10. Dois cabeças de área.

# 12

## O TÉCNICO PAULISTA
## BRANDÃO

★

O maior técnico paulista de todos os tempos é gaúcho. Foi zagueiro do Internacional e transferiu-se para o Palmeiras em 1942, onde nunca chegou a ser titular absoluto. Tornou-se técnico e virou lenda: Osvaldo Brandão.

Na história do Campeonato Estadual de São Paulo, só Luiz Alonso Peres, o Lula do Santos, e Vanderlei Luxemburgo ganharam tantos títulos quanto ele. E só Luxemburgo alcançou o feito pelo mesmo número de clubes. Brandão assumiu o Palmeiras pela primeira vez em 1945, atuando como técnico interino até ser promovido definitivamente em 1946. No ano seguinte, foi campeão estadual vencendo o Santos por 2 a 1 no jogo decisivo.

O melhor Palmeiras que Brandão dirigiu foi o time bicampeão brasileiro de 1972 e 1973. Leão, Eurico, Luís Pereira, Alfredo e Zeca; Dudu e Ademir da Guia; Edu, Leivinha, César e Nei jogaram juntos apenas dezesseis partidas. O advérbio "apenas" talvez esteja mal empregado, pois as grandes formações de times famosos não foram a campo mais vezes que essa equipe.

O Santos de Pelé, em sua formação clássica, disputou só dez partidas: Gilmar, Lima, Mauro e Dalvo; Zito e Calvet; Dorval, Mengálvio, Coutinho, Pelé e Pepe. Foram nove vitórias e uma derrota para o Botafogo em 1963, em jogo válido pela Taça Brasil de 1962. Já o Flamengo de Zico jogou apenas quatro partidas com seu time completo: Raul, Leandro, Marinho, Mozer e Júnior; Andrade, Adílio e Zico; Tita, Nunes e Lico. Foram três vitórias e uma derrota.

"Ah, mas isso é porque sempre tinha uma mudança por cartão ou lesão", diz Júnior, lateral-esquerdo da equipe de 1981 e maestro do título de 1992. Sem dúvida. De todo modo, é surpreendente que equipes apontadas como eternas por terem dez anos de existência tenham entrado em campo tão poucas vezes.

O Palmeiras de Brandão não é o time que ficou conhecido como Academia de Futebol. Essa é a equipe de Filpo Núñez, campeã do Rio-São Paulo de 1965: Valdir de Moraes, Djalma Santos, Djalma Dias, Valdemar Carabina e Ferrari; Dudu e Ademir da Guia; Julinho, Servílio, Tupãzinho e Rinaldo. Ainda assim, convencionou-se chamar os bicampeões de 1972 e 1973 de segunda Academia.

Brandão nunca foi um estrategista, parecendo mais um pai para os jogadores. Era um técnico que apostava na liderança, na autoridade e, até certo ponto, no companheirismo. Por outro lado, fazia contribuições importantes ao jogo da equipe. Uma qualidade fundamental ao trabalho de um treinador é saber se adaptar às mudanças táticas. Embora a marcação individual imperasse nos anos 1940, alguns dos melhores times sob seu comando não se caracterizavam pelo contato homem a homem.

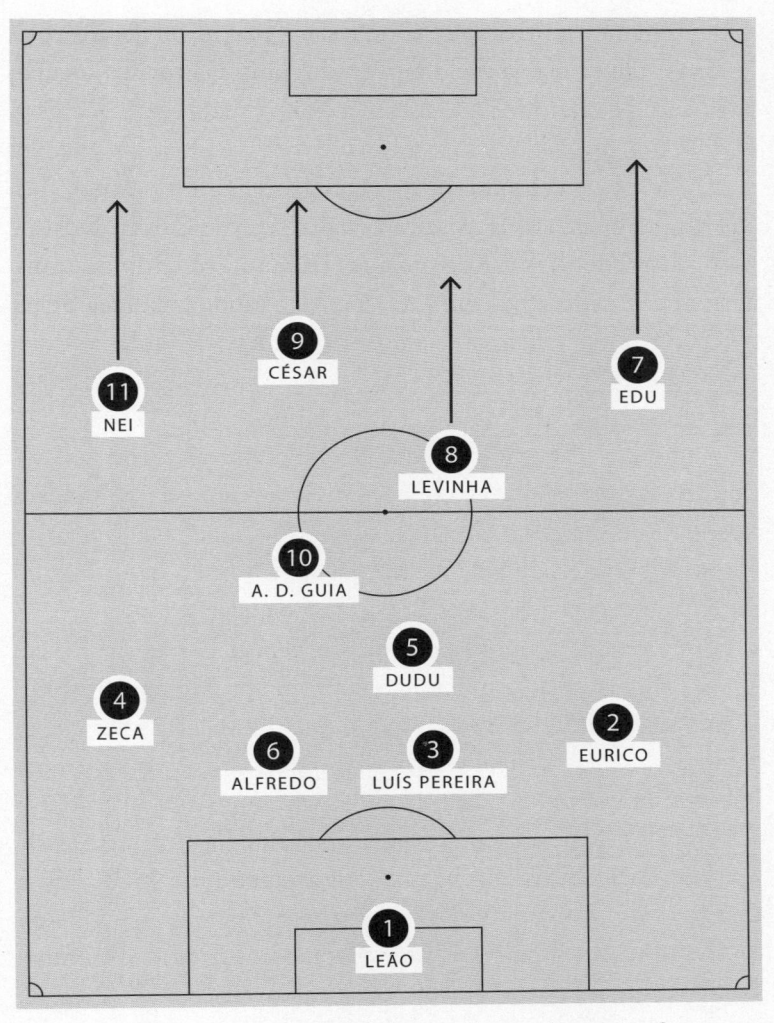

*A formação clássica da segunda Academia: 16 jogos, 8 vitórias, 8 empates, 0 derrota.*

"Nós marcávamos por zona", conta Emerson Leão sobre a segunda Academia. "Não tínhamos nunca a determinação de perseguir um jogador apenas." "Nós não nos preocupávamos em marcar, mas em jogar", completa. Em parte, a avaliação de Leão se contradiz pelo fato de que aquele Palmeiras venceu os dois Brasileiros com a melhor defesa do campeonato, nunca com o melhor ataque. No entanto, o time realmente mostrava incrível capacidade para construir o jogo quando saía com a bola nos pés.

"Tínhamos um meio de campo fabuloso, dois pontas velocistas e atacantes que sabiam se colocar e fazer gols", afirma Leão. Verdade. O ex-goleiro se refere a Dudu e Ademir da Guia, a Edu e Nei. Também pensa nos atacantes César e Leivinha, ótimos para receber os lançamentos de Ademir e os cruzamentos dos pontas velozes.

A questão era como marcavam Luís Pereira e Alfredo. Segundo Leão, a movimentação também se fazia por zona e só mudava quando Luís Pereira subia ao ataque. "O Luisão era mais técnico e às vezes subia demais. Nesse caso, o Dudu cobria o espaço para não deixar nada exposto."

Brandão foi campeão paulista também pelo São Paulo, em 1971. Tinha um meio de campo composto por dois construtores, Édson e Gérson, e por Pedro Rocha, que completava o setor com a camisa 8. Mais tarde, o técnico virou herói do Corinthians ao encerrar um jejum de quase 23 anos sem títulos estaduais, o que o levou a ser carregado em triunfo após a vitória na final contra a Ponte Preta. A última conquista havia sido em 1954, sob o comando do próprio Brandão, jogando ainda no 2-3-5: Gilmar, Homero e Alan; Idário, Goiano e Roberto; Cláudio, Luizinho, Baltazar, Rafael e Simão.

Essa equipe marcava homem a homem. Mas, como afirma Leão, também se preocupava em jogar.

Brandão era um técnico gaúcho. Se tivesse ficado no Rio Grande do Sul, teria se alinhado mais à fase de Ênio Andrade do que à de Sérgio Moacir e Carlos Froner. Demonstrava apreço pelo jogo, reprovando a bola longa que saía dos zagueiros

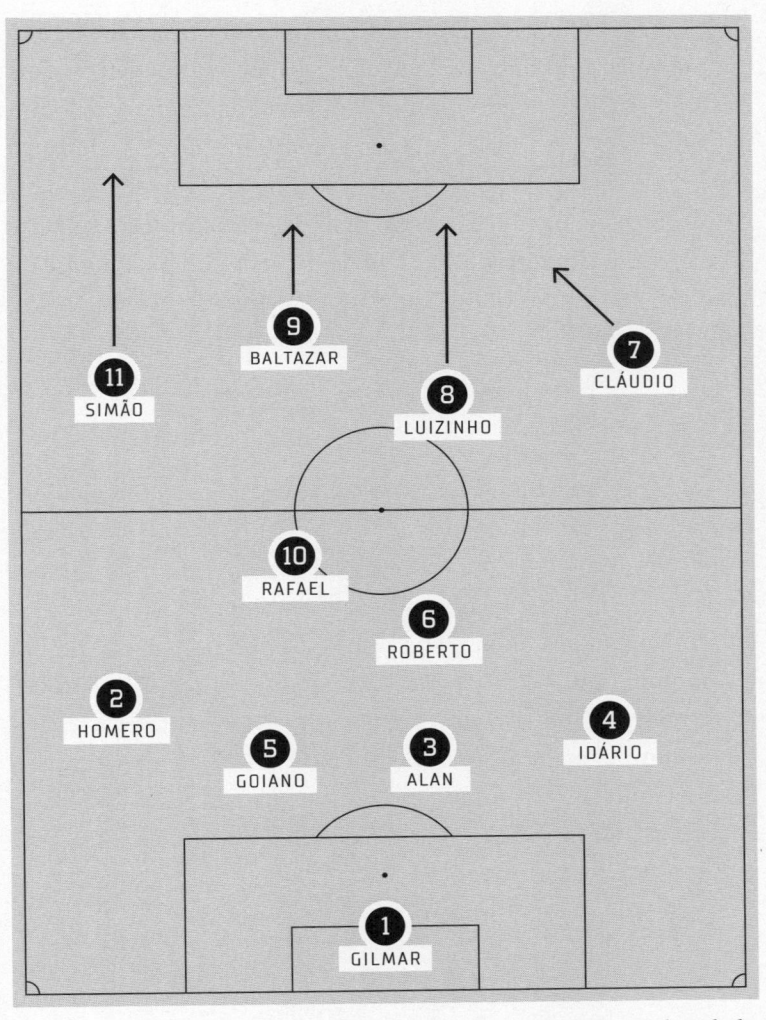

O Corinthians da final do campeonato de 1954, IV Centenário da cidade de São Paulo.

diretamente para os atacantes. Preferia ver seu meio de campo movimentando as ações com o talento de Édson e Gérson, de Dudu e Ademir da Guia.

No Corinthians de 1977, a lógica precisava ser diferente. Seus construtores não eram engenheiros, mas operários: Ruço e Basílio. A montagem do time se provava mais difícil. O homem mais talentoso estava no ataque, recém-chegado do Cruzeiro após ser artilheiro da Libertadores no ano anterior: Palhinha.

No Cruzeiro, era o camisa 9. No Corinthians dos operários do meio-campo, vestiu a 10. A ideia não era que fosse um meia clássico, mas um ponta de lança que se aproximava do ataque para finalizar. Palhinha era raçudo e catimbeiro. Brigava por todas as jogadas e provocava os adversários. No entanto, com a bola no pé, sabia jogar. Tinha velocidade para se infiltrar nas defesas vindo de trás.

Osvaldo Brandão entrou para a história do futebol brasileiro como um dos raros treinadores a comandar os quatro grandes de São Paulo. Além dele, apenas Rubens Minelli, Aymoré Moreira, Carlos Alberto Silva, Emerson Leão, Oswaldo de Oliveira e Nelsinho Baptista passaram pelos clubes. Também ficou conhecido por montar equipes de marcação muito forte, poucos gols sofridos e poucos gols marcados. Num país que apresenta vários tipos diferentes de técnicos, Brandão faz parte da escola que reforça a ideia — muitas vezes equivocada — de que a tática no Brasil só envolve a defesa. No ataque, os jogadores talentosos resolvem.

# 13

# O ESTRATEGISTA
## PARTE II
# ÊNIO

★

O futebol gaúcho dos anos 1970 ainda ofereceu outra grande figura ao país. Ao contrário de Brandão, que apostava mais no relacionamento com os jogadores e no poder de liderança, Ênio Andrade foi um autêntico estrategista. Sua primeira aparição num clube influente do Rio Grande do Sul aconteceu em 1975.

A situação não era fácil. O Grêmio tinha poucas estrelas, entre elas o ponta-direita Tarciso, que viera do América do Rio como centroavante e foi deslocado aos poucos para o lado do campo. Mesmo nessa passagem, Ênio Andrade realizou uma façanha. O Internacional não perdia Grenais desde 1971. Foram dezessete clássicos, com dez vitórias coloradas e sete empates. Até que "seu" Ênio decidiu escalar Tarciso como centroavante e Zequinha como ponta-direita.

Zequinha era um ponta rápido, mas de pouca técnica. Começou no Flamengo, passou pelo Botafogo e foi contratado pelo Grêmio para ajudar na luta contra a seca de troféus. Foi escalado por Ênio Andrade para entrar em diagonal, da ponta direita em direção ao gol. Marcou três vezes. No entanto, Ênio Andrade não resistiu ao sétimo título consecutivo do Inter e foi demitido em dezembro de 1975.

Suas passagens seguintes pelo futebol de Pernambuco não foram discretas. Conquistou o estadual pelo Santa Cruz, em 1976, e pelo Sport, em 1977. Depois, voltou ao Sul para dirigir o Juventude no Brasileiro de 1978 e não teve bom desempenho, terminando em 40º lugar num campeonato disputado por 74 clubes. Sua passagem em 1979 pelo Internacional foi diferente. O time do vexame no Campeonato Gaúcho, terceiro colocado atrás do Esportivo de Bento Gonçalves, dirigido por Valdir Espinosa e com Renato Gaúcho na ponta direita, entrou no Brasileirão disposto a se recuperar. Ênio Andrade foi buscar Mário Sérgio no Rosário Central.

Nascido no futebol de salão do Fluminense e profissionalizado no Flamengo, Mário Sérgio era ponta dos bons. Daqueles que iam à linha de fundo, tinham no drible uma arma letal e transformavam trinta centímetros em latifúndio. Sete anos depois de ser campeão baiano pelo Vitória, com cabelos compridos e muita rapidez, ele começava a ficar calvo, mantinha a barba bem cuidada, mas já driblava para dentro como um meia. Seu trabalho pelo lado esquerdo do campo ajudava a liberar Falcão, que encostava nos dois atacantes. Era como se o 4-3-3 de Ênio Andrade apresentasse Mário Sérgio de meia e Falcão de atacante.

A maior atuação individual de Paulo Roberto Falcão aconteceu contra o Palmeiras. Camisa 5 às costas, como se fosse um volante, infiltrava-se na grande área adversária e fez dois gols na vitória por 3 a 2 no Morumbi. Era parte da estratégia.

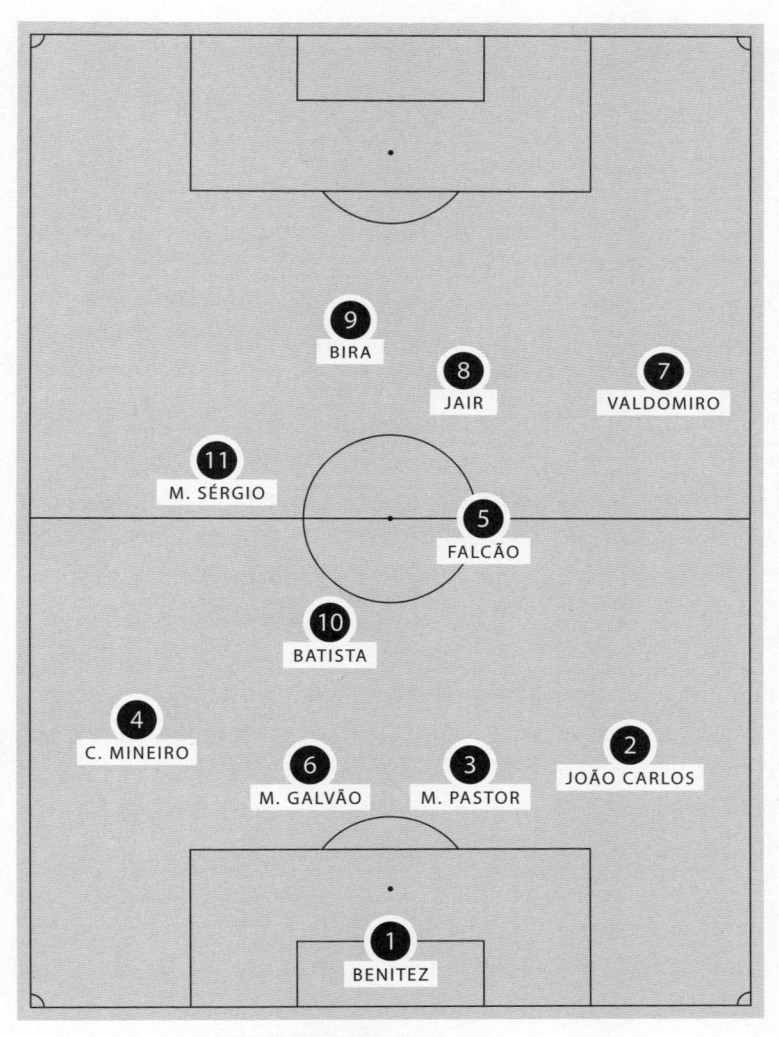

*O Internacional de 1979: campeão invicto.*

Ênio Andrade deixou o Internacional depois de ganhar o Brasileirão de 1979 invicto, chegar à final da Libertadores — quando perdeu para o Nacional de Montevidéu — e cair na semifinal do Brasileiro de 1980. Saiu diretamente para o estádio

Olímpico, de volta para o Grêmio, onde seria campeão nacional em 1981.

Naquele ano, a decisão contra o São Paulo tinha os paulistas como favoritos absolutos. Na primeira partida, vencida por 2 a 1 em Porto Alegre, prevaleceu menos sua estratégia do que o talento individual de Paulo Isidoro, o craque do jogo. Na volta, o empate por 0 a 0 persistia até Ênio Andrade trocar um ponta-esquerda, Odair, por um meia ao estilo de Mário Sérgio: Renato Sá, que, três anos antes, foi protagonista de uma das mais incríveis histórias do futebol brasileiro.

Em 1978, o Botafogo de Zagallo completou 52 jogos sem derrota, a maior sequência invicta do país. Na 53ª partida, Renato Sá marcou duas vezes, e o Grêmio venceu o clube carioca por 3 a 0 no Maracanã. O Botafogo, então, contratou o meia. No ano seguinte, o Flamengo de Cláudio Coutinho avançou e alcançou os mesmos 52 jogos sem derrota. A partida número 53 da lista seria contra o Botafogo. Desfalcado dos dois goleiros titulares, o Botafogo recorreu a Borrachinha, filho do velho Luiz Borracha, arqueiro rubro-negro nos anos 1940. Borrachinha fechou o gol. No ataque, Renato Sá fez o gol da vitória alvinegra por 1 a 0. O Botafogo de 1978 e o Flamengo de 1979 ainda detêm o recorde de invencibilidade no futebol brasileiro.

Pois Renato Sá, na final do campeonato de 1981, recebeu de Ênio Andrade a incumbência de fechar o meio de campo e também chegar à frente. Em jogada ensaiada, a bola veio longa do lateral-direito Paulo Roberto e alcançou a cabeça de Renato Sá, que desviou para Baltazar matar no peito e fuzilar no gol: Grêmio 1 a 0 São Paulo. O clube gaúcho foi campeão brasileiro com um lance planejado por Ênio Andrade.

Quatro anos mais tarde, "seu" Ênio conquistou o Brasileirão pelo Coritiba. Por ser um título improvável, esse é considerado o maior feito de sua carreira. O clube paranaense entrou na competição como candidato a fazer uma campanha apenas mediana. Até hoje, é o único campeão brasileiro da história com saldo negativo: marcou 25 gols e sofreu 27. Mas eliminou Atlético Mineiro e Corinthians antes de disputar a decisão contra o Bangu, o favorito ao título. O campeonato ainda era disputado em grupos eliminatórios, o que tirava a necessidade de enfrentar todos os gigantes do Rio, São Paulo, Minas e Rio Grande do Sul. Com a vitória sobre o Bangu, Ênio conquistou seu terceiro troféu nacional em seis anos.

Antes do final da carreira, montou outro time brilhante: o Cruzeiro de 1991. O treinador fechava o meio de campo e aproveitava a velocidade do ponta-direita Mário Tilico. A contribuição decisiva do ponta, contudo, não era chegar à linha de fundo, mas se infiltrar em diagonal para fazer gols. Tilico ajudou o Cruzeiro a ser campeão da Supercopa Libertadores em 1991, formando dupla com o centroavante baiano Charles na final contra o River Plate, no Mineirão.

Observar os dois gols de Tilico contra o River mostra como Ênio Andrade entendia a característica dos jogadores. Quando a partida já estava 1 a 0 para o Cruzeiro, com Ademir marcando de cabeça, Tilico entrou como se fosse centroavante pela faixa central, recebeu cruzamento e deslocou o goleiro Comizzo. Em seu segundo gol, Charles é quem joga de ponta-direita numa inversão de papéis com Tilico, novamente infiltrado como centroavante. O passe de Charles encontra Tilico na marca do pênalti, com o gol vazio, para marcar.

A opinião dos jogadores que atuaram sob o comando de Ênio define bem sua importância no futebol. Mário Sérgio, por exemplo, declarou abertamente sua admiração: "Seu Ênio era o técnico que pedia para você mudar de posição durante o jogo porque a jogada ia passar ali. E passava mesmo. Era o técnico que informava como o adversário jogava. O melhor com quem trabalhei". Na conta de todos os seus jogadores, Ênio Andrade é tratado como o treinador mais estrategista. Junto com Tim e Vanderlei Luxemburgo, está entre os que faziam omeletes sem ovos. Grandes times sem grandes jogadores.

# 14

# A REVOLUÇÃO AO LONGE

★

O Brasil teve nomes como Tim, mas a impressão sempre foi de que os grandes estrategistas estavam todos na Europa, sobretudo depois do surgimento da seleção holandesa de 1974. Rinus Michels comandava o time que entrou para a história como o divisor de águas para o futebol moderno.

Há uma série de versões para sua criação. De acordo com uma delas, certa vez Johan Cruyff e Michels estavam ao lado de uma piscina quando Cruyff observou que as ondas percorriam todos os pedaços do reservatório. Na conversa, técnico e craque teriam decidido que a movimentação do time deveria ocupar o campo inteiro.

É lenda! A história da piscina não é contada por nenhum dos dois, porém exemplifica o sentido que se buscava. Talvez seja um daqueles mitos que acabam revelando uma faceta da realidade.

De maneira mais concreta, a evolução do futebol holandês se deveu ao trabalho de Vic Buckingham. Em 1959, o treinador inglês deixou o West Bromwich em direção a Amsterdã, onde assumiu o comando do Ajax. Assim como aconteceu no Brasil, a presença de um treinador estrangeiro ajudou a introduzir sistemas táticos e novos entendimentos sobre o jogo.

Naquela época, a Holanda não era um país do futebol. Tinha disputado Copas do Mundo apenas no pré-guerra, em 1934 e 1938, com eliminações precoces já na primeira fase. Buckingham trouxe sistemas que já estavam difundidos em centros mais desenvolvidos da Europa e da América, mas que não eram conhecidos na Holanda. Aos poucos, o país saiu da pré-história para aderir à transformação do WM para o 4-2-4 e o 4-3-3.

Michels foi centroavante do Ajax em todo o período pré--Buckingham. Tornou-se técnico do time principal apenas em 1965, logo após a saída do treinador britânico. Herdou uma nova estrutura de jogo e uma geração de jogadores talentosos. Além de Cruyff, contava com Keizer, Rep e Neeskens. Na partida que transformou a história do futebol holandês, o triunfo do Ajax sobre o Liverpool por 5 a 1, na Liga dos Campeões de 1966/67, os únicos membros da futura seleção vice-campeã mundial eram Cruyff e Suurbier.

Em 1971, Michels se transferiu para o Barcelona, forçando o Ajax a entrevistar quinze treinadores em busca de um substituto. O mais barato ganhou a disputa: Stefan Kovács, campeão romeno pelo Steaua Bucareste. O fato é que o Ajax ficou melhor. "Kovács era um grande treinador, mas também era muito mais legal do que Michels. O antecessor tinha um perfil profissional, tratava os jogadores como seus funcionários. Kovács nos deixava muito livres", lembra o meia Mühren.

Com o novo técnico, o time passou a se deslocar mais e a mexer mais nos posicionamentos, tanto em inversões entre pontas

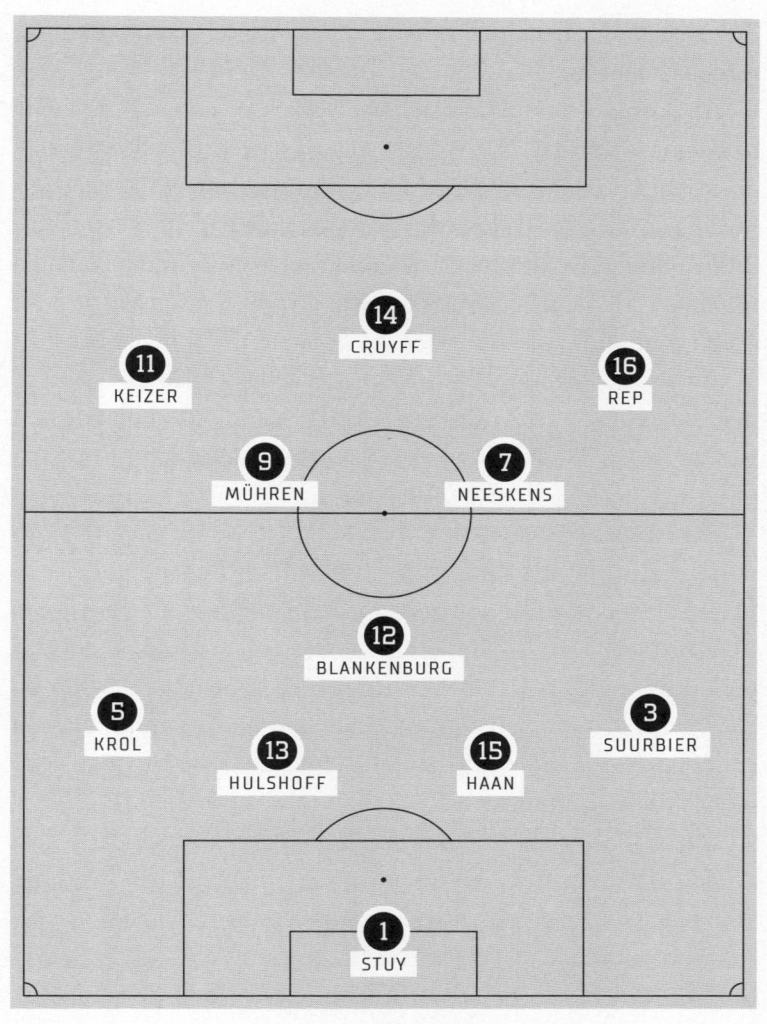

```
                    14
                  CRUYFF
    11                              16
  KEIZER                            REP
            9              7
          MÜHREN        NEESKENS

                    12
                BLANKENBURG
    5                               3
  KROL                            SUURBIER
            13             15
         HULSHOFF         HAAN


                    1
                  STUY
```

*O Ajax de 1973: mais movimentação com Kovács.*

e laterais quanto na marcação no campo de ataque. Em outras palavras, o Ajax de Kovács apresentava mais atributos que, três anos mais tarde, viriam a caracterizar a Holanda de 1974. "O futebol mais bonito, que mais prendia os olhos", diz Mühren.

A avaliação do meia incluía todo o período de crescimento do futebol holandês.

Após duas temporadas no clube, Kovács foi acusado de perder o controle do grupo. Não é o que sugeria o desempenho em campo: nos últimos jogos do treinador em Amsterdam, o Ajax venceu a Juventus na decisão da Liga dos Campeões de 1973. Era o terceiro título consecutivo do clube, o segundo sob o comando do técnico romeno. Logo depois, Kovács desistiu do Ajax e assumiu a seleção francesa em busca de uma vaga na Copa de 1974. Fracassou.

Ao mesmo tempo, Rinus Michels ganhava o título espanhol pelo Barcelona e começava seu trabalho na seleção holandesa, a três amistosos do Mundial. A Holanda empatou com Romênia e Áustria, e venceu a Argentina por 4 a 1.

Para muitas pessoas, a revolução holandesa começou já no período das eliminatórias. Não é verdade. A Holanda se classificou sob o comando do treinador tcheco František Fadrhonc. Venceu Noruega e Islândia duas vezes, empatou duas partidas com a Bélgica por 0 a 0. Classificou-se apenas pelo saldo de 24 gols. Fadrhonc não convenceu, e, assim, a quarenta dias do Mundial, Rinus Michels assumiu a Holanda. Repetiu na seleção o que a base do Ajax fazia.

Michels não elaborou a revolução do Ajax. Mas fez parte dela como o primeiro técnico de um time extraordinário. Embora tenha melhorado com Kovács, a equipe conhecia Michels e confiava em seu trabalho. A base da seleção era o Ajax, representado por seis titulares dos onze normalmente escalados, de modo que confiar em Michels significava manter o estilo do time mais moderno da Europa — o estilo de Kovács, respaldado por Michels e conduzido por Cruyff. Em nenhum momento alguém definiu que o processo de montagem se daria assim. Como tantas vezes ocorre no futebol, a seleção holandesa contratou seu técnico mais famoso.

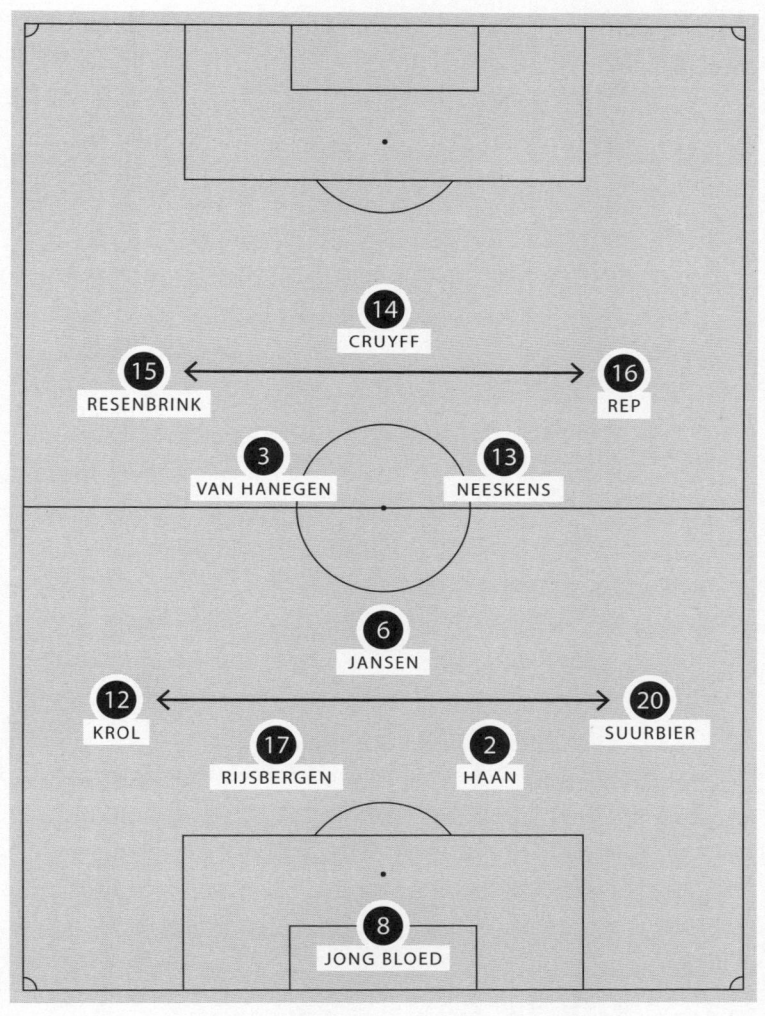

*A Holanda surpreendeu e inovou: 4-3-3, linha de impedimento e marcação por pressão.*

Por esses motivos, julga-se que a revolução não foi consequência de um plano cuidadosamente elaborado. Ocorreu meio ao acaso. Naquela época, o Brasil ainda tinha a cultura do jogo baseado na individualidade. De certa forma, a Holanda, responsável pela grande mudança do futebol a partir dos anos 1970, não pensava muito diferente. Variava a posição dos jogadores de acordo com suas características, e quem decidia as partidas eram os nomes mais talentosos. Rep, Neeskens... E Cruyff.

# 15

# TÉCNICOS BRASILEIROS NO EXTERIOR

★

A Copa do Mundo de 1974 terminou com a seleção brasileira fora de moda, prostrada diante de uma equipe holandesa com movimentação e velocidade à frente da época. Não que os holandeses tivessem feito tanto mais do que o Brasil de 1970. As alegações de que o time rodava o campo todo e de que ninguém mantinha posição fixa são desmentidas pelas imagens. Basta assistir a uma partida inteira daquela Holanda.

Antes da derrota do Brasil por 2 a 0, em Dortmund, Zagallo afirmou que a Laranja Mecânica não passava de um "tico-tico no fubá". Também não era assim. Na década de 1990, Zagallo se defendeu afirmando que conhecia o potencial da Holanda, mas comparou seu toque de bola rápido e ininterrupto com o América de 1946. Era um erro de avaliação.

A Holanda tinha atributos que não se viam na seleção de 1970.

Era o caso da inversão dos pontas e dos laterais. Por vezes, Krol atuava na lateral direita e Suurbier, na esquerda, numa verdadeira troca de papéis. De maneira análoga, Rep mudava de posição com Cruyff, que voltava como ponta de lança. Rep, o ponta-direita, também invertia com Rensenbrink, o ponta-esquerda.

Ainda havia a marcação por pressão. Embora a velocidade fosse totalmente diferente se comparada à do Barcelona de Pep Guardiola, a Holanda subia seus homens para dificultar a saída de bola adversária. Essa foi a grande revolução. O Brasil de 1970 avançava Carlos Alberto, fazia Gérson e Clodoaldo inverterem posições e tinha Jairzinho caindo pela ponta esquerda, mas marcava sempre atrás do meio de campo.

Ao final da Copa de 1974, provavelmente se julgou que os holandeses e alemães estavam credenciados a ensinar o que de mais moderno havia no futebol. Na verdade, já faziam isso antes do Mundial. O holandês Rinus Michels dirigia o Barcelona desde 1971. O romeno Stefan Kovács comandou a seleção da França em 1973, voltando ao seu país em 1975 para organizar a equipe nacional.

Enquanto isso, no Brasil, Zagallo acertava com o Botafogo, onde ficaria por um ano. Em seguida, recebeu um convite para dirigir a seleção do Kuwait.

A Ásia, onde se pagava muito bem, tornou-se o grande mercado para treinadores brasileiros. Não a Europa. Além de Zagallo, treinadores como Carlos Alberto Parreira, Rubens Minelli e Telê Santana voltaram de experiências vitoriosas no Oriente Médio com bolsos cheios. O mesmo aconteceu com gerações de assistentes técnicos e preparadores físicos, a exemplo de Oswaldo de Oliveira, que trabalhou na Arábia Saudita.

A lista é enorme. Além dos citados acima, Vanderlei Luxemburgo foi treinador do Al-Ittihad, de Jidá, em 1984. O Oriente Médio ainda recebeu Mário Travaglini, Paulo Emílio, Paulo

Amaral, Telê Santana, Zé Mário, Candinho, Paulo Autuori, Abel Braga, Otacílio Gonçalves, Paulo Bonamigo e Tite. Todos seguidos por preparadores físicos, assistentes técnicos e massagistas.

A Ásia não procurava grandes estrategistas: os brasileiros viajavam à Ásia para serem mais treinadores do que técnicos. De certa forma, seu objetivo era tentar fazer do outro lado do mundo o que mais fizeram no Brasil: formar jogadores em vez de equipes. Como disse Falcão, nossa cultura sempre foi a da qualidade. Individual. Não que Zagallo não tenha formado boas equipes para os padrões locais. Mas seu legado principal foi ter ensinado futebol.

O Kuwait foi dirigido por Zagallo entre 1976-78 e, em 1982, chegou à sua única Copa do Mundo sob o comando de Carlos Alberto Parreira. Durante o Mundial, a seleção protagonizou uma das cenas mais insólitas da história das Copas. Sofreu o quarto gol quando já perdia por 3 a 1 da França, e o príncipe Fahad Al-Ahmed Al-Jaber Al-Sabah invadiu o campo para pressionar o árbitro soviético Stupar. O gol foi anulado. Por incrível que pareça, o príncipe conseguiu o que queria. De todo modo, Bossis marcou logo depois, e a França ganhou por 4 a 1.

A parceria de Zagallo e Parreira daria certo outra vez oito anos mais tarde. Zagallo classificou a seleção dos Emirados Árabes para o Mundial da Itália, em 1990. Contudo, por desentendimentos com o presidente da Federação, demitiu-se logo na sequência. Indicou Parreira para seu lugar.

Lá estava de novo Carlos Alberto Parreira numa Copa do Mundo. Como treinador, foram seis na carreira: Kuwait, 1982, Emirados Árabes, 1990, Brasil, 1994, Arábia Saudita, 1998, Brasil, 2006, África do Sul, 2010. O recorde absoluto não impede a relativização do sucesso. Só conseguiu passar para a segunda fase com a seleção brasileira. Em 2010, viu a África do Sul ser a única seleção anfitriã da história a ser eliminada ainda na fase de grupos.

A partir da década de 1980, o sucesso no Oriente Médio foi mais longe, alcançando até o Japão. Em 2011, Oswaldo de Oliveira foi tricampeão japonês e duas vezes campeão da Copa do Imperador pelo Kashima Antlers, clube que recebeu diversos outros nomes brasileiros. Não só o monstro sagrado Zico, no início de sua carreira de treinador, mas também seu irmão Edu Coimbra, João Carlos e Toninho Cerezo.

Os grandes clubes da Europa quase nunca procuravam brasileiros. As exceções foram Portugal e Chelsea com Felipão, Real Madrid com Vanderlei Luxemburgo e Atlético de Madrid com Jair Pereira. Os asiáticos, por outro lado, queriam os treinadores do Brasil. Não pela estratégia, mas pela capacidade de formar jogadores.

## O TREINO COLETIVO

Os métodos dos treinadores brasileiros ajudam a explicar sua falta de mercado na Europa. A base do trabalho, por exemplo, sempre foi o treino coletivo. Sobreviveu por cem anos e sobrevive até a segunda década do século XXI como se fosse o único caminho possível. "O técnico brasileiro é autodidata. Sempre foi e continua sendo", diz Ricardo Drubscky.

Técnico campeão da Copa São Paulo de Futebol Júnior em 1996 pelo América, com passagens por clubes importantes como Atlético Paranaense e Fluminense, Drubscky escreveu um dos raros livros sobre futebol brasileiro do ponto de vista técnico e tático. *O universo tático do futebol*, lançado em 2003 e atualizado na segunda edição de 2014, trata do treino coletivo e das razões pelas quais a atividade é tão utilizada no Brasil, embora quase não figure na Europa.

Segundo argumenta, os europeus investem em espaços reduzidos para os treinos desde o início do século XX, sobretudo por questões climáticas. Nos períodos de chuva e frio, os campos dos jogos de domingo ficavam frequentemente castigados. Os técnicos, então, começaram a buscar espaços alternativos para os treinamentos. Como só se aproveitavam as partes secas do gramado, passou a ser comum a prática de treinos em faixas reduzidas, o que serviu para criar situações específicas das partidas. Vale notar, ainda, que as atividades na Europa tinham por base o desenvolvimento de estratégias, não a simulação de um jogo oficial.

De volta ao contexto do Brasil, é impossível condenar totalmente os treinos coletivos. Não só contribuíram para forjar o futebol brasileiro, como também contaram com um grande defensor nos anos 1970: Telê Santana. Na visão de Drubscky, Telê foi quem mais conseguiu tirar proveito desse método, apesar de julgá-lo preguiçoso. "A diferença em comparação com outros treinadores é que Telê interferia no treino. Parava, mudava coisas, era chato, falava com os jogadores, de acordo com relatos de várias pessoas que trabalharam com ele." Drubscky assistiu pessoalmente às sequências de treinamentos para as Copas de 1982 e 1986, realizados na Toca da Raposa. Acompanhou o processo e entendeu como a participação ativa do técnico transformava um treino coletivo em uma aula de futebol.

Mas há percepções contrárias sobre a prática. Tostão costuma relatar que, em 1998, via Zagallo dar o mesmo tipo de treino que recebia em 1970. Ou seja, as atividades não evoluíram. "O coletivo é preguiçoso se não houver interferência. O técnico brasileiro autodidata não interfere, e isso faz o coletivo transformar-se em um jogo. Muitas vezes, os reservas vencem os titulares, criando um enigma na cabeça do técnico. Não é bom, em linhas gerais." diz Drubscky. A exceção era Telê Santana.

Dois anos após a Copa de 1974, enquanto Zagallo ia para o Oriente Médio, Telê começava sua trajetória no Grêmio. Não era um técnico gaúcho. Depois de oito anos assistindo às conquistas do Internacional no Campeonato Gaúcho, o clube apostou num treinador nascido em Minas Gerais e criado no Rio de Janeiro. Técnico campeão brasileiro em 1971 pelo Atlético Mineiro, Telê jogou sob o comando de Zezé Moreira no Fluminense dos anos 1950 e absorveu suas práticas. Assim como Zezé, entrava no campo e pedia que o treino parasse. Gritava com o time, elogiava, pedia correções. Terminava a atividade e seguia corrigindo o jeito de bater na bola.

"Dizem que Telê era chato porque fazia Cafu aprender a cruzar e Éder repetir cobranças de escanteio. Não era assim", diz Ricardo Drubscky. De certa forma, era. Os escanteios de Éder na primeira trave se tornaram uma jogada mortal na campanha do Grêmio em 1977, quando o clube enfim se sagrou campeão gaúcho após longo período de supremacia colorada. Como o Internacional dos Mandarins, o Grêmio apresentava uma mescla entre força e qualidade: à técnica de Tadeu Ricci se somavam a raça de Yura, a velocidade de Tarciso, o faro goleador de André, os cruzamentos e chutes de Éder.

No Palmeiras de 1979, Telê viu a si mesmo em Jorginho, um ponta que sabia fazer gols, mas também atuava no meio de campo e armava com a mesma eficiência que exibia na lateral do campo. Ensinou-o a cobrar escanteios pela direita com o pé esquerdo e pelo lado oposto com o pé direito.

O treino coletivo não tem nenhuma relação com a cultura tática do futebol brasileiro. Em vez de trabalhar situações estratégicas, buscava reproduzir o contexto de um jogo, portanto o drible, o toque de bola e a finalização valiam mais do que a capacidade de reproduzir possíveis cenários contra um adversário específico.

Telê era um pouco diferente. Trabalhava intensamente a correção de problemas gerados ora por preguiça do jogador, ora por deficiência na formação. Em 1979, o técnico saía do Palmeiras para assumir a seleção brasileira. Muitos anos depois, dirigindo o São Paulo (*ver mais detalhes no capítulo 17*), contratou o atacante Macedo. O jogador foi o craque do Rio Branco de Americana em 1990, no acesso da equipe à Primeira Divisão paulista, e era um verdadeiro talento. Tinha de ser burilado, porém não possuía a paciência de Cafu, com quem Telê passou semanas praticando a capacidade de cruzar e finalizar. Então, em novembro de 1991, Macedo fez um jogo perfeito. Uma assistência e dois gols na primeira rodada do quadrangular semifinal do Campeonato Paulista. Vitória por 4 a 2 sobre o Palmeiras, com Macedo eleito unanimemente o melhor em campo.

Dois dias depois, em vez do Centro de Treinamento da Barra Funda, o local escolhido para o treino coletivo foi o Morumbi. Telê Santana levou o time para o estádio porque queria reproduzir a situação da partida de quarta-feira, contra o Botafogo de Ribeirão Preto. O coletivo tinha cara de jogo, titulares contra reservas, cerca de sessenta minutos de atividade. Para os padrões do século XXI, era um exagero, já que o desgaste na véspera tiraria a energia do dia seguinte.

Ainda assim, aos 35 minutos, Macedo dominou uma bola na ponta direita, à altura do meio-campo, e inverteu o lado da jogada. Müller entrou na cara do gol pela meia esquerda. A finalização perfeita provocou aplausos do treinador, bem como um grito de incentivo meio torto a Macedo, dois dias depois de ter sido o destaque do clássico: "Isso que é futebol, Macedo! Não aquela merda que você costuma fazer".

Na mesma época, os treinamentos em espaço reduzido já aconteciam aos montes na Europa. Todos os onze jogadores brasileiros que foram à Copa de 1994 disputavam minijogos em campos pequenos. Alguns comportavam-se como se ainda estivessem em coletivos. Bebeto foi jogador do Flamengo em

1988 e 1989, transferiu-se para o Vasco e em seguida para o Deportivo La Coruña, após uma negociação polêmica em que não cumpriu um pré-contrato com o Borussia Dortmund. Numa atividade a seis meses da Copa, numa manhã fria em janeiro de 1994, Bebeto finalizou num gol pequeno e viu o zagueiro tirar a bola de trás da linha fatal. Na mesma hora, numa tentativa de falar espanhol, disparou: "El balón entrou. El balón entrou. Mais de um metro, el balón entrou".

Na Copa do Mundo, Carlos Alberto Parreira usava o treino coletivo como uma forma de preparar sua equipe. Mas, a cada dois jogos, realizava no máximo um coletivo. Também praticava em campos reduzidos e investia em outros métodos de trabalho. Era mais moderno do que Telê. E do que Zagallo.

Em 1998, Zagallo passou toda a Copa do Mundo da França dando treinos coletivos. Parava as atividades e dava recomendações aos jogadores, porém reproduzia os mesmos princípios empregados no México, em 1970. Pedia sistematicamente a Roberto Carlos que subisse como lateral ofensivo. O brasileiro ouvia e se fazia de desentendido. Por mais que sempre seja definido como um jogador só de ataque, Roberto Carlos sabia que, se subisse, deixaria apenas um pé cobrindo suas investidas. Aos 35 anos, Dunga não tinha condição de fazer o serviço. Então, Roberto Carlos não ia. E Zagallo parava o treino uma vez, duas vezes, e nada. A atividade seguia, e a seleção trabalhava como se estivesse num jogo. Um jogo ruim.

A campanha do Brasil na França foi a única em que a seleção sofreu duas derrotas, mesmo chegando à final. O Brasil perdeu da França por 3 a 0, e até hoje muita gente discute se foi pela convulsão que Ronaldo sofreu três horas antes de o ônibus ir para o Stade de France. Não foi por isso. Dunga deu a melhor explicação na saída da sala de entrevistas: "Nós trabalhamos o suficiente para sermos vice-campeões. Só para isso".

# 16

# O BRASIL DE 1982 E A GRANDE MENTIRA

★

Dizem que o futebol brasileiro se divide entre antes e depois de 1982. Que a derrota para a Itália no estádio Sarrià, em 5 de julho, ensinou ao país que o melhor caminho era investir na defesa. A partir da eliminação, o jogo brasileiro teria ficado mais sisudo, menos brilhante.

É mentira!

Se fosse assim, o Brasil não teria jogado feio as Copas de 1974 e 1978. O São Paulo não teria sido campeão brasileiro em 1977 escalando Viana como segundo homem de meio, com a função de perseguir individualmente Toninho Cerezo. Se fosse verdade, por que surgiriam os dois cabeças de área no final dos anos 1970, menos de uma década após o Brasil ganhar a Copa encantando o mundo no México?

Há um texto de João Saldanha chamado "Brasil na retranca",

publicado pelo *Jornal do Brasil* no dia 11 de fevereiro de 1976, que exemplifica como o futebol de resultados já existia muito antes da derrota em 1982.

Ouço falar muito em futebol ofensivo, declarações incisivas, entrevistas ao vivo, promessas e sempre aquela frase: "Meu time vai jogar no ataque, para a frente". Passa um tempinho e o time joga na retranca, como quase todos os times brasileiros estão fazendo. E não é outra a razão dos resultados de placar apertado, em qualquer nível de competição de futebol.

Corro o Brasil em toda a extensão e tome retranca. Oito, nove jogando atrás e um ou dois na frente. É por isso que todos andam em busca do goleador, o tanque e tal que, sozinho, briga contra três ou quatro e faz o gol.

Penso que uma tática padrão, mal aplicada, está sendo o principal responsável pelo futebol-retranca que se joga atualmente no Brasil. Refiro-me à tática do 4-1-2-3. Ou a tática do homem de primeiro combate ou, ainda, do "líbero" avançado e outros nomes, mas todos significando que temos de ter, obrigatoriamente, um jogador quase fixo na cabeça da área. Isso faz com que, sem necessidade, nossos times fiquem com cinco homens para marcar apenas dois adversários. Claro que o gol fica difícil de ser feito, de um lado e do outro.

Costumamos dizer que o regulamento dos campeonatos mata nosso futebol, porque o empate classifica uma equipe e todos jogam para empatar. Isso é uma boa parte da verdade, mas não toda. O tal tipo de marcação usado pelo São Paulo, com o Chicão, pelo Flamengo, com Merica, pelo Fluminense, com Zé Mário, e por todos os times, por aprendizado visual, é a repetição desse crime. Copiamos essa marcação dos uruguaios em 1950 e dos italianos de 1934 e 1938. Mas os uruguaios jogavam com dois pontas velocíssimos, Ghiggia e Miguez. E os italianos de 1934 com Guaita e Orsi, de 1938 com Biavatti e Colaussi, duas balas que passavam para o monstro Piola. Aqui estamos fazendo o sistema com pontas recuados, com o Fluminense de Dirceu, o Flamengo de Zé Roberto, o Vasco de Luís Carlos, o Inter de Valdomiro, e quem é que vai fazer gols? Por isso, só dá zero a zero, um a zero, um a um que representam mais de 60% dos resultados do futebol brasileiro.

A verdade é que, desde meados dos anos 1970, os técnicos brasileiros sofriam para encontrar um equilíbrio entre a entrada do preparo físico mais forte e a habilidade dos jogadores. Telê Santana era adepto do futebol mais puro e ofensivo, porém, em vários momentos, gerou discussão por escalar dois cabeças de área no Palmeiras de 1979. O técnico também dividiu opiniões por escalar o que se chamava de falso ponta, um meia que vestia camisa de ponta, 7 ou 11, e fechava como meio-campista, embora tivesse a responsabilidade de ocupar o lado do campo. No Palmeiras, esse jogador era Jorginho:

O próprio Telê desempenhava papel semelhante em seu tempo de jogador, vestindo a 7 no Fluminense de Zezé Moreira, campeão carioca em 1951 e 1959.

Para entender a herança da derrota de 1982 e suas consequências para o futebol brasileiro, é necessário analisar o processo todo, desde a chegada de Telê Santana até sua saída definitiva depois da eliminação em 1986. Telê foi contratado logo após a dissolução da CBD, desmembrada para que cada modalidade tivesse sua própria entidade. A CBF nasceu no final de 1979, com o ex-dirigente do América-RJ, Giulite Coutinho, vencendo a disputa para a presidência. Giulite era desafeto de João Havelange. Estava consolidada a ruptura com o sistema anterior.

Sob a presidência de Heleno Nunes, na CBD, havia 94 clubes no Campeonato Brasileiro; em 1980, o número caiu para quarenta. Ainda assim, é preciso considerar a presença de 64

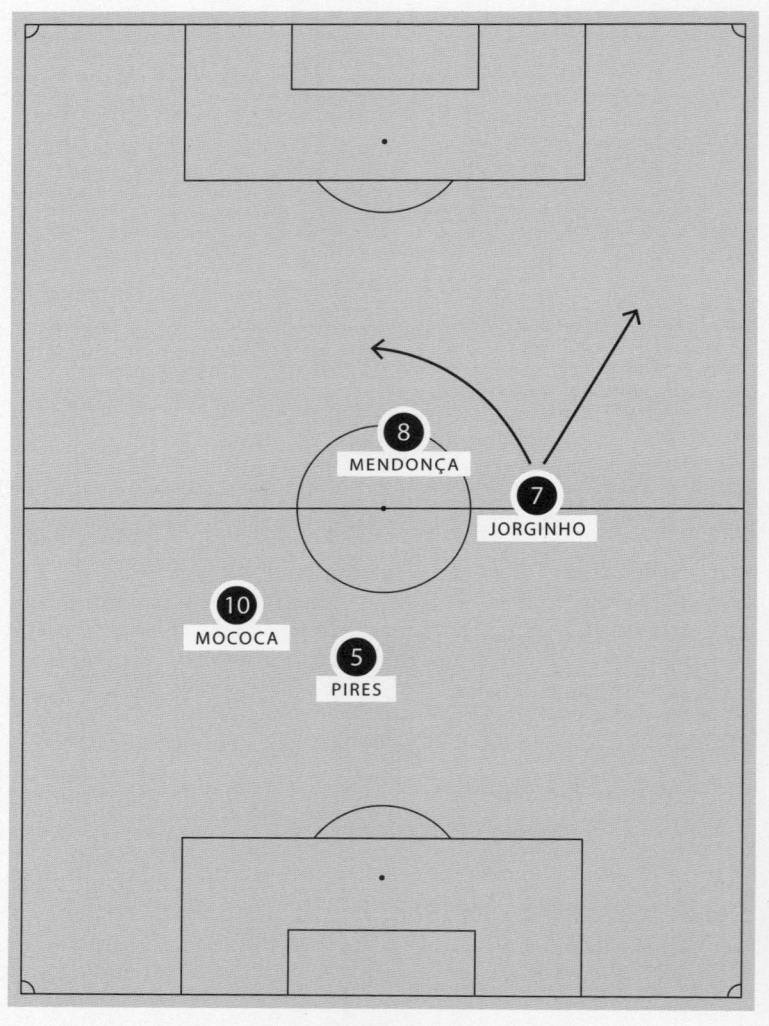

*Jorginho era o falso ponta-direita do Palmeiras de Telê Santana.*

participantes na Taça de Prata, espécie de segunda divisão que classificava seis times para a segunda fase da Taça de Ouro, o torneio de elite. Ou seja, a primeira divisão contava com 44 participantes, porém 104 começavam com chance de ganhar o título.

Ao mesmo tempo que desinchou o Brasileirão, Giulite deu a mais clubes a oportunidade de vencer. A lógica política permanecia.

Giulite assumiu a presidência anunciando que a seleção permanente nasceria em seu mandato. O Brasil teria seu time nacional jogando todos os meses, como acontecia com todas as principais seleções do planeta. Até 1979, dependendo das circunstâncias, o Brasil reunia a equipe uma vez por ano, disputando uma sequência de jogos oficiais ou amistosos e liberando os jogadores de volta aos clubes. Tal prática explicava a máxima "Seleção é momento".

No mundo todo, seleção era continuidade. Era a montagem de um time que se solidificava mês após mês, jogo após jogo, fosse em amistosos ou em eliminatórias de Copa e Eurocopa. Isso só começou a acontecer no Brasil com Telê Santana, que convocava em média uma vez por mês e mantinha a base da equipe a cada amistoso.

Telê assumiu a seleção brasileira em fevereiro de 1980, mas estreou apenas em junho, em um amistoso contra o México no Maracanã. Venceu por 2 a 0. Entrou em campo com Raul, Nelinho, Amaral, Edinho e Pedrinho; Toninho Cerezo, Batista e Sócrates; Paulo Isidoro, Serginho e Zé Sérgio. Apenas três desses jogadores foram titulares na Copa do Mundo. Dos 22 convocados para a Espanha, quatro não estavam no grupo que enfrentou os mexicanos.

A indiferença pela seleção aparece em matéria da *Folha de S.Paulo*, publicada no dia seguinte à estreia de Telê. Bellini, o capitão do Brasil em 1958, disse que não assistiu à primeira parte do jogo porque estava viajando de Itapira para São Paulo. Osvaldo Brandão, treinador da seleção até 1977, afirmou que dormiu na hora do confronto. O texto anunciava com clareza: "O descaso de Brandão pela seleção — ele que foi técnico do Brasil — mostra bem o desinteresse que existe em torno do time". Estávamos em 1980.

Na segunda partida de Telê, uma semana mais tarde, aconteceu o primeiro susto. O Brasil perdeu no Maracanã para a União Soviética: 2 a 1. O treinador manteve a base do time e apostou na entrada de Júnior, Zico e Nunes nos lugares de Pedrinho, Batista e Serginho. Note que, na primeira formação, havia dois cabeças de área, embora Cerezo fosse o oposto de um brucutu. Mesmo assim, os jornais da época traziam comentários compatíveis com os anos de críticas à seleção.

A primeira página do Caderno de Esportes da *Folha* estampava "O triste aniversário do Maracanã", em referência à data do amistoso contra os soviéticos: 15 de junho, um dia antes da data de inauguração do estádio trinta anos antes. O Brasil perdeu de virada, como na final de 1950. A matéria tratava da má atuação de Zico, Sócrates, Cerezo e Batista. "Talvez por ninguém saber ao certo quem deveria ocupar a ponta direita", afirmava o texto. Telê escalou o meia Paulo Isidoro como camisa 7, fechando pelo meio e abrindo espaço para o lateral-direito se infiltrar.

Num primeiro momento, o Brasil de Telê foi recebido com desprezo. A mudança de opinião não aconteceu de um dia para o outro, e as críticas mais ferozes se referiam à escalação de um meio-campista na ponta direita. O personagem Zé da Galera, interpretado por Jô Soares, tornou-se a maior referência desse período.

## ZÉ DA GALERA

Jô Soares relembra como criou o personagem que virou oposição a Telê Santana na preparação para a Copa de 1982. Estava em seu camarim com o diretor Max Nunes, discutindo o desaparecimento dos pontas e da função no Brasil de Telê Santana. Jô estrelava o programa *Viva o Gordo*, no ar todas as segundas-feiras na Rede Globo.

"Eu estava outro dia no jogo e olhei para o banco de reservas. O banco, lá onde você se senta. Tem duas pontas. Mas sentado nele, não tem nenhum! Telê, olha, você tem estrela. Todo mundo diz. Estrela também tem ponta!"

Por dezoito meses, o texto de Max Nunes interpretado por Jô Soares provocou gargalhadas no país inteiro. Quando nasceu, em 1980, a seleção de Telê já tinha engrenado. Variava a maneira de jogar e a escolha dos titulares, mas apresentava uma lógica constante: não tinha ponta. Ou, como se dizia desde o fim dos anos 1970, tinha um falso ponta.

"Discutia com o Max Nunes, e a gente chegava à conclusão de que aquela era uma decisão absurda. Provou-se absurda, porque o melhor momento da seleção foi no segundo tempo contra a União Soviética, quando Telê tirou o Dirceu. Ele tinha tanta fixação no Dirceu que o colocou na direita", lembra Jô Soares. Dirceu, na verdade, jogou com Telê só os 45 minutos iniciais contra a União Soviética.

A estratégia de Telê consistia em ter um camisa 7 ou 11 que entrasse em diagonal e jogasse como mais um homem de meio de campo. No fundo, os times da época ficavam um pouco tortos. Atacavam por um lado sem ter infiltração por outro. Telê respondia a isso afirmando o simples: bastava alguém cair daquele lado.

Sua ideia inicial era ter Tita com a camisa 7. No final de 1980, o 7 do Flamengo disse que pretendia ser 10 na seleção, mas se esqueceu de Zico. A ausência de pontas começou a partir da derrota no amistoso contra a União Soviética, dois anos antes da estreia na Copa contra o mesmo adversário. Telê escalou Batista, Sócrates e Zico; Paulo Isidoro, Nunes e Zé Sérgio. Do meio para a frente era assim, com Isidoro ganhando a camisa 7 na disputa

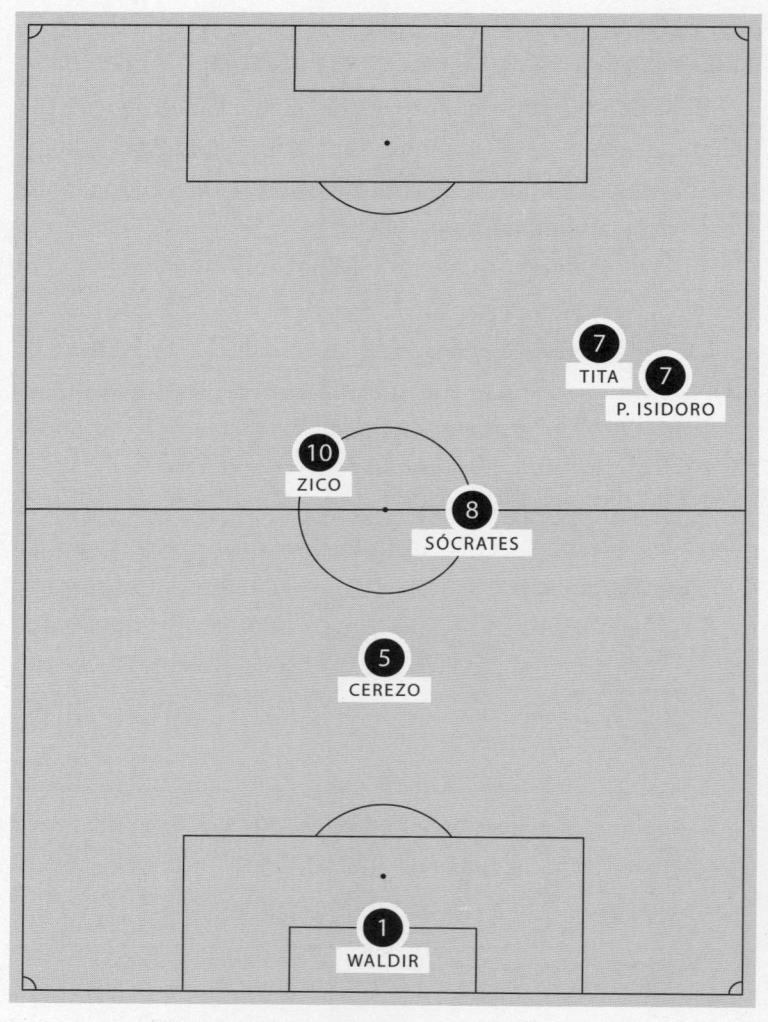

*Bota ponta, Telê! Mas o técnico dividia-se entre dois meias com a camisa 7.*

com Tita. Com o passar dos jogos, Telê escolheu outro titular absoluto no meio-campo, Toninho Cerezo.

Em janeiro de 1981, quando chegou à primeira competição — a Copa de Ouro dos Campeões Mundiais, mais conhecida como Mundialito —, Telê optou por uma dupla de volantes, Batista e Cerezo, com Sócrates no papel de centroavante. Zico estava machucado. Contra a Argentina, no primeiro jogo, Tita foi o ponta-direita e Renato, do São Paulo, o número 10.

Na segunda partida, o Brasil goleou a Alemanha jogando com Tita de 7 e Paulo Isidoro de meia, atrás de Sócrates, o centroavante. Paulo Isidoro passou a ser o 10, apesar de vestir a camisa número 16. Como o time foi bem, vencendo por 4 a 1, talvez a atuação tenha reforçado em Tita a esperança de ser titular. Ingenuidade.

A segunda derrota com Telê veio contra o Uruguai, na decisão do Mundialito. A formação era a mesma: Tita na ponta direita, Paulo Isidoro como meia, muita troca de passes e dois volantes talentosos, Batista e Cerezo. No entanto, a atuação no estádio Centenário não foi boa. Cerezo não criou, a defesa não marcou bem, sobretudo nas bolas paradas, e o Uruguai venceu por 2 a 1. Mesmo placar da final de 1950, trinta anos antes. A derrota fez vítimas, porém isso aconteceu aos poucos, como se pretende em uma "seleção permanente".

No mês seguinte, na estreia das eliminatórias contra a Venezuela, em Caracas, Sócrates estava machucado e Serginho foi o centroavante. Manteve-se a estrutura com Batista e Cerezo como volantes, e Zico voltou à equipe. A principal mudança aconteceu no gol: Waldir Peres entrou na vaga de João Leite. Estava claro que Telê Santana tinha um problema com Emerson Leão, goleiro do Grêmio que seria campeão brasileiro em maio. Leão era considerado o melhor goleiro do Brasil e merecia ser um dos três convocados. Como Waldir Peres teve um bom desempenho na excursão, é possível que tenha faltado coragem a Telê para levar Leão e deixá-lo na reserva.

Ainda assim, a grande questão não era o gol, mas o jeito de jogar. Cerezo tinha liberdade com Batista mais preso. Sócrates não era um centroavante nato e precisava ocupar a meia direita. Quando isso acontecesse, Toninho Cerezo seria o primeiro volante? Batista sairia da equipe? E haveria proteção suficiente?

O desempenho nas partidas seguintes foi respondendo a cada pergunta. No amistoso contra o Equador, em Quito, na preparação para enfrentar a Bolívia pelas eliminatórias, Telê esboçou o time mais próximo do que desejava: Waldir Peres, Edevaldo, Oscar, Luizinho e Júnior; Toninho Cerezo, Sócrates e Zico; Tita, Reinaldo e Éder. O Brasil goleou por 6 a 0 e, com essa formação, venceu a Bolívia na altitude de La Paz.

Tita seria perfeito para jogar como camisa 7, falso ponta, cópia de Telê em seus tempos de jogador. Só havia um problema: Tita não queria. Nem o Zé da Galera, que seguia pedindo pontas no programa *Viva o Gordo* nas noites de segunda-feira.

Em março de 1981, o Brasil se tornou o primeiro país classificado para a Copa do Mundo da Espanha. Carimbou o passaporte no Maracanã ao vencer a Bolívia por 3 a 1, com três gols de Zico. Dois meses depois, embarcou para uma excursão à Europa para enfrentar Inglaterra, França e Alemanha, teste definitivo já com a formação escolhida por Telê e com um princípio semelhante ao da última conquista em 1970: os melhores tinham de jogar.

Como jogador, Zagallo foi um ponta-esquerda estilo formiguinha que fechava os espaços pelo lado esquerdo. Na função de técnico em 1970, escalou Rivelino para cumprir esse papel com a camisa 11. Quando jogava, Telê fazia o mesmo movimento pela direita. Não por coincidência, seu falso ponta também atuava por esse lado. Em maio, Telê escalou seu time mágico: Waldir Peres, Edevaldo, Oscar, Luizinho e Júnior; Toninho Cerezo, Sócrates e Zico; Paulo Isidoro, Reinaldo e Éder.

Tita não queria a ponta direita e Paulo Isidoro tomou conta da posição. Pela primeira vez, o Brasil ganhou em Wembley, 1 a 0 com gol de Zico. No segundo amistoso, com uma única alteração no gol — Paulo Sérgio testado no lugar de Waldir Peres —, vitória por 3 a 1 sobre a França, em Paris.

O terceiro amistoso foi o mais difícil, contra a Alemanha, em Stuttgart. A seleção venceu de virada por 2 a 1, com gols de Toninho Cerezo e Júnior. Waldir Peres se firmou no time titular ao defender dois pênaltis de Paul Breitner, que jamais havia desperdiçado cobranças. Além do retorno de Waldir, a outra mudança foi a troca de Reinaldo pelo centroavante César, do Vasco. O time voltou da excursão escalado para a Copa. Mas com três ponderações. Uma delas seguia no repertório do Zé da Galera.

## POR QUE O BRASIL PERDEU?

As discussões sobre o falso ponta-direita continuavam, e os defensores de Telê ampliavam o debate dizendo que não era preciso ter um ponta especialista. Bastava alguém ocupar aquele setor, mesmo que fosse num revezamento. O problema ocorria quando a região se esvaziava, já que Edevaldo não era o lateral ideal. Faltava um homem que se lançasse pela direita ofensivamente. Do lado oposto, Júnior já fazia isso. Pelo meio, Toninho Cerezo também aparecia na frente.

E João Saldanha esbravejava em colunas para o *Jornal do Brasil*, reclamando que o time não estava firme o bastante. Dos comentaristas, era quem discordava de que tudo corria bem. Ainda havia outros, como Vital Battaglia, em São Paulo. E o Zé da Galera. "Tu também foi ponta, Telê! Bota ponta na seleção, Telê!", gritava o personagem de Jô Soares, em cenas imaginárias em que dialogava com o treinador de um telefone público.

Um orelhão. No tempo do Zé da Galera, as fichas telefônicas davam direito a três minutos de conversa, com o intuito de evitar que alguém monopolizasse o aparelho e filas se formassem atrás do falador egoísta. Pois as cenas de Zé da Galera conversando com Telê muitas vezes envolviam cinco ou seis pessoas enfileiradas, esperando o fim da conversa telefônica. E assim seguia Jô Soares, transbordando opiniões sobre os motivos pelos quais o Brasil precisava de um ponta.

A seleção de Telê era ótima, mas não foi unânime. O técnico precisava resolver três coisas: a lateral direita, pois Edevaldo não parecia suficiente e Leandro pedia passagem com a camisa do Flamengo; a camisa 9, pois Reinaldo convivia com lesões e Telê não gostava das informações que escutava sobre a vida noturna do centroavante em Belo Horizonte; e a entrada de Falcão na equipe.

Falcão estava na Roma desde 1980, o que inviabilizava sua presença em convocações seguidas. Mas Telê sabia que contaria com ele. Toninho Cerezo foi expulso contra a Bolívia e teria de cumprir o último jogo de suspensão na estreia da Copa. Como a primeira derrota de Telê foi contra os soviéticos, sem dúvida houve apreensão quando a bolinha "URSS" entrou no Grupo 6 durante o sorteio, junto com o cabeça de chave que se vestia de amarelo.

Sem Toninho Cerezo, a entrada de Falcão era simples. Em vez de um cabeça de área marcador, o time teria um homem de passe. Na estreia, Telê surpreendeu e escalou Dirceu na ponta direita, mas a mudança durou apenas um jogo. Contra a Escócia, Cerezo voltou à equipe ao lado de Falcão, e Dirceu se encaminhou para o banco de reservas.

A derrota da seleção de 1982 não se deveu à falta de um volante marcador, como apontaram as críticas pós-eliminação. Batista não estava no banco contra a Itália porque só eram permitidos cinco jogadores como alternativas, e também porque ele havia se machucado contra a Argentina. A derrota tampouco se deveu à ausência de um ponta-direita. O Brasil tinha Falcão

*A Itália de Bearzot: espião de Telê alertou.*

e Cerezo, dois volantes criativos que se revezavam no apoio ao ataque. O problema mesmo foi a qualidade tática do adversário.

Telê Santana sempre foi um gênio para fortalecer talentos. Cuidava dos fundamentos, dos chutes a gol, dos passes, dos lançamentos. Nunca se esmerou como estrategista nem era minucioso na análise tática dos rivais. De certa forma, era o retrato do treinador brasileiro, embora Tim, Ênio Andrade e Rubens Minelli fossem exceções. Todos acusados de serem retranqueiros em momentos diferentes da carreira.

O Brasil perdeu a Copa de 1982 por uma razão: a Itália tinha um ótimo time. Durante toda a primeira fase, o Brasil jogava à noite e a Itália à tarde, mas sempre no mesmo dia. Zezé Moreira, mestre de Telê Santana, ia aos estádios observar a seleção rival. Em meio à crise da *Squadra Azzurra*, que não falava com a imprensa e empatou suas três partidas contra Polônia, Peru e Camarões, Zezé apontava a qualidade individual de jogadores como Bruno Conti, Antognoni e Cabrini. Também relatava o detalhismo tático da equipe dirigida por Enzo Bearzot.

O Brasil era um timaço, mas tinha problemas táticos. A Itália venceu porque foi melhor. Protegia todos os seus setores e equilibrava-se dos dois lados do campo, ao contrário do Brasil, que pedia o deslocamento de um dos meias pelo lado direito, embora nem Zico, nem Sócrates, tivessem essa característica. A Itália era excelente do ponto de vista individual, e sua forma defensiva não dava espaço aos rivais.

Em 6 de julho de 1982, João Saldanha aproveitou a eliminação para repassar todas as suas críticas ao Brasil de Telê na coluna da derrota, intitulada "O limite da estupidez":

> Tantos crimes contra o bom senso, contra o senso comum, não poderiam passar impunemente. O fato de possuirmos jogadores extrassérie como Zico, Falcão, Sócrates, Júnior e Cerezo dava a falsa impressão de que éramos muito superiores em tudo. Mais uma estupidez siderúrgica rondava nosso propósito de ganhar uma Copa, onde quem nos derrotou passou mal com o país dos Camarões. Inventaram uma tática no Brasil abandonando preciosos espaços

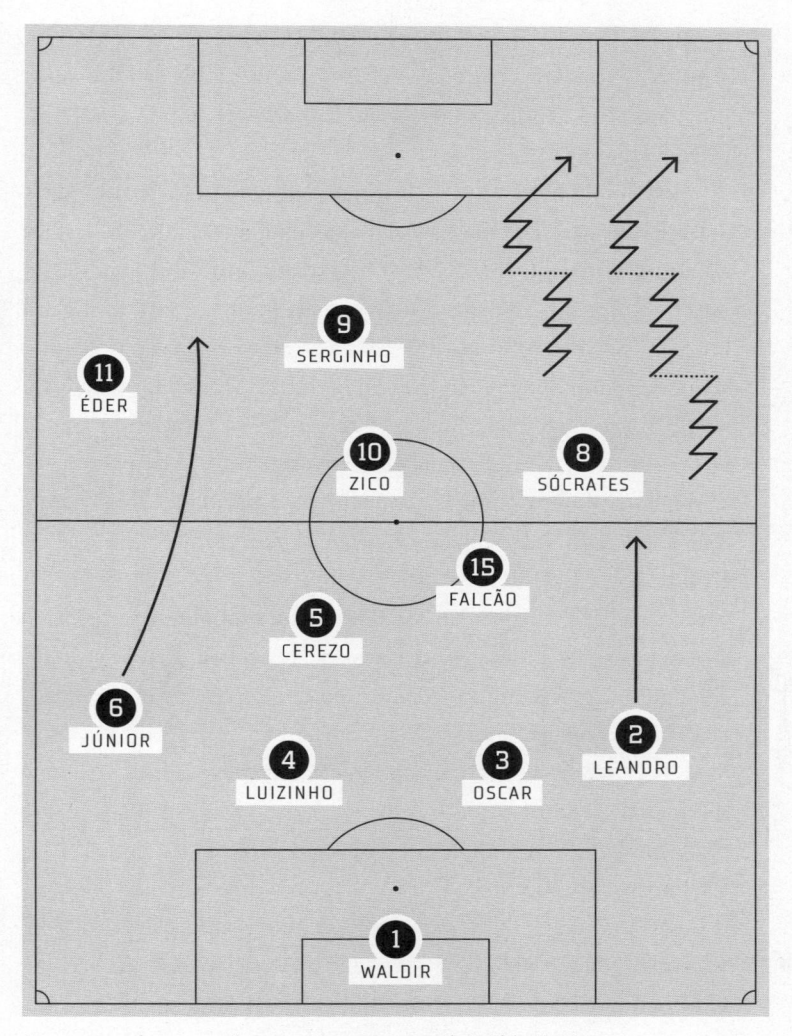

*O espaço aberto na direita gerou críticas de Saldanha.*

de campo. Ora, somente um primarismo infantil e teimoso poderia pensar que os adversários não iriam aproveitar o erro clamoroso.

Veio logo o primeiro jogo, o da União Soviética. Sim, foi uma falha de Waldir Peres, e essa é uma outra questão. Mas o time soviético, quando se apertava, jogava bola para seu lateral-esquerdo, que sempre estava livre. Claro, raios que me partam, pois não tínhamos ninguém ali. Leandro, sempre mal fisicamente, tentava suprir o extrema que não tínhamos.

No jogo da Itália, com mais quinze minutos seria levado pelas enfermeiras não para um hospital, mas para um cemitério. Estava morto de cansaço. E o Cabrini folgava sempre. Era jogador de desafogo do time italiano. Qualquer problema e bastava jogar a bola por ali. Fizeram o primeiro e, quando precisavam da cera, bastava segurar o jogo pelo lado onde tínhamos apenas o Leandro.

Sim, Zico, Sócrates, Júnior, Cerezo e esse estupendo Falcão sempre estiveram muito bem. Mas até carregadores de piano cansam quando fazem esforços acima de sua capacidade. Nosso time, com a tão decantada preparação especial, estava muito cansado no final do jogo. De um lado, existe algo positivo que é a desmistificação do charlatanismo. Os inventores do futebol que se recusam a ocupar espaços indispensáveis e não percebem que se joga no retângulo, rigorosamente geométrico, e querem jogar enviesado como se as balizas estivessem nos córneres.

Se chegamos a uma posição tão elevada, devemos à qualidade de quatro ou cinco jogadores excepcionais, mas cuja capacidade física também tem limites. A Copa não era difícil de ganhar. Mas a teimosia superou tudo. Culpar Serginho seria um erro. O jogador não tem culpa da teimosia que ficou clara no primeiro jogo, mas infelizmente não foi aproveitada. Não deixo de assinalar que faltou um pouco de modéstia quando empatamos ontem em 2 a 2. Alguém andou rebolando ali e o time italiano, que estava melhor fisicamente do que o nosso, veio para cima e pôde ganhar. Paciência. Mas a estupidez tem um limite de tolerância.

Não parece que a ausência do ponta tenha causado a derrota. Saldanha pensava diferente. Falava até em charlatanismo.

# 17

# POR QUE TELÊ VOLTOU?

★

Se a derrota para a Itália tivesse mesmo gerado uma onda de defensivismo no futebol brasileiro, Telê não teria sido o técnico da seleção na Copa do Mundo seguinte, em 1986. Imediatamente depois da Copa da Espanha, a seleção entrou em recesso e Telê aceitou proposta para trabalhar pelo Al-Ahli, da Arábia Saudita. Carlos Alberto Parreira entrou em seu lugar, cumprindo sonho antigo de Medrado Dias, diretor de futebol da CBF. Era a tentativa de reviver a comissão técnica vitoriosa em 1970.

Por mais que houvesse resistência e críticas ao fato de os cariocas estarem "no poder", pensamento que se espalhava por São Paulo e Rio Grande do Sul, havia sentido em retomar o trabalho do tricampeonato. Afinal, a Copa de 1970 simbolizava a fronteira entre o velho e o novo futebol, e o Brasil a atravessara com o único time da história a ser campeão vencendo seis jogos

— só em 2002 uma equipe seria capaz de vencer sete vezes, o Brasil de Felipão, Ronaldo e Rivaldo.

Só que Carlos Alberto Parreira não estava pronto, e, avaliando 35 anos depois, a impressão é de que se esperava de Parreira o que se esperaria de Cláudio Coutinho caso estivesse vivo em 1983. Coutinho foi treinador da seleção brasileira de 1977 a 1979, mas assumiu a equipe antes de estar maduro. Ainda assim, seguia o percurso e pensava de maneira correta as mudanças no futebol, num momento em que a modernidade já pedia passagem. Seu Flamengo tricampeão carioca de 1979, base do time campeão mundial em 1981, é um bom exemplo disso. Se não tivesse morrido precocemente, o escolhido para substituir Telê Santana sem dúvida seria Coutinho.

De preparador físico do Brasil em 1970, Parreira passou a treinador do Fluminense e da seleção do Kuwait. Deu o azar de não estar maduro o bastante para substituir Telê, especialmente por empregar um estilo de jogo inverso ao do ex-técnico brasileiro. Também não usava pontas, mas era menos ofensivo do que Telê e mais conservador do que Coutinho. Em vez de subir a marcação e pressionar a saída de bola adversária, recuava seu time para marcar atrás do meio-campo.

Àquela altura, no início dos anos 1980, havia quatro tipos de jogo tipicamente brasileiros, cada um com a sua filosofia. A divisão nesse momento moldou o futebol brasileiro dos trinta anos seguintes. Isso não ocorreu porque o Brasil perdeu em 1982, mas porque o país já abrigava correntes diferentes:

1) A marcação de encaixe, quase homem a homem, empregada por Rubens Minelli desde o Internacional.
2) A pressão ousada no campo de ataque, introduzida por Cláudio Coutinho no Flamengo campeão mundial.

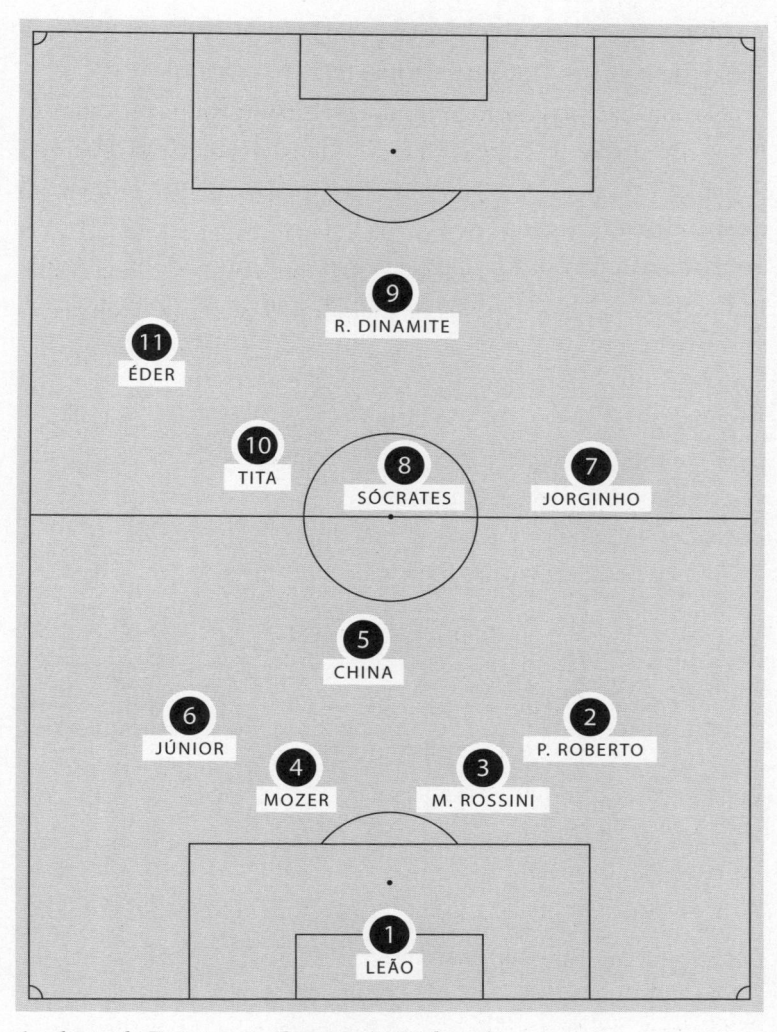

*A seleção de Parreira, na Copa América de 1983.*

3) A marcação por zona e a troca de passes ultraofensiva de Telê.
4) O gosto pela posse de bola e a marcação conservadora de Parreira.

Não é justo dizer que, após a derrota de 1982, um desses estilos saiu vencedor. Ou Telê não teria retornado em 1985.

Parreira fez catorze jogos como treinador do Brasil. Ganhou cinco, empatou sete, perdeu dois. Um deles, a final da Copa América contra o Uruguai, custou-lhe o cargo apenas sete meses depois de sua chegada.

A seleção parou por mais seis meses. Embora Giulite Coutinho ainda estivesse à frente da CBF, a ideia de criar uma seleção permanente desapareceu. Em 1984, o Brasil fez só três amistosos, todos em junho: contra a Inglaterra no Maracanã, a Argentina, no Morumbi, e o Uruguai, em Curitiba. O escolhido para comandar os três jogos, com perspectiva de continuidade se tivesse um bom desempenho, foi Edu Coimbra, irmão de Zico. Seu currículo recente incluía um trabalho no Vasco, vice-campeão brasileiro atrás apenas do Fluminense de Parreira.

Edu não era o anti-Parreira apenas por ter sido seu rival na decisão, mas por apresentar um estilo de jogo ultraofensivo, alinhado à escola de Telê. O Vasco de 1984 era chamado de "o time dos sete anões" por reunir jogadores de estatura inferior a 1,65m: os pontas Mauricinho e Jussiê, os meias Geovani e Mário, o volante Pires, o lateral Edevaldo e o meia Marquinho. A equipe fez 51 gols em 26 partidas, catorze gols a mais do que o Fluminense de Parreira.

Se o futebol ofensivo estivesse mesmo com seus dias contados, por que dois anos depois da tragédia do Sarriá a seleção escolheria outro treinador favorável ao ataque? E por que Evaristo de Macedo seria o próximo nome, em 1985? Evaristo não dirigiu o Brasil nas eliminatórias porque seus seis primeiros jogos o levaram à demissão, com três vitórias e três derrotas, mas também tentou implantar um jogo de ataque.

Depois de Evaristo deixar a seleção afirmando que estava mais preocupado em cuidar dos 6 milhões de dólares que ga-

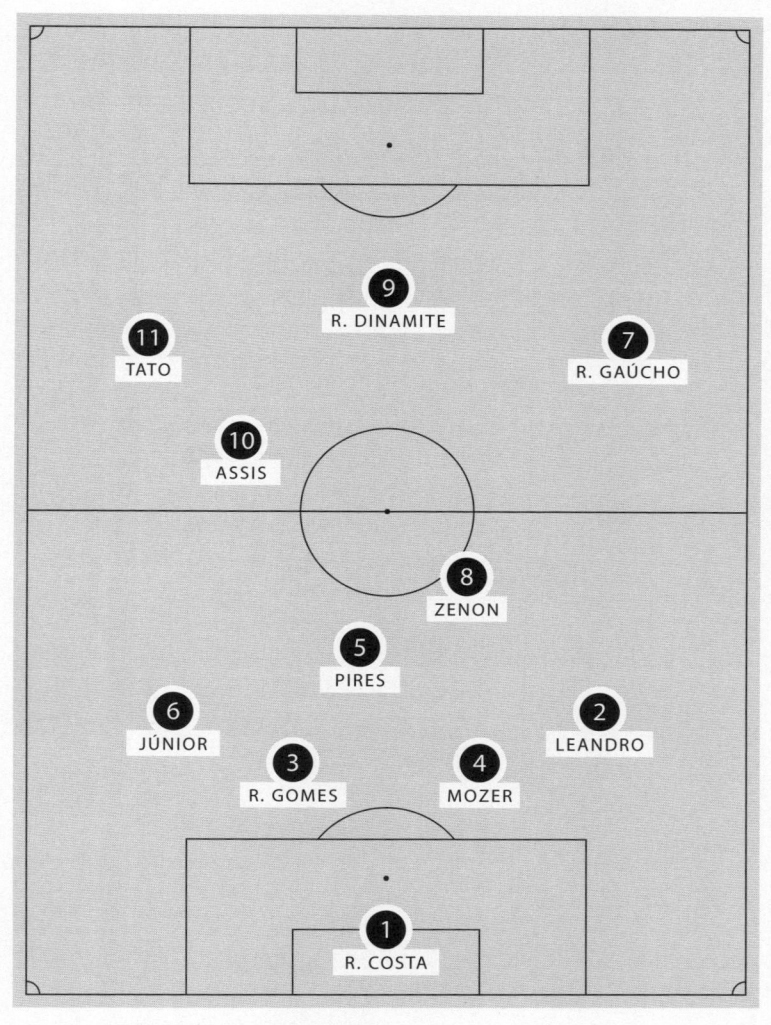

*A seleção de Edu: três jogos em 1984.*

nhou no Oriente Médio, o escolhido para seu lugar foi... Telê Santana!

Telê voltou para apenas cinco jogos, já que tinha contrato com o Al-Ahli até dezembro e haveria eleições para a presidência da

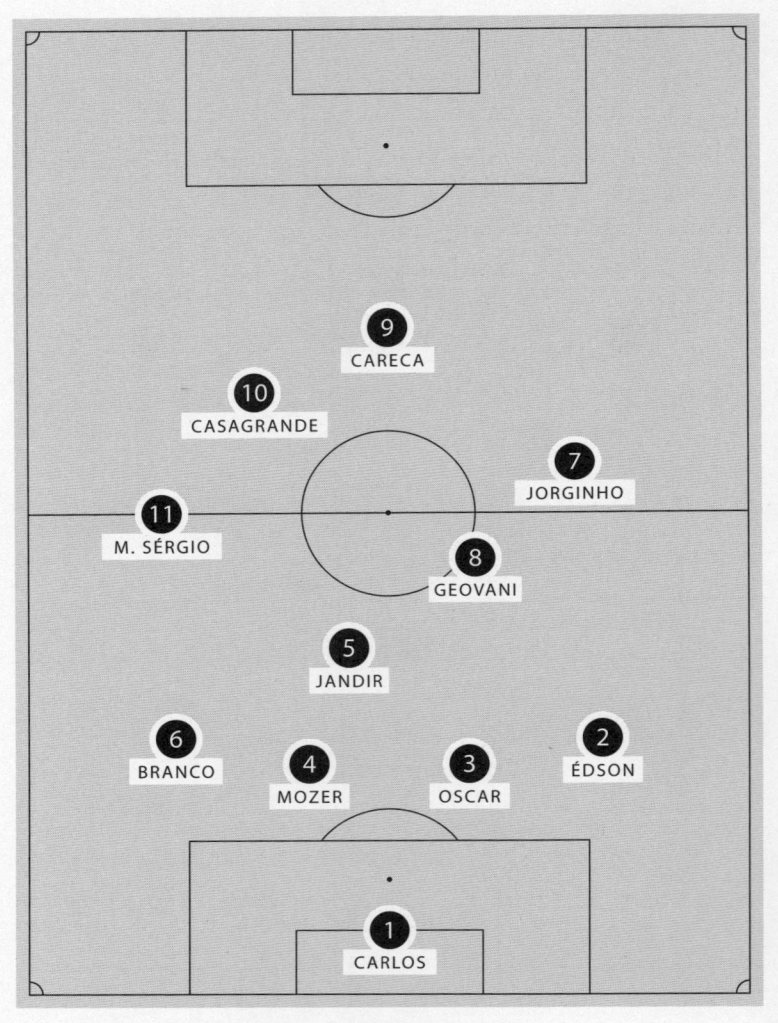

```
                    9
                  CARECA
              10
           CASAGRANDE
                              7
                           JORGINHO
        11
    M. SÉRGIO        8
                  GEOVANI
                5
              JANDIR
      6      4        3       2
    BRANCO  MOZER   OSCAR   ÉDSON

              1
            CARLOS
```

*A renovação com Evaristo durou só seis jogos.*

CBF em janeiro de 1986. Não seria possível negociar um contrato mais longo com o técnico, nem voltar à ideia da seleção permanente. A missão imediata de Telê era classificar o Brasil para a Copa do Mundo. Havia receio de que isso não se confirmasse, pois as eliminatórias trariam jogos em La Paz e Assunção, onde o Brasil sofrera recentemente. O temor era tanto que o Brasil agiu politicamente com a federação da Bolívia e transferiu o jogo de La Paz para Santa Cruz de la Sierra, onde não havia altitude.

Com Telê no comando e a base de 1982 de volta, o Brasil venceu a Bolívia e o Paraguai fora de casa, nas duas primeiras rodadas. Depois jogou mal seus próximos jogos, empatando com os bolivianos no Morumbi e os paraguaios no Maracanã. Telê mesmo assim garantiu a classificação e voltou à Arábia Saudita para cumprir contrato com o Al-Ahli. Sabia da chance de ser o primeiro — até hoje, o único — técnico a dirigir o Brasil em duas Copas sucessivas tendo perdido a primeira.

A seleção interrompeu o trabalho no segundo semestre de 1985 e aguardou o fim das eleições na CBF. De um lado estava Medrado Dias, o diretor de seleções, cuja candidatura foi lançada por Giulite Coutinho. Já a oposição trazia a chapa do ex-presidente da Federação Paulista, Nabi Abi Chedid, tendo como vice Otávio Pinto Guimarães, presidente da Federação do Estado do Rio de Janeiro. O conturbado processo só se concluiria na última semana de janeiro, a quatro meses da Copa. Em meio às acusações que circulavam na imprensa ao presidente da Federação do Acre, que supostamente venderia seu voto, as contas indicavam possibilidade de empate entre Medrado Dias e Nabi Abi Chedid. Nesse caso, o vencedor seria o candidato mais idoso, Medrado Dias.

Temeroso da derrota, Nabi não hesitou em inverter a chapa, já que Otávio Pinto Guimarães era mais velho. Na época, dizia-se que Nabi não se importava em ser vice, pois o presidente da chapa tratava de um câncer e dificilmente viveria por muito tempo. Otávio Pinto Guimarães foi eleito com um voto de vantagem e governou até o fim do mandato. Nabi tornou-se um vice-presidente com forte ingerência no departamento de seleções, e foi dele a decisão de efetivar Telê Santana. A escolha não se deveu ao futebol alegre e ofensivo de 1982, mas à vontade do país inteiro.

Claramente, o povo não havia rejeitado o estilo ofensivo de jogo. Telê voltou porque era Telê. E porque seu jeito de jogar seduzia o Brasil mesmo três anos após a tragédia do Sarriá.

## DO MÉXICO À ITÁLIA

O retorno de Telê não foi tão bom quanto antes. Fez sua reestreia em março de 1986, num amistoso contra a Alemanha em Frankfurt. A escalação do início da partida indicava os planos de Telê, semelhantes aos observados em 1982: Carlos, Édson, Oscar, Mozer e Dida; Falcão, Sócrates e Casagrande; Müller, Careca e Sidney.

O ataque titular do São Paulo incluía um ponta agudo pela esquerda e um atacante nato pela direita. Müller não era um falso ponta, um meia que fechava por dentro. Em vez disso, avançava em diagonal para chutar a gol e formava com Careca a dupla sensação da época. O Brasil levou um baile. Perdeu de 2 a 0, mas a sensação foi de goleada. Um atropelamento.

Na partida seguinte, contra a Hungria, em Budapeste, Telê mexeu no time. Trocou Müller por Renato Gaúcho, que se juntou a Casagrande e Sidney no ataque. O Brasil novamente jogaria com três homens na frente. Além disso, escalou Elzo e Alemão ao lado do meia Silas. Elzo era um cabeça de área de bom passe, embora fosse um autêntico volante marcador. Alemão sabia jogar e atuava pelo Botafogo como segundo jogador de meio. Não eram dois brucutus, mas eram dois volantes. O atropelamento foi maior ainda: Hungria 3 a 0.

A Copa do Mundo tinha início marcado para 31 de maio. Em dois meses e meio, Telê estreou, montou o time à imagem e semelhança de 1982 e apostou na mesma geração de Toninho,

Leandro, Cerezo, Falcão, Sócrates, Júnior e Zico. Confiou em Renato Gaúcho, porém o cortou da seleção brasileira por fugir da concentração e foi obrigado a desistir de sua ideia original.

Em dois meses e meio, Toninho Cerezo e Dirceu perderam a chance de ir à Copa, Zico recuperou-se de lesão grave no joelho, fez um jogo incrível contra a Iugoslávia, em Recife, e se machucou de novo contra o Chile, em Curitiba. No fim, Telê levou à Copa do Mundo apenas sete remanescentes de 1982: Carlos, Oscar, Edinho, Falcão, Júnior, Zico e Sócrates. Onze do grupo da Espanha não eram mais cotados para a seleção: Waldir Peres, Luizinho, Paulo Isidoro, Serginho, Paulo Sérgio, Edevaldo, Juninho, Pedrinho, Batista, Renato e Roberto Dinamite.

Telê até gostaria de contar com Leandro, Dirceu, Toninho Cerezo e Éder. Dirceu foi chamado e não jogou bem. Toninho Cerezo convivia com lesão. Éder foi excluído por indisciplina depois de ser expulso num amistoso contra o Peru. Leandro pediu dispensa após ser apanhado em fuga da concentração com Renato Gaúcho. Para entender por que Leandro foi perdoado e Renato Gaúcho não, é necessário lembrar a admiração de Telê por seu futebol. O técnico sempre o destacou como o melhor lateral-direito brasileiro de todos os tempos, superior a Carlos Alberto Torres e Djalma Santos. Com Renato, tinha restrições à quantidade de dribles e a uma suposta falta de objetividade. Quando houve a indisciplina, cortou Renato e perdoou Leandro. No dia do embarque, contudo, Leandro julgou injusta sua viagem ao México e pediu para não ir.

A numeração do time inscrito indicava que Telê ainda pensava na base de 1982 sem muitas variações. Júnior recebeu a camisa 6 para ser o lateral-esquerdo titular, embora viesse atuando como meia no Torino, da Itália, pelos últimos três anos. Oscar era o camisa 3, titular da zaga. Falcão ficou com a número 5, e Casagrande, que já vinha atuando no meio de campo do Corinthians,

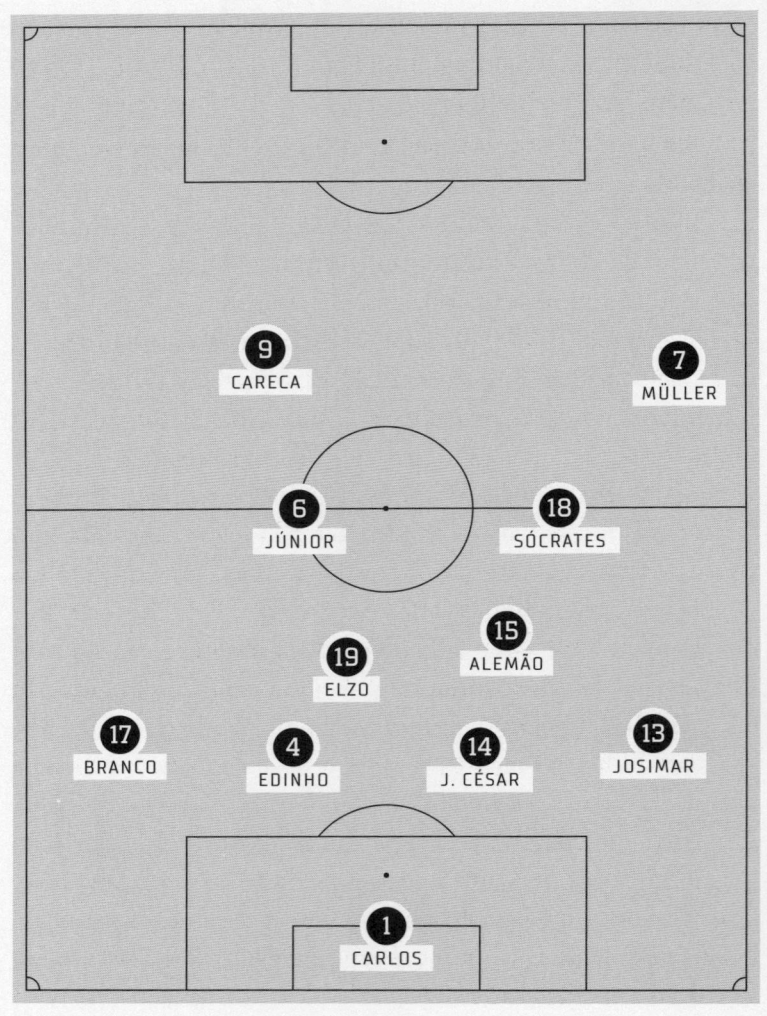

*Müller aberto pela direita. Foi assim no segundo jogo da Copa, contra a Argélia.*

ficou com a 8. Os números de 1 a 11 significavam titularidade. Sócrates recebeu a 18 — inicialmente seria reserva, mas ganhou a vaga nos treinos e jogou a Copa inteira no time principal.

Nos treinos, Telê seguiu observando quem pedia passagem na equipe e quem não aguentava mais o tranco. Oscar e Falcão perderam a vaga para Júlio César e Elzo. Até hoje, muita gente lamenta a decisão de Telê. Aos poucos, contudo, o time foi se ajustando.

O Brasil estreou contra a Espanha com dois volantes. Não porque houvesse a crença no futebol de resultados, mas porque, naquele momento, Elzo e Alemão rendiam mais do que Falcão e Cerezo. O Brasil jogou mal e ganhou da Espanha por 1 a 0, contando com um erro do árbitro australiano Christopher Bambridge. Uma bola na trave chutada pelo espanhol Michel ultrapassou a linha, porém o gol não foi validado. Sócrates fez o gol da vitória da seleção, que entrou em campo com Carlos, Édson, Júlio César, Edinho e Branco; Elzo, Alemão, Sócrates e Júnior; Casagrande e Careca. Essa seria a formação até o final da Copa, com a entrada de Josimar na vaga de Édson, machucado, e Müller no lugar de Casagrande. O Brasil jogou muito mal contra a Argélia, razoavelmente contra a Irlanda do Norte e bem contra a Polônia.

Sua melhor apresentação foi contra a França, na decisiva partida das quartas de final. Primeiro tempo perfeito, com gol de placa de Careca após triangulação com Müller e Júnior. Platini empatou no fim da primeira etapa, embora o Brasil não merecesse o resultado. Teve a chance de fazer 2 a 1: Branco sofreu pênalti em lançamento de Zico, que acabara de entrar em campo. Zico perdeu a cobrança. O resto da história, com a derrota nos pênaltis para os franceses, já é bem conhecida.

Costuma-se misturar a era Telê Santana como se houvesse uma linha contínua de 1982 a 1986. A ruptura fazia parte da história da seleção, sendo, inclusive, responsável pela transformação de estilo. Telê se transferiu para a Arábia e distanciou-se da realidade do jogo disputado no Brasil. Quando voltou, foi

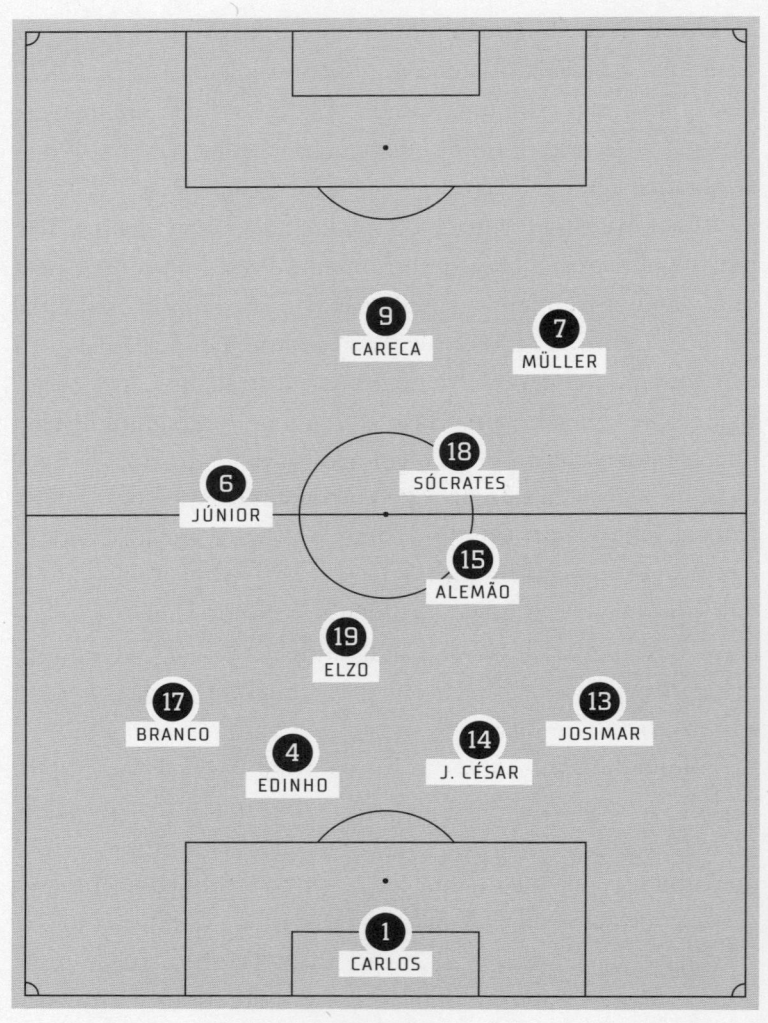

*Júnior e Sócrates como meias. Müller mais perto de Careca, na derrota para a França.*

atrás dos mesmos jogadores. Não era mais possível. A Copa de 1986 teve resultado idêntico ao da Copa anterior: eliminação na quinta partida. Mas o desempenho foi muito pior.

O fim daquele modelo era inevitável, e assim a geração de Zico dava seu adeus. Sócrates e Falcão não jogavam mais em alto nível. Zico, sim, porém o ciclo da seleção estava se fechando.

Em 1987, Nabi Abi Chedid tentou contratar Cilinho, treinador do São Paulo que havia sido campeão paulista em 1985 com o futebol mais espetacular do país. Os Menudos encantavam e levaram Silas, Müller e Careca à Copa do México. Por não querer se misturar à política que controlava a CBF, Cilinho recusou o convite. Numa nova prova de que a derrota de Sarriá não dera origem ao culto do futebol-força, cinco anos depois o Brasil ainda buscava símbolos do futebol-arte.

Por outro lado, também não é justo dizer que Nabi convidou Cilinho porque queria jogar bonito. Seu objetivo era contratar o técnico que lhe desse mais repercussão positiva. Eis o grande problema: os técnicos da seleção e dos clubes nunca foram contratados pela filosofia, pela proposta de jogar bonito ou feio, no ataque ou na defesa, com posse de bola ou no contragolpe. O motivo por trás de cada convite sempre foi garantir proteção ao dirigente.

Após a recusa de Cilinho, a CBF contratou Carlos Alberto Silva, também conhecido pelo jogo ofensivo. Foi o treinador do Guarani campeão brasileiro de 1978, escalado com dois pontas ofensivos, um meia-armador e um ponta de lança. Mesmo comandando o primeiro time do interior a alcançar o título nacional, Carlos Alberto priorizava o talento e a busca pelo ataque. Do Guarani, seguiu para o São Paulo e foi campeão paulista com a Máquina, assim chamada pela grande quantidade de craques. Acabou demitido depois de ser vice-campeão brasileiro em 1981, atrás apenas do Grêmio de Ênio Andrade, ainda que sua equipe estivesse jogando bem. Então dirigiu o Santa Cruz e o Atlético Mineiro, passou sem sucesso pelo Palmeiras e chegou à seleção credenciado por seu trabalho no Cruzeiro em 1986.

Nos nove anos anteriores, o Cruzeiro vivia à margem do Atlético, com apenas um troféu estadual contra oito do grande rival. Carlos Alberto montou o time cruzeirense que seria vencedor em 1987. A partir dali, o clube celeste voltou a ser campeão com frequência.

A base do novo trabalho não era definir um estilo ofensivo ou defensivo. Era renovar. O Brasil tinha times que jogavam mais atrás ou mais para a frente de acordo com as características do elenco. Técnicos de clubes mais pobres se defendiam. Os times mais talentosos atacavam. Simples assim. O objetivo central era reunir o maior número de jogadores jovens e formar um novo time brasileiro, substituindo a geração de Zico, Sócrates, Júnior, Cerezo e Falcão.

Aos poucos, entraram no time Bebeto, já convocado por Evaristo de Macedo em 1985, além de Romário, Dunga e Raí, que estrearam em excursão à Europa em 1987. Nesse mesmo ano, houve a primeira convocação de Taffarel e Jorginho, campeões mundiais sub-20 em 1985 e 1983, respectivamente. Ricardo Rocha também chegou nessa leva e vestiu a camisa 10 no torneio Pré-Olímpico da Bolívia. Carlos Alberto Silva acreditava que poderia enganar os rivais dando o número sagrado a um zagueiro.

Futebol-ciência...

Os anos seguintes foram de crises passageiras e poucos sucessos. O Brasil levou 4 a 0 do Chile na Copa América de 1987 e foi eliminado ainda na fase de grupos. Venceu nos pênaltis a Alemanha na semifinal olímpica de Seul, em 1988, mas perdeu a final para a União Soviética. Após essa derrota, houve novas eleições na CBF. O presidente da Federação Mineira, Elmer Guilherme, conduzia o processo visando à manutenção de Carlos Alberto Silva.

No dia seguinte à eleição, o treinador, provavelmente achando que seria demitido, criticou ferozmente a vitória de Ricardo Teixeira e suas ideias. O novo dirigente, então, decidiu mexer no comando. Sebastião Lazaroni era o técnico do Vasco na época e tinha proximidade com Eurico Miranda, diretor de seleções da CBF, que o indicou para o cargo. Erroneamente, julgava-se que havia tempo para mudar o técnico e até para trocá-lo outra vez antes da Copa, caso fosse necessário. Era a velha cultura brasileira de que o técnico pouco importa.

Assim, Lazaroni chegou à seleção. Às vésperas da Copa do Mundo da Itália, em 1990, um comercial da Fiat apresentava um texto incrível no intervalo das novelas brasileiras. Um policial abordava Lazaroni nas ruas italianas, enquanto o treinador se encaminhava para um Fiat Uno fabricado no Brasil. Pediu-lhe a documentação e se espantou com o nome:

"Lazaroni."
"Sim, eu sou brasileiro."
"'Lazaroni brasileiro!?"
"Sim, sou o técnico da seleção brasileira."
"Só falta me dizer que esse Uno também é brasileiro."
"Sim, feito no Brasil e exportado para a Itália."
O policial retrucava:
"Lazaroni brasileiro, técnico da seleção brasileira, dirigindo um Uno brasileiro? Prazer, eu sou o papa."

De certa maneira, o diálogo do comercial reproduzia a dúvida da torcida brasileira às vésperas do Mundial de 1990. Lazaroni estava tão pronto para dirigir a seleção brasileira na Copa quanto o policial da propaganda estava preparado para ser papa. Ainda que muita gente confiasse no título, por causa da Copa América vencida em 1989.

Assim como Cláudio Coutinho e Carlos Alberto Parreira, Lazaroni começou a carreira como preparador físico. Assumiu interinamente o Flamengo em 1986 e foi campeão carioca. No ano seguinte, chegou ao Vasco depois que Joel Santana pediu demissão, orientando a equipe apenas nos últimos cinco jogos.

Foi bicampeão carioca. Em 1988, o Vasco tinha Roberto Dinamite em fim de carreira, Geovani, Romário em início, e venceu o Flamengo nas finais para se sagrar tricampeão estadual.

Quando Lazaroni ainda completava três meses no cargo, em junho de 1989, o Brasil disputou um amistoso contra a Dinamarca e sofreu nova goleada de 4 a 0. No retorno de Copenhague, o assistente-técnico Nelsinho, volante clássico do Flamengo nos anos 1960, disse ao treinador que o momento exigia a adoção do sistema 3-5-2, com um zagueiro a mais. O Brasil não estava bem, perdia jogos de maneira categórica, e a modernidade pedia uma mudança. Lazaroni acatou o conselho e, contrariando seu estilo, optou pela tática dos três zagueiros.

Naquele período, o futebol europeu já se transformava com a compactação proposta por Arrigo Sacchi no Milan (*ver mais detalhes no capítulo seguinte*), mas o que parecia moderno era introduzir um terceiro homem de marcação — assim jogaram, por exemplo, a campeã Argentina e a Dinamarca na Copa de 1986. Só que havia uma diferença básica: enquanto a Dinamarca usou três zagueiros para ser mais ofensiva, o Brasil o fez para se proteger defensivamente.

O alemão Sepp Piontek é conhecido como o criador do 3-5-2, embora antes dele outros times já empregassem o sistema. O objetivo da estratégia era deixar de ter um zagueiro sem função. Num tempo em que quase todas as seleções europeias atuavam com dois atacantes, não parecia necessário ter quatro defensores. Piontek abriu mão de um deles para escalar mais um armador ofensivo.

Essa foi a estrutura da seleção brasileira na Copa América de 1989. No dia 16 de julho, no mesmo dia e local em que disputou a decisão da Copa de 1950, o Brasil venceu o Uruguai e levou um título que não conquistava desde 1949. Mas o novo esquema trazia diferenças fundamentais. Jogar com três zagueiros não era

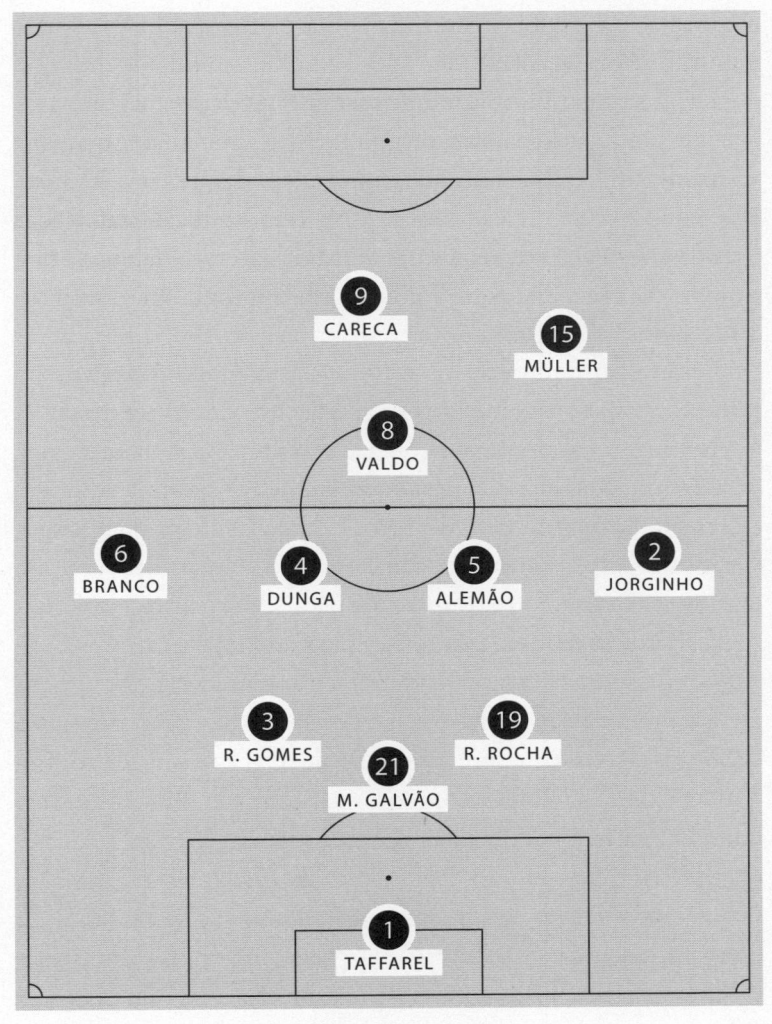

*A seleção de Lazaroni na derrota para a Argentina.*

escola brasileira, embora Lazaroni fizesse questão de dizer que a marcação era por zona. Com um líbero sempre na sobra, no entanto, não havia sistema por zona. O zagueiro posicionado à esquerda, Ricardo Gomes, marcava o atacante do lado direito adversário. O zagueiro à direita, Aldair, acompanhava o outro atacante. Simples assim.

Depois que o Brasil ganhou a Copa América e chegou à fase final de preparação para a Copa de 1990, o problema se agravou. O meia-direita Silas, que não estava bem, deu lugar a Alemão, um segundo volante. O Brasil passou a ter três zagueiros e dois volantes. A criação ficava a cargo dos dois laterais, que não eram pontas, do meia-armador Valdo, um falso ponta até dois anos atrás, e dos atacantes.

Bebeto formou dupla com Romário na Copa América, um período de duas semanas de felicidade com vitórias expressivas sobre Paraguai, Argentina e Uruguai. Na preparação para a Copa do Mundo, Romário havia sofrido fratura do perônio e só estaria apto a atuar no terceiro jogo. Enquanto ele se recuperava, Lazaroni reuniu o grupo e informou: "No ataque, cada um tem sua dupla. Careca forma dupla com Müller. Romário com Bebeto". Bebeto conta que levantou a mão e indagou a Lazaroni: "O Romário está machucado. Então, eu não vou jogar?".

A Copa de 1990 terminou em fracasso. Foi a pior campanha brasileira depois da eliminação na fase de grupos em 1966. Em sua partida mais consistente, o Brasil caiu nas oitavas de final contra a Argentina. A seleção dos três zagueiros e dois volantes, chamada de "Era Dunga" pelo *Jornal do Brasil*, em reportagem de Cláudio Arreguy, recebeu sua justa homenagem no lance do gol: após jogada genial, Maradona entregou para Caniggia, que driblou o goleiro Taffarel e decretou a vitória. Dois dias depois, a matéria da derrota na revista *Placar* trocou, em seu título, a "Era Dunga" pelo que de fato havia nos derrotado: "Era Maradona".

# 18

# A TERCEIRA REVOLUÇÃO

★

A primeira grande revolução do futebol mundial foi a criação do WM, motivada pela mudança na regra de impedimento em 1925. A segunda ocorreu nos anos 1970, com a movimentação constante da Holanda de Rinus Michels, e demorou a ser compreendida no Brasil — a adaptação se deu com o Internacional de Rubens Minelli e com sutis mudanças no estilo brasileiro, já notavelmente mais físico.

A terceira revolução ocorreria pouco antes da Copa da Itália, em 1987, quando o técnico italiano Arrigo Sacchi assumiu o Milan. Embora o Brasil também tenha custado a absorvê-la, no século XXI times brasileiros começariam a empregá-la em seus sistemas, às vezes até de maneira mais radical, como o Corinthians de Tite (*ver capítulo 24 para mais detalhes*). A revolução de Sacchi consistia em obrigar o adversário a jogar num espaço de

35 metros. O atacante mais avançado, Van Basten, posicionava-se logo atrás do meio-campo, no círculo central. Já a linha de zagueiros avançava para a frente da grande área.

Em 33% do campo, os adversários do Milan não conseguiam fazer a bola rodar com eficiência, tampouco achavam espaço para se infiltrar na grande área. Os milanistas subiam para marcar por pressão nessa faixa ou recuavam para diminuir o raio de ação do rival. Quando recuperavam a bola, o objetivo era outro. Com duas linhas de quatro homens, o Milan expandia o campo com um meia aberto próximo a cada lateral. Isso obrigava a defesa adversária a se espalhar pelo terreno e, por consequência, ampliava a chance de espaços se abrirem para a infiltração dos atacantes.

O futebol sempre foi um jogo de espaços. No entanto, a ideia de que os jogadores criavam esses vazios com dribles aos poucos ia mudando. As variações de posicionamento defensivo e ofensivo já transformavam a distribuição do adversário em campo. O drible passou a ser apenas uma das formas de interferir na qualidade defensiva do adversário.

Os jogos desse Milan passavam quase todos os domingos na televisão brasileira. Quando se discutia o futebol italiano, meca do futebol mundial no fim dos anos 1980, discutiam-se a qualidade de Maradona, a dupla que formava com Careca no Napoli e a qualidade dos holandeses do Milan. Tirando matérias da *Folha de S.Paulo*, falava-se pouco — ou nem se falava — sobre o conceito de jogo, a diminuição dos espaços ou o jogo feito em linhas. O debate sobre a parte tática era deficiente no Brasil, fato que persiste ainda no século XXI. O mesmo problema que impediu o país de compreender a primeira grande mudança no futebol afetou seu entendimento sobre a terceira revolução: a ignorância. Ou a certeza de que produzir os jogadores mais habilidosos do planeta seria suficiente para manter o Brasil sempre em primeiro lugar.

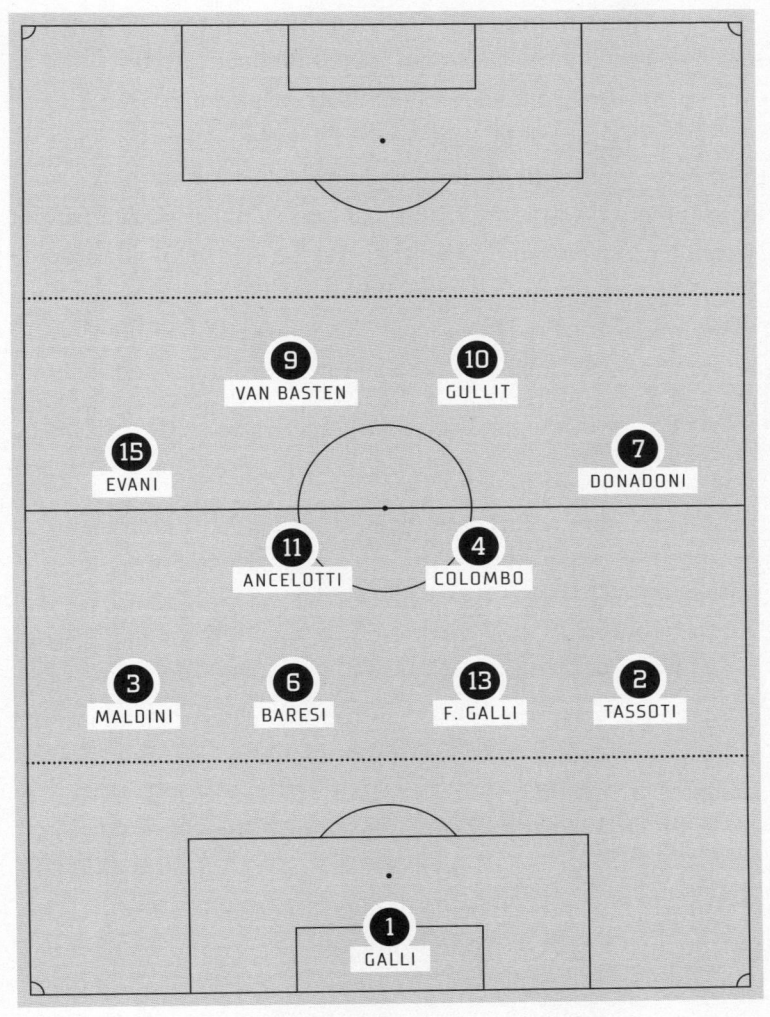

*O Milan de Sacchi em 1988: o rival só podia jogar em um terço do campo.*

Em maio de 1988, o Milan encerrou uma seca de nove anos sem vencer o Campeonato Italiano, com uma equipe em que brilhavam os holandeses Ruud Gullit e Marco van Basten. Em junho do mesmo ano, o repórter Divino Fonseca, da revista

*Placar*, viajou à Alemanha para acompanhar a Eurocopa, que pela terceira vez contaria com dois grupos de quatro times.

A primeira matéria da série de duas edições dizia que Alemanha e Itália começaram muito mal, com um jogo desprovido de charme e competitividade. A primeira edição já alertava para o crescimento de alemães e italianos, que se classificariam para as semifinais do torneio continental. Mesmo com erros no varejo — Alemanha e Itália melhoraram, mas não chegaram à decisão —, a cobertura de Divino Fonseca se provou marcante porque definiu um novo tempo, iniciado logo após a vitória da Holanda sobre a União Soviética na finalíssima. A manchete da última reportagem dizia: "A posição morreu. É a vez da função!".

Parecia a mesma coisa. Não era.

Assim como a Holanda de 1974, a vencedora da Eurocopa era dirigida por Rinus Michels, embora não apresentasse a movimentação intensa que caracterizou a vice-campeã mundial. Ainda assim, cada jogador tinha sua função. Um exemplo era Ronald Koeman. Jogava pela ponta esquerda, mas não tinha a obrigação de buscar o drible ou um cruzamento. Quando a Holanda perdia a bola, sua missão era fechar o corredor do lado esquerdo e impedir que as jogadas dos rivais nascessem daquele setor. Quando o time recuperava a posse, Koeman se posicionava como um meia, dando liberdade para a subida do lateral.

Aquela Holanda vinha de uma crise seríssima. Só havia disputado duas Copas do Mundo no pós-guerra e obteve o mesmo resultado: vice-campeã em 1974 e 1978. Então foi desclassificada nas eliminatórias seguintes, por França e Bélgica em 1982 e pela Bélgica na repescagem de 1986.

Logo após o último fracasso, a Federação Holandesa convocou todos os treinadores para um debate sobre as razões da crise. O diretor técnico da Holanda era Rinus Michels, e o técnico da seleção era Leo Beenhakker. Os dois subiram ao palco e divagaram sobre os problemas da seleção, sobre o modo de jogar naquele momento, sobre a inclusão ou não de um centroavante alto no ataque para recolher as bolas aéreas. Após dois dias de evento, concluíram que tudo ia bem e que a eliminação havia sido um simples acidente. Acreditavam que a geração seguinte, com Ruud Gullit e Marco van Basten, levaria a Holanda a bons resultados.

Johan Cruyff, técnico do Ajax na época, subiu ao palanque no terceiro dia e explicou os motivos por trás da eliminação. Para Cruyff, a campanha ruim se devia à combinação de jogadores, à renúncia ao 4-3-3 histórico da Laranja Mecânica e à escalação de um homem alto — Wim Kieft — para rebater cruzamentos, já que os outros jogadores se destacavam pelo jogo com a bola no chão.

Dois anos depois, em 1988, a Holanda foi campeã europeia na nova realidade do futebol — o jogo que privilegiava a função em detrimento da posição —, novamente sob o comando de Rinus Michels. O importante não é verificar se Cruyff estava certo ou errado, mas observar as conversas realizadas no país. A discussão pressionou Rinus Michels, obrigando-o a rever conceitos, e provou que a Holanda só voltaria à elite se desenvolvesse um trabalho sério e contínuo. No final das contas, o debate foi promovido por quem tinha conhecimento prático e teórico para isso. Jamais houve uma iniciativa parecida na história do futebol brasileiro.

# 19

# MUDANÇA À BRASILEIRA

★

Enquanto o Milan de Arrigo Sacchi transformava o mundo do futebol, os clubes brasileiros ainda tentavam se adaptar à segunda revolução. A mudança do jogo nos anos 1970 deixou os times brasileiros tortos. A escolha do falso ponta como alternativa tática não formava um triângulo no meio de campo, nem um losango, nem um quadrado, e, por mais que a busca por uma figura geométrica não fosse obrigatória, o fato é que as equipes atacavam apenas por um dos lados. Não eram simétricas, não havia coerência.

O Brasil das Copas de 1982 e 1986 foi um símbolo dessa falta de simetria, embora a seleção de 1986 já apresentasse um quadrado no meio de campo. O que começou a resolver o problema, em meados dos anos 1980, foi o surgimento dos atacantes de velocidade. Se esse tipo de jogador sempre existiu, não se via o homem que ocupava a ponta e vinha pelo meio, que se deslocava pelos dois lados do ataque, entrava em diagonal e fazia gols. Para usar um termo clássico, resgatado por Zagallo na Copa de 1994 (*ver mais detalhes no capítulo seguinte*), era um ponta de lança que percorria todo o ataque. Müller, no São Paulo de 1985, e Romário, no Vasco, são bons exemplos da posição.

No final da carreira, Romário ficou conhecido como o rei da grande área. No início, foi muito mais do que isso. Jogava a partir da ponta esquerda com a camisa 11, pois o centro do ataque era território de Roberto Dinamite. Gerações mais jovens perguntam se Roberto era centroavante ou meia-armador, já que sempre vestiu a 10. Era centroavante. Aos trinta anos, estava em plena forma e foi o artilheiro do Brasileirão de 1984.

Romário entrou na equipe em 1985. Não poderia se tornar centroavante, até porque seu perfil era de segundo atacante. Um ponta de lança. Na arrumação daquele time, sobretudo quando o Vasco subiu de produção no ano seguinte, Romário foi escalado na esquerda para entrar em diagonal em direção ao gol. Do lado oposto, Mauricinho era um ponta-direita nato. Ia à linha de fundo em busca do cruzamento.

No São Paulo de 1985, ocorria o inverso. Sidney, ponta-esquerda, ia à linha de fundo para cruzar. Embora fosse destro, conseguia os cruzamentos pela esquerda. Já Müller vinha atuando como meia-direita nas divisões de base do Morumbi. Cilinho preferiu escalá-lo como um homem pelo lado, para que entrasse em diagonal rumo ao gol. Explorava o que Müller tinha de melhor: a rapidez para ganhar do zagueiro e finalizar. Funcionou.

Tanto no Vasco quanto no São Paulo, nasceram jogadores que não eram nem pontas, nem meias. Ao escalarem esse novo atacante, os dois clubes passaram a empregar um 4-3-3 que já não era marcado pelos tradicionais dois pontas, não em seu sentido clássico. A partir de então, outros times brasileiros seguiram o exemplo e começaram a jogar com um segundo atacante.

Renato Gaúcho, por exemplo, nasceu no Grêmio como ponta-direita clássico. Estreou na seleção em 1983 sob o comando de Carlos Alberto Parreira. Ia à linha de fundo, driblava e recuava para driblar mais uma vez. Não era Garrincha, mas abusava do drible de maneira exagerada. Quando se transferiu para o Flamengo, em 1986, começou a mudar. Já não se excedia no drible, embora ainda fosse um ponta-direita típico. No ano seguinte, sua transformação se fez completa. Em vez de se restringir ao lado direito do campo, espalhava-se pelo ataque como um dínamo. Pela direita, pela esquerda, pelo centro do ataque.

O camisa 11 do Flamengo, Zinho, que nasceu ponta-esquerda nas divisões de base da Gávea, fechava o meio de campo para deixar dois homens livres à frente: Renato e Bebeto. A movimentação e os deslocamentos eram a base de uma equipe incontrolável na reta de chegada da Copa União, o Campeonato Brasileiro de 1987. A novidade era o comportamento do segundo atacante, semelhante ao de Romário no Vasco, campeão carioca daquele ano e bi na temporada seguinte, e ao de Müller no São Paulo, cada dia mais centralizado com a ausência de Careca, negociado com o Napoli em março de 1987.

"Jogar pelo meio, com liberdade, foi a melhor coisa que aconteceu para mim e para o futebol brasileiro", diz Renato Gaúcho. A mudança definitiva se deu quando Antônio Lopes foi demitido da Gávea, após a primeira rodada da Copa União de 1987. O volante Carlinhos, ídolo dos anos 1960 conhecido como Violino, assumiu interinamente pela terceira vez. Foi ficando, ficando... E transformando o jeito de jogar.

"Eu não era mais ponta-esquerda. Às vezes era segundo volante", relembra o meia Zinho. Quando subiu dos juniores em 1985, Zinho tinha cacoetes de ponta ofensivo: driblava e ia até a linha de fundo, fazendo cruzamentos e participando das jogadas de gols. Quando Carlinhos assumiu, o sistema mudou.

Não havia mais um ponta falso por um lado e um ponta de verdade por outro. Havia quatro jogadores de meio de campo e dois atacantes de movimentação. "Quando saíamos para jogar pela esquerda, eu escapava e virava quase um ponta. Abria o jogo pela esquerda, mas deixávamos Renato e Bebeto sempre soltos na frente. Quando o jogo começava do lado direito, o Aílton saía como se fosse ponta e eu fechava quase como um segundo volante", lembra Zinho.

Conforme o próprio Renato descreve, seus movimentos eram mais independentes: "Eu tinha até mais liberdade do que o Bebeto. Ele funcionava quase como centroavante, e eu podia cair pela esquerda, pelo meio, pela direita". Zico voltava pelo meio para marcar um volante e dava o tom criativo da equipe. Já o outro volante era acompanhado por um dos atacantes. Quando recuperava a bola, o Flamengo tinha Zico, Renato e Bebeto articulando todas as principais jogadas.

O ápice do atacante completo aconteceu na Copa União de 1987, sobretudo em dois jogos específicos. Contra o Palmeiras, em vitória por 2 a 0 no Maracanã, Renato partiu na meia direita do ataque e tentou o drible. A bola tocou na canela do zagueiro Nenê e voltou no joelho do atacante. Não daria para avançar no drible. Então, foi na base da força. Renato passou por três beques e bateu firme para o gol.

O outro jogo-exemplo é épico: Flamengo contra Atlético no Mineirão pela fase final do campeonato. O técnico do Galo era Telê Santana, que um ano antes havia cortado Renato Gaúcho da Copa do Mundo. Tinha gosto de vingança pessoal, mas era muito mais do que isso. Se houvesse eleição de melhor do planeta naquele ano, Renato poderia perder para Maradona — e só. A partida estava 2 a 2 quando Renato recebeu uma bola na faixa central, recuperada após passe errado do zagueiro atleticano Batista. O atacante estava na meia esquerda, bem longe da linha lateral. Arrancou. Luizinho, quarto-zagueiro da seleção de 1982

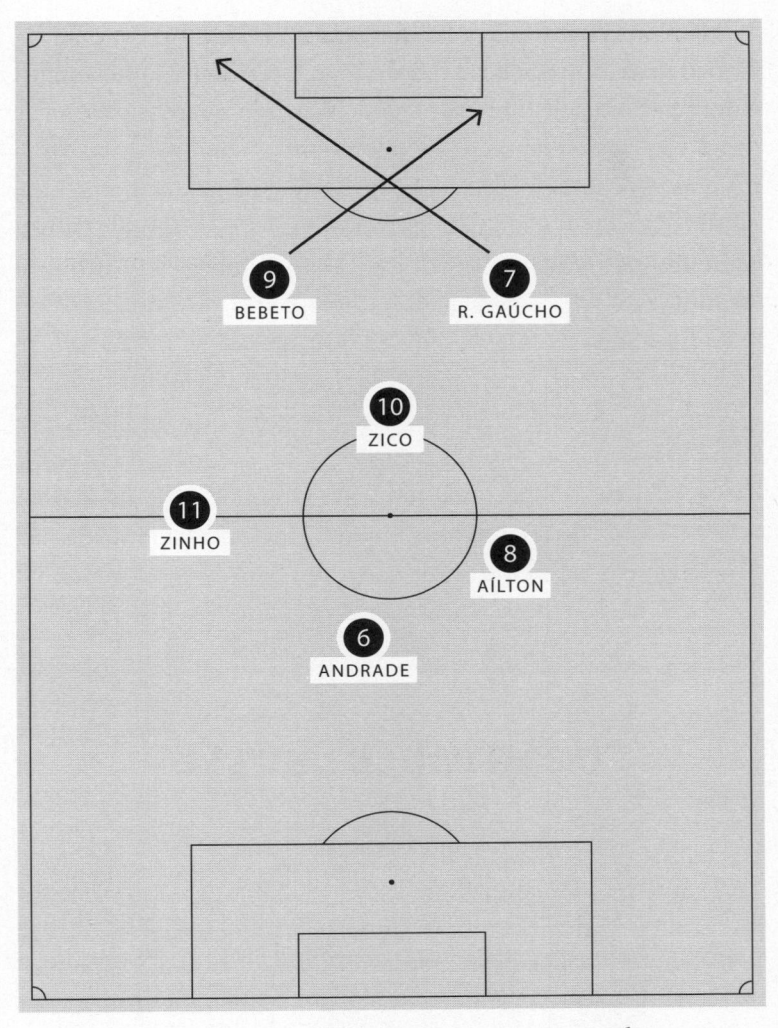

*Losango no meio de campo e dois atacantes se movimentando no ataque. É o Flamengo de 1987.*

e titular de Telê no Atlético, partiu atrás e tentou pará-lo com falta. Não conseguiu. Renato era imparável. Passou também pelo goleiro João Leite e finalizou para o gol vazio.

Com o placar de 3 a 2, o Flamengo foi à final da Copa União. O jogo tem um simbolismo especial porque, durante toda a campanha do Brasileiro, pensava-se no Atlético como o time mais forte. Embora o elenco não fosse tão brilhante, Telê o transformara na equipe mais espetacular do campeonato: João Leite, Chiquinho, Batista, Luizinho e Paulo Roberto Prestes; Éder Lopes, Marquinhos e Vânder Luís; Sérgio Araújo, Renato Pé-Murcho e Marquinho Carioca. Parece inacreditável, mas, quando chegaram às semifinais, esse Atlético dava a impressão de ser mais forte do que o Flamengo de Zé Carlos, Jorginho, Leandro, Edinho e Leonardo; Andrade, Aílton e Zico; Renato Gaúcho, Bebeto e Zinho. Nove desses jogadores participaram de Copas do Mundo.

O Atlético de Telê ainda tinha um ponta pela direita, Sérgio Araújo, e um falso ponta pela esquerda, Marquinho Carioca. O Flamengo era diferente. Atuava em um 4-4-2 com losango no meio de campo e dois atacantes na frente. Estava começando a nascer um jeito novo de jogar. E era brasileiro.

## O SÃO PAULO DE TELÊ

O esquema com dois atacantes de movimentação e um quadrado ou losango no meio de campo não virou regra depois do Flamengo de Zico, Renato e Bebeto. No entanto, foi se espalhando aos poucos. O Vasco campeão brasileiro de 1989 tinha Sorato e, a seu lado, Bebeto — então cruz-maltino após uma das transferências mais espantosas do futebol da época. O próprio jogador já relembrou a mudança de clube algumas vezes, como em uma entrevista para *O Globo*:

> Pelo amor de Deus, rapaz, eu nunca quis sair do Flamengo. Nem eu, nem a Dêni [sua esposa]. Hoje, eu posso falar, já parei de jogar.

Quando o José Moraes [seu empresário] me falou da proposta, eu não sabia o clube. Achei que era para fora. Os números eram de qualquer time de ponta da Europa. Não tenho mágoa do Gilberto Cardoso Filho, que era o presidente do Flamengo. Mas ele não acreditou que havia a proposta, disse que não me daria nem um centavo a mais. O que eu escutei ali nunca imaginei escutar na minha vida: "É isso aí, se quiser pegar, pega. Ninguém vai pagar isso por um jogador como você, não". As pessoas passam, o Flamengo é eterno. Um dia, eu fui ao Flamengo com a Dêni. Não queria sair. Fui dizer que, se tinham me oferecido 600 mil dólares por ano, eu ficaria por 200 mil dólares, que eu não estava inventando proposta. O George Helal [dirigente do Flamengo] disse que, por ele, me daria tudo. Ele tentou de tudo. Aí eu fui para a seleção, aquela pressão enorme por ser o Vasco. Liguei para a Dêni e disse: "Filha, vamos ficar no Flamengo, fico pela mesma coisa, prefiro não ganhar nada". Ela também não aguentava mais. Era gente ligando, ameaças. Acontece que, quando eu fiz meu contrato anterior com o Flamengo, o clube me deu dez promissórias. Nenhuma tinha fundo. Fiquei com dívida de todo canto. E o José Moraes quitou tudo, me ajudou demais. Eu liguei para ele e disse que não ia me transferir, e ele falou: "Agora eu já dei minha palavra. Se você voltar atrás, estou fora e você segue sua vida". Não tive como não ir. Foram dias aterrorizantes na minha vida.

No Vasco, Sorato e Bebeto movimentavam-se na frente apoiados pelos meias Zé do Carmo, Boiadeiro, William e Bismarck. Por outro lado, o 4-3-3 com um ponta voltando para compor o meio de campo ainda resistia em alguns times, como no São Paulo campeão brasileiro de 1991, dirigido por Telê Santana. Mas o panorama mudou no clube paulista ainda no início dos anos 1990: depois de conquistar a Libertadores em 1992 e ver a queda de produção do ponta Elivélton, o São Paulo também aderiu aos dois atacantes móveis na frente.

Elivélton era um ponta parecido com Telê e Zagallo em início de carreira: ia à linha de fundo, porém, com o passar do tempo, foi voltando para fechar o meio de campo. Em seu retorno à seleção brasileira, em 1991, Carlos Alberto Parreira se encantou pelo seu estilo de jogo. A estreia de Elivélton na seleção aconteceu em amistoso contra a Iugoslávia, em outubro do mesmo ano. Quarenta e nove dias depois, em dezembro, Elivélton fez seu primeiro gol. Vitória por 2 a 1 sobre a Tchecoslováquia. Dominou a bola na ponta esquerda e partiu em diagonal, passando por três defensores tchecos e finalizando com precisão.

"Ele já tinha sido brilhante na estreia, e agora foi incrível", declarou Parreira logo após sua segunda vitória. Quando perguntaram a Zagallo, coordenador técnico de Parreira, sobre a camisa 11 da seleção, a resposta foi clara: "Essa já é dele", disse, empolgado. A pergunta se deveu ao fato de que o ponta-esquerda do bicampeonato tinha uma posição e um estilo semelhantes em campo. Contudo, o próprio Zagallo nunca vestiu a camisa 11 em Copas do Mundo. Em 1958, era o 7. Em 1962, o 21.

Com Elivélton, o time voltava a um 4-3-3 misturado, quase 4-4-2, pois o ponta abria pelo lado e recuava para o meio. A questão era tática, mas também física. Para ter um jogador capaz de atacar e defender ao mesmo tempo, é preciso preparo atlético. Aos vinte anos, Elivélton cumpria bem esse papel. Com o passar dos meses, talvez pelo deslumbramento de ter se tornado rapidamente uma estrela, caiu de produção. Quando o São Paulo chegou à final da Libertadores de 1992, ele já não era o ponta-esquerda capaz de ser o mini-Zagallo de 1958. No segundo semestre, depois de conquistar a vaga na decisão do Mundial de Clubes, Elivélton saiu do time titular.

O Brasileirão daquele ano foi disputado no primeiro semestre e, no segundo, Telê começou a mexer na equipe. O lateral-direito Vítor ganhou espaço pela mesma razão pela qual Elivélton explodiu: vigor físico. Mas Vítor teria de jogar na vaga de Cafu, que era o titular absoluto e havia estreado na seleção antes mesmo de Elivélton, em 1990, quando Paulo Roberto Falcão estava no comando. Cafu era um polivalente. Começou como volante, jogou como meia, tornou-se lateral-direito. Telê o transformou em atacante.

O São Paulo passou a jogar com um quadrado no meio de campo: Pintado e Toninho Cerezo — que estreou em outubro, dois meses antes do Mundial — junto aos meias Raí e Palhinha. À frente, Müller e Cafu eram os dois atacantes de movimentação. Não havia centroavante.

Müller carregava pela esquerda, aproveitando sua incrível capacidade de cruzar e deixar companheiros na cara do gol. Do lado oposto, Cafu atuava como se fosse um ponta-direita, porém não no sentido puro do termo: usava a força e a velocidade para se infiltrar em direção ao gol e servia como apoio para a subida de Vítor, o novo lateral. Vítor tocava a bola para Cafu e o ultrapassava. A movimentação fazia lembrar as palavras de Cláudio Coutinho em 1978 sobre o *overlapping*.

Só que Cafu tinha refinamento. Em dezembro de 1992, o São Paulo realizou apenas três partidas. No dia 5, venceu o Palmeiras por 4 a 2 pelo primeiro jogo da final do Campeonato Paulista. Cafu jogou como atacante e só não fez chover. Raí marcou três vezes, mas Cafu foi eleito unanimemente o melhor jogador em campo por tudo o que fez. A começar pelo primeiro gol do time: a zaga do Palmeiras tirou e, na meia direita, Cafu disparou um sem-pulo no ângulo do goleiro César. Pouco depois, seu peixinho resultou no segundo gol: Ronaldo Luís cruzou, Cafu evitou a saída da bola pela linha de fundo e deixou Raí com o gol vazio à sua frente. No terceiro gol, fez o cruzamento como ponta e Raí finalizou após falha do zagueiro Toninho. No quarto, sofreu o pênalti convertido por Raí.

O volante Pintado também foi importante na decisão, jogando como se fosse um armador de basquete. Criticado por não ter bom passe, por não passar de um bom marcador, Telê Santana trabalhou sua característica ofensiva e fez dele o homem que controlava as ações à frente da defesa. Com 2 a 2 no placar, Pintado recebeu a bola perto do grande círculo, no campo de ataque, e abriu o jogo para o lado direito. Sem espaço, o lateral Vítor recuou de novo para o camisa 5, que abriu a bola para Ronaldo Luís no lado esquerdo. Mais uma vez, a falta de espaço fez a bola voltar para Pintado. O movimento se repetiu três vezes, até que Cafu se infiltrou no espaço vazio, entre o lateral-esquerdo Dida e o quarto-zagueiro Edinho Baiano, do Palmeiras.

No século XXI, esse tipo de ação começou a ser chamada de "atacar o espaço". Em outras palavras, correspondia a invadir o espaço livre para receber o passe à frente, em condições de criar uma chance de gol. No lance que levou ao terceiro do São Paulo, Cafu recebeu atrás dos zagueiros e obrigou o goleiro César a sair em desespero. O passe para o meio da área alcançou o zagueiro Toninho, mas ele se distraiu. Atrás dele, Raí apareceu para tocar de cabeça. O São Paulo venceu o jogo e largou em vantagem na final.

No mesmo sábado da vitória, o time paulista viajou ao Japão para enfrentar o Barcelona, num duelo marcado para o dia 13. Ganhou por 2 a 1, com dois gols de Raí, e se sagrou campeão mundial de clubes. Já de volta ao Brasil, disputou sua terceira e última partida de dezembro. Enfrentou novamente o Palmeiras pelo segundo jogo da decisão do estadual, vencendo por 2 a 1 e se tornando bicampeão paulista.

O São Paulo não era um time de posse de bola, nem de contra-ataque. Não era uma equipe reativa, nem construtiva. Era uma equipe. Entendia quando o momento pedia troca de passes, assim como entendia quando era hora de avançar com rapidez e destruir a defesa adversária num lançamento para Cafu e Müller, os velocistas.

O novo desenho com quatro homens no meio de campo ajudou o Brasil a superar a crise provocada pelas transformações no futebol mundial. O São Paulo de 1992 foi um dos clubes que começou a empregar um 4-4-2 com dois atacantes de movimentação, embora Cafu fosse um avante disfarçado. Mas foi Zagallo quem definiu, em 1994, como funcionava o sistema dos times brasileiros dos anos 1990.

# 20

# O BRASIL DE 1994 E OS DOIS PONTAS DE LANÇA

★

"Não gosto de falar em nomes, mas os dois pontas de lança, Bebeto e Romário, foram fundamentais." Assim Mário Jorge Lobo Zagallo respondeu à pergunta sobre os jogadores mais importantes na caminhada rumo à final da Copa de 1994. A entrevista feita por Mário Magalhães foi publicada no Caderno Copa 94, da *Folha de S.Paulo*, na manhã da decisão no estádio americano Rose Bowl.

Na mesma conversa, Zagallo disse uma frase que só ficaria famosa ao ser repetida em outra entrevista, três anos mais tarde: "Vão ter que me engolir". Em 1997, as palavras foram proferidas logo depois da conquista da Copa América na Bolívia. Em 1994, às vésperas da finalíssima, o contexto era bem diferente. Ao repórter Mário Magalhães, Zagallo respondia por que passou os dias anteriores à semifinal desabafando. "Porque sou o primeiro cara do mundo a ficar entre os quatro primeiros em cinco Copas. Se ninguém faz, eu faço a minha propaganda. É um recorde, é inédito. Vão ter que me engolir."

Alguns dias antes, após as oitavas de final contra os Estados Unidos, em 4 de julho, Zagallo já havia erguido três dedos e gritado diante das câmeras: "Só faltam três! Só faltam três jogos! E nós vamos ser tetra!". Fosse sua fala uma mostra de convicção, como declarou a Mário Magalhães, ou verborragia, o fato é que Zagallo tratava a questão tática de maneira diferente da maioria. Embora se encontre em dicionários a expressão "ponta de lança" como sinônimo de centroavante, os verbetes mais antigos indicam a expressão ligada ao número 8 ou ao número 10.

Na Copa de 1950, Ademir de Menezes jogou como centroavante, porém no Vasco era o 10. Não o meia-armador, mas o atacante que ocupava espaços e se infiltrava, muitas vezes vindo de trás. Ponta de lança era o meia mais próximo do centroavante, podendo ser tanto o meia-direita quanto o meia-esquerda. Pelé, Zico, Leivinha e Enéas são alguns representantes da posição.

Bebeto foi camisa 9 no Flamengo e Romário jogava pelo lado esquerdo do campo, entrando em diagonal. Por essa lógica, Bebeto seria o centroavante e Romário, o ponta de lança. Só que Romário tinha virado centroavante no PSV Eindhoven, da Holanda, onde vestia a camisa 9. Atuara na mesma posição no Barcelona, seu clube na época do Mundial, embora vestisse a 10. Por também usar a 10 no início, Bebeto nasceu apontado como provável sucessor de Zico. Era meia ofensivo de origem, ou seja, um ponta de lança.

Com essa expressão, Zagallo definia o desenho do futebol brasileiro nos sete anos anteriores à Copa: a nova cultura dos dois atacantes, considerada uma inovação apenas por estar presente no 4-4-2, e não no 4-2-4. Históricas duplas como Pelé/ Coutinho, Ademir/ Zizinho e Sócrates/ Palhinha continuam

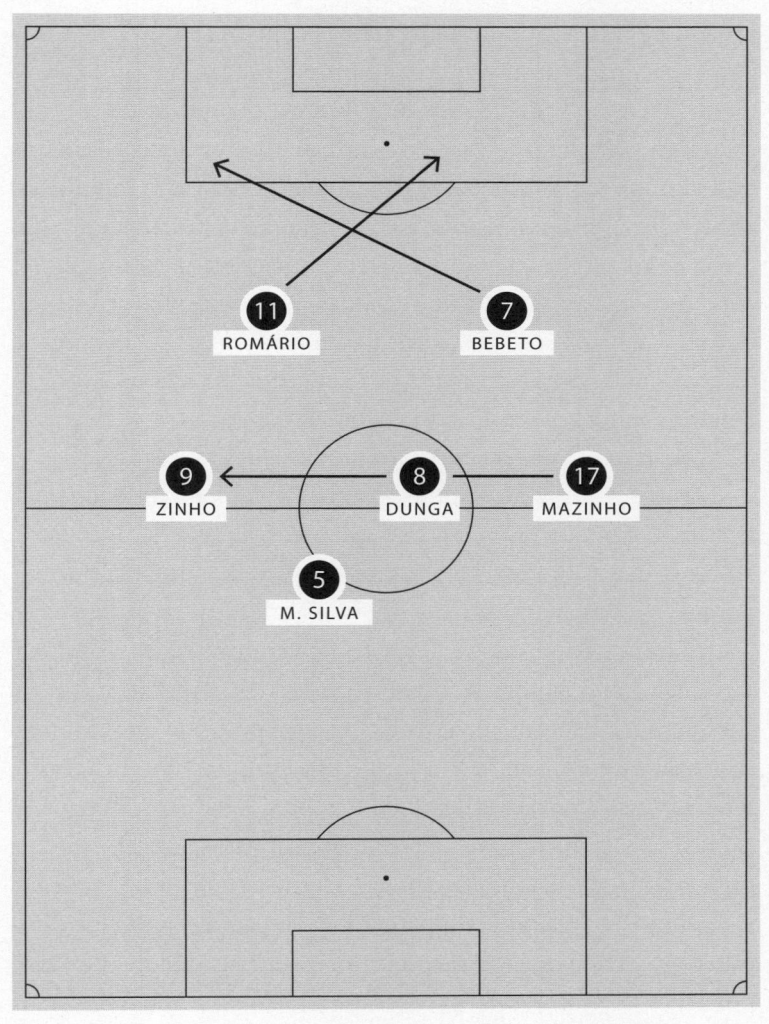

*Dunga faz a cobertura e dois atacantes se movem na frente: Bebeto e Romário.*

dois atacantes que trocavam de posição e se infiltravam na defesa adversária, mas o esquema era diferente. Embora Pelé e Coutinho fossem dois avantes enfiados, tinham a companhia de

Dorval pela direita e de Pepe pela esquerda. Na verdade, não pareciam formar uma dupla, e sim um quarteto.

Na seleção de 1994, assim como no Flamengo de Bebeto e Renato Gaúcho, no Vasco de Sorato e Bebeto, no Palmeiras de Edmundo e Evair, havia dois atacantes de movimentação constante. Ninguém guardava lugar fixo, ambos se mexiam sem parar pelos lados do ataque. Romário não era o rei da grande área, embora fosse infalível — ou quase — quando ficava frente a frente com o goleiro. Quase porque, contra a Itália, a bola sobrou na pequena área e Romário tocou para fora, no segundo pau. O goleiro Pagliuca já estava totalmente vencido.

Afinal, quem era o centroavante da seleção? Os dois.

Dentro do que se entende como jeito brasileiro de jogar, Bebeto e Romário reviveram duplas históricas. Na década de 1970, o Corinthians teve Sócrates e Palhinha, que proporcionaram jogadas memoráveis. Sócrates era o meia, Palhinha, o centroavante. Ainda assim, Sócrates vestia a camisa 9 e Palhinha, a 10. Em 1978, contra o Santos, na final do primeiro turno do Campeonato Paulista, uma troca de passes permitiu que Palhinha saísse na cara do goleiro Vítor, que precisou derrubá-lo. Contra o Palmeiras, Sócrates e Palhinha mataram a defesa adversária e garantiram a vitória por 3 a 0. Na época, não se falava em dois pontas de lança, mas em tabelinhas. Como as de Pelé e Coutinho.

Bebeto e Romário eram parecidos. Trocavam passes em direção ao gol. Foi o que fizeram na vitória sobre os Estados Unidos por 1 a 0, quando Romário desempenhou o papel de meia e carregou três jogadores em zigue-zague antes de tocar para Bebeto. A finalização em diagonal venceu o goleiro Tony Meola. Bebeto saiu pelo lado esquerdo do campo para comemorar, abraçou Romário e disse uma frase descoberta pela leitura labial das emissoras brasileiras de TV: "Eu te amo, Romário!". Era o amor da dupla, dos dois pontas de lança.

Cinco dias depois, em 9 de julho, a seleção enfrentou a Holanda pelas quartas de final. No primeiro gol, um cruzamento de Bebeto alcançou Romário com os dois pés fora do chão, pronto para finalizar com o pé direito, longe da grama. No segundo gol, um lançamento de Aldair apanhou Romário voltando da posição de impedimento. O atacante se fingiu de morto, como se a jogada não lhe interessasse, enquanto Bebeto ultrapassava os defensores e se via frente a frente com o goleiro. O Brasil venceu por 3 a 2, o que fez Zagallo dizer mais uma vez: "Só faltam dois! Só faltam dois jogos! E nós vamos ser tetra!".

Essa seleção trabalhava a posse de bola. Quando o Brasil desembarcou nos Estados Unidos, convivia com críticas pelo estilo de jogo e pela campanha nas eliminatórias de 1993. A primeira derrota da seleção em eliminatórias aconteceu em La Paz, contra a Bolívia: 2 a 0. Discutia-se a possibilidade de o Brasil não ir à Copa do Mundo pela primeira vez na história. Romário havia sido afastado do grupo em dezembro de 1992, após declarar que não tinha viajado de tão longe, desde a Holanda, para ficar no banco de reservas durante um amistoso contra a Alemanha. Desapareceu das convocações futuras até Müller se machucar, depois da partida contra a Venezuela em Belo Horizonte.

O Brasil estava na etapa de qualificação. Com a ausência do atacante titular, Romário voltou a ser convocado. A seleção jogaria pelo empate contra o Uruguai, porém uma derrota para a Celeste eliminaria o Brasil. Ganhou por 2 a 0 com show de Romário, atuando ao lado de Bebeto. Estava consagrada a dupla, que já havia conquistado a Copa América de 1989. Podemos chamá-los de diversas formas. Dois pontas de lança, como Zagallo preferia. Ou dois atacantes, como se convencionou dizer nos anos seguintes.

## AS NOVAS DEFINIÇÕES

Com o tempo, os dois atacantes foram ganhando definições diferentes. Em São Paulo, o ponta de lança passou a ser chamado de meia-atacante, como se houvesse um meia-defensivo e outro ofensivo. Esse meia-atacante vestia a camisa 8 ou 10. No glossário das definições do passado, havia o meia-armador e o ponta de lança, que também alternavam as camisas 8 e 10. Uma legião de grandes jogadores nesse período da última década do século XX dividia-se de tal maneira. Edílson, no Palmeiras de 1994, era o meia mais avançado, atrás dos dois pontas de lança (definição de Zagallo), e vestia a 10. No Corinthians de 1998, por outro lado, jogava de segundo atacante. Também com a 10.

Há confusão entre os termos. O meia-armador sempre atuou na articulação das jogadas. Conduzia, lançava, cadenciava o jogo quando necessário. Exemplos são Gérson e Ademir da Guia. Apesar de usar a 8 ou a 10 dependendo do time, o ponta de lança era mais ofensivo, como Zico, Pelé e Leivinha. Voltava ao meio de campo, mas com o objetivo de se infiltrar em direção ao gol após a retomada de bola. Nos anos 1990, o meia mais ofensivo começou a ser chamado de meia-atacante, nome que não parece correto. Se é metade atacante, o certo seria chamá-lo de "meio atacante". Mas ele é meia-direita ou meia-esquerda — que se diga, então, que é meia. Contudo, "meia-atacante" serviu para definir jogadores como Marcelinho Carioca e Edílson, que vestiam as camisas 8 ou 10, porém se comportavam como segundos atacantes. Marcelinho compunha mais o meio de campo com a 7, no Corinthians.

À medida que o futebol mudava, desaparecia o meia-armador, confundido muitas vezes com o número 10. A camisa sagrada pertenceu ora a jogadores como Pelé, atacantes que partiam desde o meio-campo, ora a armadores cerebrais como Gérson, caracterizados por lançamentos perfeitos e poucas infiltrações na grande área. Ao contrário do que se diz, não havia cinco camisas 10 na seleção de 1970, pois Tostão, um ponta de lança, não carregou o número no Cruzeiro ou no Brasil. Acabou recebendo a camisa no Vasco. "É, no Vasco eu fui 10!" A simplicidade de Tostão é sua marca. Até mesmo na hora de lembrar que vestiu o manto mais sagrado do futebol brasileiro após deixar o Cruzeiro.

Depois de Bebeto e Romário, a seleção passou por duplas diferentes no ataque. Romário disputou a decisão da Copa do Mundo nos Estados Unidos, em 17 de julho de 1994, e então só retornou em 1997. Túlio tornou-se a sensação do futebol brasileiro entre os mortais. Formou dupla de ataque com Edmundo durante a Copa América de 1995, ganhando a posição de Sávio durante o torneio.

O Brasil voltava a um contexto em que um atacante se movimentava e o outro se fixava na área. Túlio era um finalizador. Romário, um atacante por todos os lados. Edmundo tinha mais a característica do segundo homem de frente, assim como Bebeto. Caía pelos dois lados, abria espaços e entrava em diagonal para fazer o gol. Começou no Vasco fazendo dupla de frente justamente com Bebeto. Vestia a camisa 9 vascaína. Nunca foi centroavante.

O terreno estava montado para Ronaldo ser o substituto no ataque. Poderia entrar no lugar de Romário ou Bebeto, quem sabe até ser lançado na vaga de um meia e se tornar um terceiro homem de frente. Reserva da seleção na Copa de 1994, Ronaldo trocou o Cruzeiro pelo PSV Eindhoven por US$ 6 milhões, numa transferência que se concretizou logo após o Mundial. Em 1996, quando tinha dezenove anos, disputou as Olimpíadas de Atlanta. Era reserva de Sávio.

Nem a seleção olímpica dirigida por Zagallo, nem o time inicial da Copa América apresentavam um centroavante. Na estreia do torneio sul-americano no Uruguai, em 1995, o ataque era formado por Sávio e Edmundo. Na estreia das Olimpíadas, trazia Sávio e Bebeto. O estilo de jogo do Brasil em 1998 era mais ofensivo do que em 1994, embora a movimentação da dupla de frente, Bebeto e Ronaldo, tenha se mostrado semelhante. Ainda assim, Ronaldo já era chamado de Fenômeno e parecia mais centroavante do que ponta de lança. Por trás dos dois, havia Rivaldo.

Durante anos, o brasileiro foi criticado por não ter uma posição exata. Não era ponta, não era meia, não era centroavante. Jogou em todos os setores na seleção, no Mogi Mirim, no Barcelona, no Palmeiras e no Corinthians. Com Mário Sérgio, chegou a ser o marcador de Casagrande num Flamengo x Corinthians, disputado em 1993 no Maracanã. "Eu disse a ele que precisava da estatura para ganhar os duelos de cabeça. Se marcasse o Casagrande, ganharíamos o duelo, porque o Casagrande não o marcaria no retorno", dizia Mário Sérgio.

Sempre se cobra polivalência no futebol brasileiro, exceto quando existe um jogador polivalente. Nesse caso, pergunta-se qual é a sua posição real. Rivaldo conviveu com esse questionamento incômodo em Barcelona e no Brasil. Por que jogava melhor no Barcelona do que na seleção? Era a pergunta que se fazia no Brasil. Por que jogava melhor na seleção do que no Barcelona? Era a pergunta que às vezes se fazia na Espanha. As temporadas no Barça eram tão espetaculares que a desconfiança só aparecia por lá quando se somavam resultados ruins, o que virou comum apenas no final de sua quarta temporada na Espanha, em 2000, ano em que o Deportivo La Coruña foi campeão espanhol. Enquanto isso, no Brasil, os resultados ruins aconteceram mais cedo, sobretudo com a derrota na final da Copa de 1998.

# 21

# O JOGO COPIADO

★

A maneira como o Brasil perdeu a Copa do Mundo para a França deixou o país escandalizado. Por 3 a 0 e sem esboçar qualquer reação. Era o placar mais elástico em uma decisão desde a conquista brasileira em 1970. Zagallo deixou o comando logo em seguida e foi substituído por Vanderlei Luxemburgo. De certa forma, a escolha representava a vitória do futebol de posse e rapidez dos anos 1990, coordenado pelo mais talentoso representante dessa escola de técnicos. Luxemburgo causava polêmica em relação à sua conduta, não a seu trabalho como treinador.

A seleção fechou a década de 1990 com mais um triunfo. Às finais consecutivas de Copas do Mundo, o Brasil somava três finais seguidas na Copa América. Vencera em 1997 e, já com Luxemburgo, conquistou novamente o troféu com uma vitória sobre o Uruguai: 3 a 0 na final de 1999, em Assunção. Dida,

Cafu, Antônio Carlos, João Carlos e Roberto Carlos; Émerson, Flávio Conceição, Zé Roberto e Rivaldo; Amoroso e Ronaldo. O time seguia com uma linha de quatro homens na defesa, marcação por zona, losango no meio de campo e dois pontas de lança.

Embora a derrota para a França tenha sido surpreendente, a crise da seleção brasileira viria um pouco depois, mais por questões políticas envolvendo Luxemburgo do que por problemas esportivos (*ver mais detalhes no próximo capítulo*). Havia jogadores talentosos, estilo próprio, capacidade de vencer os principais rivais. No início de sua gestão, Luxemburgo se atrapalhava um pouco por não entender a diferença entre clube e seleção. Se no clube podia trabalhar com treinos diários e descobrir a formação ideal, na seleção o mais correto era repetir as equipes. O treinador fazia diferente. A cada convocação, trazia fatos novos que viravam factoides. Parecia acreditar demais na frase "seleção é momento", um dos erros conceituais do futebol brasileiro.

Simultaneamente ao futebol da seleção, que vivia altos e baixos, os brasileiros se apresentavam na Europa como alguns dos jogadores mais bem-sucedidos do futebol mundial. No âmbito doméstico, era diferente. Em meados do século XX, treinadores estrangeiros chegavam ao Brasil trazendo métodos novos — fossem modernos, como Dori Kürschner, ou mais antiquados, como Fleitas Solich —, que se juntavam às práticas brasileiras e as transformavam. Por contraste, o início do século XXI viu muitos treinadores brasileiros trocarem a influência pela cópia, reproduzindo sistemas a que assistiam pela televisão e em viagens ao exterior.

A Roma de Fabio Capello foi o time mais bem-sucedido dos dois primeiros anos do século XXI. Campeã italiana após dezoito anos, o clube da capital jogava com três zagueiros, uma linha de quatro homens no meio, um meia na função de ponta de lança e dois atacantes que se movimentavam pelos dois lados do ataque: Antonioli, Aldair, Zebina e Antônio Carlos; Cafu, Tommasi, Cristiano Zanetti e Candela; Totti; Batistuta e Montella. Chegou ao título aproveitando as crises de Juventus, Internazionale e Milan, bem como o talento de seu técnico. Capello já havia vencido a Champions League de 1994 pelo Milan, onde também foi quatro vezes campeão nacional.

Dirigido por Celso Roth, o Palmeiras foi à semifinal da Libertadores de 2001 com um sistema tático idêntico ao da Roma. Celso Roth jogava com três zagueiros e uma linha de quatro homens, posicionando Alex à frente dos volantes e atrás dos dois atacantes. Até deu resultado. Um ano após a saída do principal patrocinador do Palmeiras, a Parmalat, o Palmeiras conseguiu seu melhor resultado. Apesar de não conquistar o título, fez campanha extraordinária.

No entanto, a cópia do sistema italiano era uma faca de dois gumes. Por um lado, indicava que os treinadores brasileiros prestavam atenção ao que acontecia no mundo. Por outro, significava que faziam uma cópia sem pensar necessariamente se seria a melhor maneira de adaptar o jogo ao estilo brasileiro. No caso do Palmeiras de 2001, funcionava pela característica dos laterais.

Muitos treinadores passaram a reproduzir sistemas com três zagueiros, trazendo um volante de característica defensiva para jogar como terceiro homem de marcação. Um volante mais pesado que voltava para marcar individualmente o segundo atacante adversário. Em vez de escalar alguém como Denílson, o Príncipe Zulu do Fluminense dos anos 1960, os técnicos já recuavam um volante para cumprir papéis defensivos. Às vezes, usavam um jogador com bom passe. O problema era quando não havia essa opção.

Em 2003, o técnico Geninho foi campeão paulista pelo Corinthians com o 3-4-1-2 de Capello. O volante Fabinho, com ótimo passe, desempenhava a função de terceiro zagueiro. A ideia era boa. Fabinho saía jogando com qualidade e se juntava a Vampeta e Jorge Wagner no meio de campo. O trabalho dava certo. Contudo, Vampeta se machucou e foi preciso avançar Fabinho. Cocito foi seu substituto. Em vez de um jogador com bom passe, o Corinthians passou a ter um cabeça de área voltado para a marcação pesada. Em nove de dez experiências no Brasil, o terceiro homem de defesa era um brucutu. Isso valeu por toda a década de 2000.

Anos depois, os treinadores brasileiros começaram a copiar outro tipo de jogo. O escolhido foi o Barcelona, caracterizado pela posse de bola e intensa troca de passes. Mas, no processo de imitação, encontraram um problema: os principais jogadores estavam na Europa.

# 22

# A COPA DA ÁSIA: GANHAR COMO EM 1994 OU PERDER COMO EM 1982

★

O futebol argentino apresenta, há meio século, uma disputa acirrada entre dois estilos. De um lado, estão os discípulos de César Luis Menotti, chamados de menottistas. De outro, os seguidores de Carlos Bilardo, os bilardistas. Os primeiros prezam o futebol bem jogado e ofensivo, que caracterizou a Argentina em seu primeiro título mundial, em 1978, sob o comando de Menotti. Já os últimos cultuam o resultado acima de tudo.

Quem mudou um pouco essa relação de amor e ódio foi Marcelo Bielsa. Embora tenha em seu currículo a eliminação precoce da Argentina em 2002, ainda na fase de grupos da Copa, e por mais que se autointitule menottista, Bielsa conseguiu criar uma mistura de estilos, ou, pelo menos, uma modernização do estilo de Menotti.

O equivalente brasileiro desse debate pode ser visto em uma

pergunta específica, repetida à exaustão por 35 anos: "Você prefere ganhar como em 1994 ou perder como em 1982?". A resposta óbvia e jamais vista é: ganhar como em 2002. Isso para não falar em 1970, que trouxe uma seleção fora do normal, apontada como a melhor de todos os tempos.

Mas o time de 2002 foi o único da história das Copas do Mundo a conquistar o título depois de sete vitórias, em sete jogos, com o melhor ataque da competição, sofrendo apenas quatro gols e com três vencedores do prêmio Fifa de melhor jogador do planeta: Ronaldo, Rivaldo e Ronaldinho Gaúcho.

O caminho para a Copa, contudo, não foi nada fácil. Durante as eliminatórias, o Brasil ocupou a quarta colocação e correu o risco de não se classificar. Com Ronaldo se recuperando de um período de dois anos lesionado, a seleção dirigida por Vanderlei Luxemburgo recorreu a Romário, teve Jardel como centroavante e escalou Élber no meio do ataque. Um dos melhores momentos da equipe foi no clássico contra a Argentina, no Morumbi, quando Luxemburgo deu a camisa 9 a Alex e adiantou Rivaldo para formar dupla de ataque com Ronaldinho Gaúcho.

Na prática, o time não tinha centroavante. Isso não era mais uma novidade, levando em conta toda a história do futebol brasileiro. Viam-se duplas ofensivas sem um tanque na frente desde Ademir de Menezes, mas a prática ficou especialmente comum na década de 1990. O Brasil deu um espetáculo de movimentação. Havia muitas trocas de posições no ataque, e Vampeta se infiltrou desde o campo de defesa para finalizar duas vezes no fundo da rede do goleiro Bonano.

Dois meses depois da vitória redentora, Luxemburgo comandou a seleção na Olimpíada de Sydney, outra vez sem centroavante fixo. Ronaldinho Gaúcho fez dupla de ataque com Geovanni, revelado pelo Cruzeiro e logo negociado com o Barcelona. Nas quartas de final contra Camarões, o Brasil teve o centroavante Lucas, do Atlético Paranaense, escalado no lugar de Geovanni. Perdeu por 2 a 1 na prorrogação.

O fracasso provocou a demissão de Luxemburgo e a contratação de Emerson Leão para um período relâmpago de seis meses. Por fim, Felipão chegou ao comando e estreou em 1º de julho de 2001, em jogo válido pelas eliminatórias, a exatos 364 dias da final da Copa. O Brasil perdeu do Uruguai por 1 a 0, com gol de pênalti de Magallanes. Depois viajou para a Copa América, escalou Guilherme como centroavante fixo e perdeu para Honduras nas quartas de final por 2 a 0.

Para Honduras! No dia seguinte, parecia que o mundo havia acabado. O momento lembrava a tensão vivida em 1993, quando o Brasil perdeu para a Bolívia nas eliminatórias da Copa.

Felipão, que chegara para resolver a crise, foi eliminado pelos hondurenhos na Copa América. Somou três vitórias e duas derrotas antes de disputar novamente as eliminatórias. Estava em quarto lugar, ameaçado de não ir à Copa do Mundo depois de perder para o Uruguai por 1 a 0. O receio era perder do Paraguai. O jogo foi levado para o estádio Olímpico, velha casa de Felipão, que, como treinador do Grêmio, havia vencido a Libertadores de 1995, a Copa do Brasil de 1994 e o Brasileirão de 1996.

Às vésperas da partida, um telefonema deste autor para o técnico do Paraguai, Sergio Markarián, tinha por objetivo julgar como o adversário enxergava a crise do futebol brasileiro. A resposta foi surpreendente e envolveu um retrato do país do futebol nos vinte anos anteriores:

> Crise? Que crise? Vocês falam em crise e não percebem o que têm nas mãos. Crise o futebol brasileiro viveu em meados dos anos 1970, quando houve a transformação do futebol e o Brasil não conseguia juntar jogadores de força aos jogadores de grande

técnica que marcaram seu passado. Essa crise foi solucionada no final dos anos 1980 e início da década de 1990, com o auxílio dos preparadores físicos. Vocês conseguiram formar o melhor tipo de jogador do mundo, o que reúne força, técnica e velocidade. Esse tipo de jogador brasileiro é imbatível no futebol atual.

Em síntese, Markarián acreditava que a crise se devia à falta de sequência de trabalho. O Brasil ainda tinha, mais do que qualquer outro país do planeta, jogadores suficientes para formar uma excelente equipe. Como em todos os momentos em que a seleção sofreu com maus resultados, o diagnóstico da crise sempre foi a ausência de craques. Markarián dizia o contrário. Os craques sobravam.

Na sétima partida de Felipão, o Brasil venceu o Paraguai por 2 a 0. Depois de passar sufoco, o técnico conseguiu fazer sua equipe ganhar posições até se classificar em terceiro lugar, atrás apenas do Equador e da Argentina. Com vaga assegurada na Copa do Mundo, houve paz para montar a equipe.

Felipão fez testes nos seis meses seguintes e descobriu que Kléberson, segundo volante no 3-5-2 do Atlético Paranaense, campeão brasileiro de 2001, funcionava na seleção. Descobriu que Gilberto Silva, volante de bom passe que jogava também como zagueiro e disputou partidas em 2001 numa linha de quatro com Levir Culpi, dava certo na seleção. Que Anderson Polga, líbero ou volante no Grêmio campeão da Copa do Brasil de 2001, também encaixava. Assim, o técnico formou uma equipe recheada de jogadores capazes de exercer duas funções, especialmente na defesa.

Se comparado ao time de Carlos Alberto Parreira em 1994 — quando o treinador repetia insistentemente que seu trabalho não era europeizado, já que envolvia quatro zagueiros em linha, marcação por zona e saída de bola pelo chão —, o time

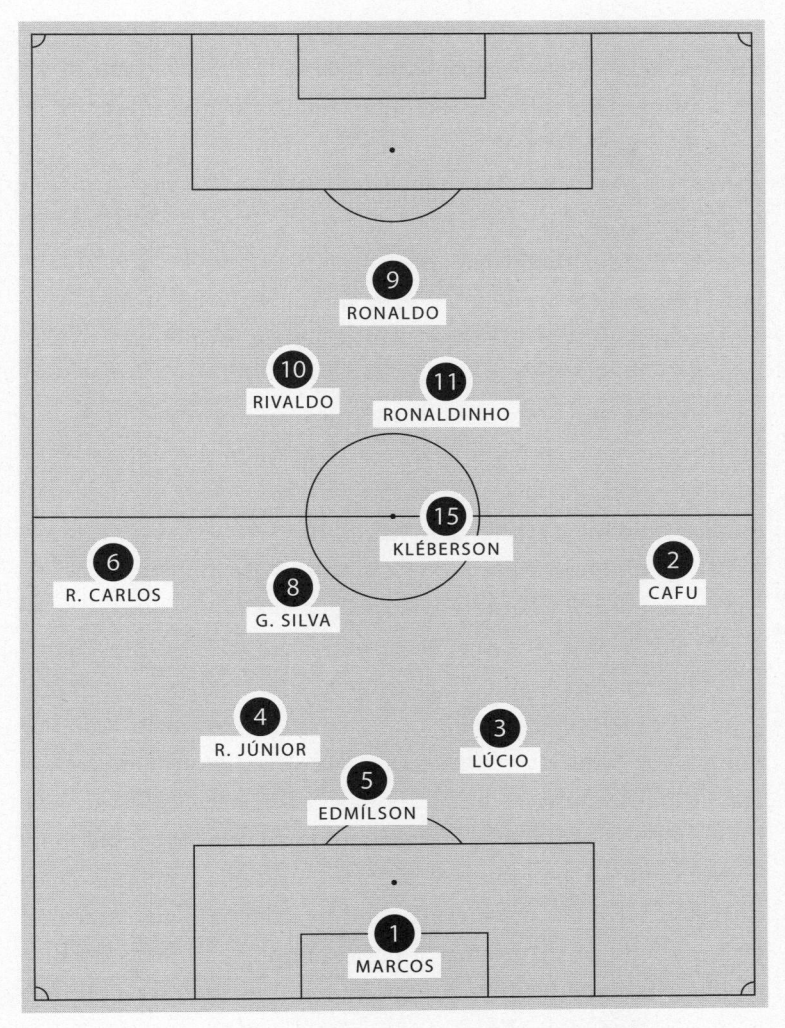

*O Brasil de 2002 tinha três zagueiros, mas Edmílson também se comportava como volante. Ganhou todas, como em 1970.*

de Felipão era muito mais duro. Muito mais gaúcho do que as equipes de Carlos Froner e Sérgio Moacir, de Ênio Andrade e Rubens Minelli.

Não havia rigor para a bola sair pelo chão. Os chutões e os lançamentos longos estavam autorizados. Felipão misturou estilos que vinham desde o final dos anos 1980, fazendo o Brasil jogar uma Copa do Mundo com três homens na defesa apenas pela segunda vez em sua história. O objetivo final era criar condições para que Cafu, Roberto Carlos, Rivaldo, Ronaldinho Gaúcho e Ronaldo brilhassem.

E brilharam.

Sem que tivesse uma equipe tipicamente brasileira, o treinador ofereceu tudo o que sempre se esperou de seleções do Brasil: gols e bom espetáculo. À qualidade individual, capaz de decidir partidas, Felipão agregou a capacidade de marcar a saída de bola adversária. Não pedia muito, só que os talentos cercassem e incomodassem o rival, impedindo que o primeiro passe saísse limpo. Foi assim que Ronaldo roubou a bola de Hamann na decisão do Mundial. Perdeu a bola, recuperou, entregou para a finalização de Rivaldo e apareceu para completar o rebote de Oliver Kahn.

Por muitos momentos, a seleção de 2002 não deu a segurança que a de 1994 proporcionava. Quando partiu para o Mundial, muita gente tinha certeza de que não venceria. Tampouco foi aplaudida durante a campanha. Não recebeu elogios quando tomou susto e ganhou da Turquia com pênalti inexistente, nem quando goleou a China por 4 a 0, ou quando venceu a Costa Rica por 5 a 2. Menos ainda quando sofreu para vencer a Bélgica por 2 a 0, com gol mal anulado do belga Marc Wilmots, e quando passou o primeiro tempo da semifinal contra a Turquia sem fazer um único gol.

Talvez pela qualidade desses adversários, nunca se atribuiu a 2002 o estilo sonhado no Brasil. A parte do país que prezava pelo jogo bonito poderia exaltar, ao menos, as sete vitórias, o melhor ataque e os triunfos contra a Inglaterra, nas quartas de final, e contra a Alemanha, na decisão.

O Brasil de Felipão passou por dois campeões mundiais para levantar a taça. Só a seleção de 1970 enfrentou um número maior — três. Em 1958, a equipe não derrotou nenhum campeão mundial, nem em 1962. Em 1994, encontrou apenas a Itália na decisão. O Brasil de 1982 também venceu a União Soviética, a Escócia, a Nova Zelândia e a Argentina em crise antes de perder para a Itália. Não é difícil responder à famosa pergunta: é sempre melhor ganhar com os três melhores jogadores da Copa do Mundo, com o melhor ataque e com o artilheiro do Mundial.

# 23

# O ESTRATEGISTA
## PARTE III
# LUXEMBURGO

★

Vanderlei Luxemburgo apareceu para o futebol brasileiro como lateral-esquerdo do Flamengo na conquista do Carioca de 1974.

Melhor dizendo, apareceu quando era assistente técnico de Antônio Lopes no Vasco campeão carioca de 1982.

Ou melhor ainda: surgiu como campeão capixaba de 1983 pelo Rio Branco.

Talvez você não saiba de nenhuma dessas informações, o que indica que na verdade, na verdade mesmo, Luxemburgo apareceu usando camisas sociais brancas e de seda no estádio Marcelo Stéfani, do Bragantino.

Seu primeiro grande momento ocorreu no Campeonato Paulista de 1989. Herdou do técnico Norberto Lopes o time campeão da Segunda Divisão paulista e levou-o até as semifinais do estadual. Na segunda fase, enfrentou o Palmeiras dirigido por

Emerson Leão, treinador de quem se esperava muito após uma fabulosa carreira como goleiro.

A realidade não correspondeu às expectativas. Ainda assim, Leão comandou um bom time que chegou invicto à segunda fase. Ganhou a Taça dos Invictos, promoção do jornal *A Gazeta Esportiva*, ao empatar uma partida por 1 a 1 em Bragança Paulista. Mas o jogo ficou famoso mesmo por uma briga que tomou conta das arquibancadas. No meio da confusão, a torcida do Palmeiras saltou para dentro do campo na tentativa de escapar da violência. Um torcedor da Mancha Verde mordeu um cachorro da Polícia Militar.

Voltemos a Vanderlei Luxemburgo. Seguindo a tendência dos dois pontas de lança, Luxemburgo escalava Mário com a camisa 9, porém forçava os pontas de lança Tiba e Mazinho a se infiltrarem pelos lados, enquanto seu centroavante voltava para buscar o jogo. Era um técnico diferente. Tão diferente que, na segunda fase, o Bragantino eliminou o Palmeiras com uma vitória por 3 a 0 em Bragança Paulista, encerrando uma sequência invicta de 23 jogos da equipe dirigida por Emerson Leão.

Tão diferente que, no ano seguinte, o Bragantino eliminou o Corinthians e chegou à decisão do Campeonato Paulista contra o Novorizontino. Era a primeira final entre dois clubes do interior do estado. Em dois jogos, o time de Luxemburgo foi extremamente superior, embora os resultados sugiram um confronto equilibrado. O Bragantino jogava por dois empates. Sofreu 1 a 0 em Novo Horizonte, gol de Édson Pezinho, aos 41 minutos do primeiro tempo. Conseguiu o empate com Gil Baiano, lateral-direito conhecido por fortes chutes de fora da área, aos 23 do segundo tempo.

Na partida de volta em Bragança Paulista, sofreu outro susto com o zagueiro Fernando, que marcou aos 21 do segundo tempo. Cinco minutos depois, uma bola lançada para a ponta direita permitiu a Tiba entrar em diagonal e finalizar com um chute cruzado. O gol valeu o título ao Bragantino dois anos depois de seu retorno à Primeira Divisão. O clube havia permanecido na Segundona de 1966 a 1989. Na história do futebol profissional de São Paulo, nunca houve um campeão com tão pouco tempo na elite.

Na ocasião, o técnico rival de Luxemburgo era Nelsinho Baptista, que trocaria o Novorizontino pelo Corinthians e seria campeão brasileiro em dezembro. Vanderlei continuaria em Bragança Paulista e chegaria às quartas de final do Brasileirão, sendo eliminado pelo Bahia. Nada mal.

Em janeiro de 1991, Luxemburgo desembarcou na Gávea para dirigir o Flamengo, seu clube de coração e formação. Chegou atirando. Dizia que os clubes do Rio de Janeiro estavam perdendo terreno de maneira assustadora e que os times de São Paulo se organizavam de forma muito mais contundente. Isso lhe valeu críticas, mas o treinador teria sobrevivido se os resultados em campo fossem melhores. Caiu nas quartas de final da Libertadores, foi nono colocado do Brasileirão e acabou demitido depois de um empate contra o Itaperuna, no interior do estado do Rio.

Em seguida, passou pelo comando do Guarani e da Ponte Preta, sempre levando sua equipe às fases finais do Campeonato Paulista. Enfim chegou ao Palmeiras, em parceria com a multinacional italiana Parmalat. Era o encontro do clube certo com o homem certo. Aquele que pretendia ser o time mais moderno do país, com o treinador que, naquele momento, tinha as melhores ideias.

Luxemburgo assumiu a equipe antes dirigida por Otacílio Gonçalves. Era um gaúcho da escola Ênio Andrade, por isso deixou um time que valorizava a troca de passes, buscava envolver as defesas adversárias e ainda era recheado de craques. Edílson,

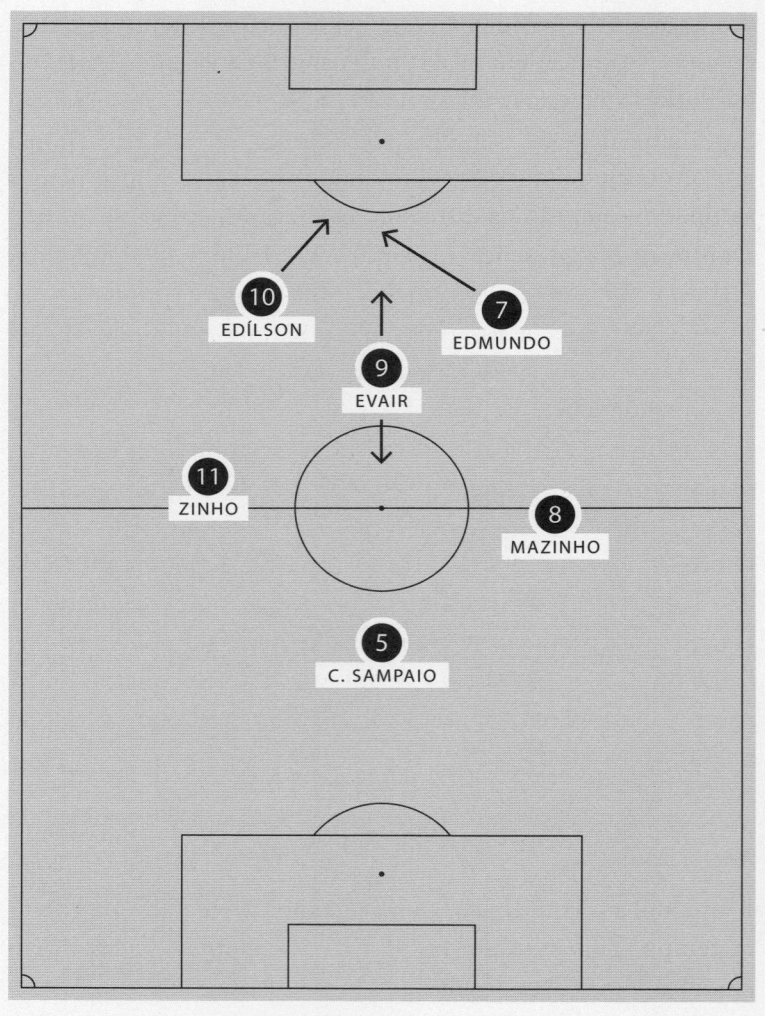

*O Palmeiras de 1993 tinha Evair quase meia, atrás de Edmundo e Edílson.*

Edmundo, Evair, Roberto Carlos, Antônio Carlos, César Sampaio, Mazinho... Em seu Palmeiras campeão brasileiro de 1993, Luxemburgo jogou sem centroavante fixo, recuando Evair em relação a Edmundo e Edílson. Evair atraía a marcação de um dos zagueiros e permitia a entrada em diagonal dos dois meias, como se fossem Ademir e Zizinho na Copa do Mundo de 1950, ou Puskás e Kocsis na Hungria de 1954.

Alguém dirá, ou melhor, já disse, que Vanderlei Luxemburgo só venceu quando teve craques à disposição. Injusto pensar assim. Foi campeão paulista em um Bragantino que ele mesmo montou, sem a presença de craques. Em 1998, também ganhou o Brasileirão com o Corinthians sem depender de grandes estrelas: Didi era o centroavante, Mirandinha formava dupla de ataque com Edílson, Índio fazia a lateral direita e o goleiro era Nei, em quem boa parte da torcida não confiava. Um dos times mais brilhantes de sua carreira, o Cruzeiro de Alex, campeão brasileiro de 2003, tinha Augusto Recife como segundo volante.

É fato que a carreira de Vanderlei Luxemburgo pós-2005 já não foi tão vitoriosa. Mas, antes disso, sua qualidade era indiscutível. "Foi o melhor treinador com quem trabalhei", diz o atacante Edmundo. É também a opinião de Cafu. E de Evair, de Rivaldo, de Alex, com quem trabalhou no Cruzeiro e no Palmeiras. E de inúmeros jogadores que Luxemburgo treinou na década de 1990.

Assim como Tim e Ênio Andrade, interferia decisivamente nos jogos.

Em 2003, pelo Cruzeiro, enfrentou o Coritiba no Mineirão e tomou 2 a 0 com apenas dezoito minutos. Aos 29 do primeiro tempo, Luxemburgo trocou o meio-campista Sandro pelo atacante Mota. Um minuto depois, o Cruzeiro marcou. No segundo tempo, Mota empatou a partida. A estratégia era simples. Como o Coritiba tinha três zagueiros, Luxemburgo escalou um trio ofensivo para matar a vantagem numérica do adversário. Funcionou.

Em 1994, num clássico Palmeiras × São Paulo em 1º de maio, dia da morte de Ayrton Senna, trocou o lateral Cláudio pelo atacante Maurílio. Foi chamado de burro pela torcida, que preferia a saída de Rincón. No primeiro toque na bola, Maurílio marcou o gol do empate palmeirense por 3 a 2.

O atacante Edílson se lembra de outro jogo no Mineirão, quando ainda atuava sob o comando de Luxemburgo no Palmeiras. Segundo conta, o treinador pediu que sua equipe só trocasse passes para cansar o adversário no gramado historicamente alto do estádio mineiro. "A gente tentava atacar e ele mandava parar. Dizia 'toca a bola'. Quando for para atacar, eu aviso." No segundo tempo, de acordo com o depoimento de Edílson, Vanderlei mandou avançar a partir dos vinte minutos. "Ganhamos a partida por 3 a 0. Foi incrível!"

Edílson garante que o jogo aconteceu contra o Cruzeiro, mas, enquanto esteve no Palmeiras, não há registro de disputa com essa marcha do placar nos anos 1990. Edílson diz que perdeu muito tempo quando Luxemburgo decidiu retirá-lo de sua posição de meio-campista, transformando-o em segundo atacante — na prática, em um ponta de lança que exercia as duas funções. Ao desempenhar o segundo papel, aproximava-se do gol. "Eu perdi vários anos da carreira, porque passei a disputar posição com atacantes como Romário, Amoroso, Bebeto, Denílson, quando pensava em seleção brasileira", comenta Edílson. "Mas hoje admito que fez bem para mim."

Luxemburgo enxergava as peculiaridades de cada jogo. Parava os treinos para corrigir posicionamento, fazendo mudanças que podiam parecer banais, mas não eram. Em vez de um jogador se posicionar um metro para a direita, o técnico explicava como e por que deveria se colocar um metro para a esquerda. Era onde a bola ia passar. "A diferença de Telê para Luxemburgo é que Luxemburgo diz onde eu tenho de ficar. Não aqui, mas ali", afirmou Cafu em 1996, apontando um centímetro para o lado de dentro do campo. Luxemburgo via o jogo. E também tinha sorte, como mostra a história de Maurílio e seu gol no primeiro toque na bola.

Seus times privilegiavam o melhor estilo brasileiro: jogavam com velocidade, mesclavam contra-ataques com posse de bola, infiltravam-se nas defesas adversárias de maneira insinuante. Pura escola do Brasil. De tão bom treinador, Luxemburgo chegou à seleção brasileira em 1998. Sucedeu Zagallo, que havia sido seu técnico no Flamengo em 1972 e a quem tratou como um grande mestre a partir de sua passagem pela CBF.

Fracassou na Olimpíada de Sydney em 2000, e por isso foi demitido. O fiasco veio na esteira de um escândalo extracampo, com denúncias nunca comprovadas de sua ex-amante Renata Alves. Falava-se em dívida com a Receita Federal. Vanderlei Luxemburgo até hoje se defende dizendo que nenhuma das acusações foi confirmada — na verdade, houve multa com o Imposto de Renda. Saiu da seleção e parecia acabado. Não estava.

Assumiu o Corinthians em 2001, quando o clube estava na zona de rebaixamento do Campeonato Paulista. Era a quarta rodada do torneio. Foi campeão. Também venceu o Brasileirão de 2003 pelo Cruzeiro e o de 2004 pelo Santos. Com isso, chegou a cinco troféus de títulos brasileiros, feito que só Luiz Alonso Peres, o Lula, alcançou na velha Taça Brasil com o Santos. O maior campeão brasileiro de todos os tempos como treinador logo surpreendeu o país ao ser convidado para comandar o Real Madrid.

Luxemburgo estreou em 5 de janeiro de 2005, na continuação de um jogo interrompido por uma ameaça de bomba contra a Real Sociedad, inicialmente marcado para 21 de dezembro. Estava empatado em 1 a 1 e tinha seis minutos para virar a partida. Virou. Permaneceu no clube durante todo o ano de 2005, o que correspondia ao segundo turno da temporada 2004/ 05 e ao primeiro turno de 2005/ 06. Caiu no dia 4 de dezembro após ganhar do Getafe por 1 a 0, jogando mal. Em seus onze meses de trabalho, somos 75 pontos. O Barcelona de Frank Rijkaard, campeão das duas edições do Campeonato Espanhol, fez 70 no mesmo período. Até aquele momento, nenhuma equipe tinha mais pontos do que o Real. Luxemburgo foi demitido duas semanas depois de levar 3 a 0 do Barcelona dentro do Santiago Bernabéu, com Ronaldinho aplaudido de pé pela torcida adversária.

Em seguida, retornou ao Brasil para assumir o Santos. Durante o Paulista de 2006, realizou uma partida especialmente marcante contra o Corinthians. Entrou com doze jogadores em campo e deixou atordoado seu treinador rival, o velho colega Antônio Lopes, de quem fora assistente no Vasco dos anos 1980 e que levara o Corinthians ao título brasileiro de 2005.

Lopes dirigia Nilmar e Tévez. Também o meia Carlos Alberto, campeão da Champions League de 2004 pelo Porto de José Mourinho. Ainda contava com Roger, reserva de Carlos Alberto, mas titular do time antes de sofrer uma fratura que o tirou da reta de chegada do Brasileirão em 2005.

Já Luxemburgo comandava Geílson e Léo Lima. O time completo trazia Fábio Costa, Domingos, Luís Alberto e Manzur; Neto, Maldonado, Fabinho e Kléber; Cléber Santana e Rodrigo Tabata; Reinaldo. Léo Lima entrou no lugar de Tabata. Geílson, na vaga de Reinaldo. Dos substitutos, nasceu a jogada do gol da vitória sobre o campeão brasileiro do ano anterior. Vitória por 1 a 0. Ao fim do torneio, acabaria com o título.

Quando a seleção brasileira foi eliminada da Copa do Mundo de 2006, com derrota por 1 a 0 para a França de Zinedine Zidane — que Luxemburgo havia treinado um ano antes —, parecia a senha para seu retorno à seleção: "Eu achava que seria chamado", admite Luxemburgo. "Acho que o Ricardo Teixeira não foi leal comigo, porque ele sempre disse que me julgava o melhor treinador e que a saída da seleção não foi justa, pela maneira como aconteceu. Mas ele não cumpriu o que disse e não me convidou."

A partir desse momento, muitos depoimentos davam conta de que Luxemburgo não realizava mais treinos pela manhã, só à tarde. De que não demonstrava mais o mesmo interesse. Embora seja impossível decretar o fim, o brilho deixou de existir. Era como se julgasse que ainda poderia voltar à seleção ou à Europa, porém o golpe de perder o cargo para Dunga, que nunca havia sido treinador, tirou-lhe a vontade de ser o melhor.

Ainda que Luxemburgo nunca tenha admitido, sua carreira perdeu o brilho após essa decepção. Nunca mais foi campeão brasileiro. Nunca mais apresentou um trabalho incontestável. Títulos estaduais no Santos (2007), no Palmeiras (2008), no Atlético Mineiro (2010) e no Flamengo (2011) foram seus pontos mais altos.

Na memória de quem trabalhou com ele, ficou sempre a certeza de Cafu, Edmundo, Edílson e tantos outros. Luxemburgo foi o melhor treinador, o maior estrategista, de seu tempo.

# 24

# AS MUDANÇAS DE TITE

★

Um dos grandes times brasileiros dos anos 2010 foi o Corinthians de Tite. Enquanto outros técnicos do país podem ser definidos como estrategistas, disciplinadores ou "pais", a melhor palavra para descrever Tite é "moderno". De todos os treinadores brasileiros, foi o que mais atentou à necessidade de compactação e à marcação por pressão.

Sua primeira passagem pelo Corinthians, no entanto, não foi bem-sucedida. Acabou demitido no vestiário após um clássico contra o São Paulo em 2005, menos de um ano após sua chegada. Na ocasião, Kia Joorabchian, diretor do grupo russo MSI, que investia no Corinthians em formato de parceria, entrou na área reservada aos jogadores e passou minutos conversando em voz baixa. Tite o observava, percebendo que estava falando sobre o fracasso no clássico. Não gostava do que via. Se algo precisava ser dito, que fosse olho no olho. Na opinião do técnico, Kia falava pelas costas. Tite não suportou o ambiente hostil daquele momento.

Em outubro de 2010, quando Adílson Batista deixou o Corinthians, Tite estava no Al-Wahda, clube dos Emirados Árabes. Tinha multa de rescisão e precisava negociar sua volta ao Brasil. Ainda assim, declarou: "Eu quero!". Foi a frase que mudou sua vida e seu status como treinador. O retorno ao Corinthians deixou a competência de Tite em evidência, apesar de seus trabalhos anteriores terem sido muito positivos, tanto no Grêmio quanto no Internacional. Em síntese, onde teve tempo para trabalhar.

No Corinthians, também teve: o clube pensou seriamente em demiti-lo em 2011, quando foi eliminado da Libertadores pelo Tolima, da Colômbia. A desclassificação teve muito a ver com o fato de que o jogo de ida, no Pacaembu, era apenas a quarta partida do ano. Ou seja, não houve tempo para treinar, nem condições de montar a equipe. A eliminação na Colômbia ocorreu dez dias depois, no sétimo jogo do ano. O Corinthians decidiu mantê-lo.

Com Adílson Batista, a história foi outra. Numa reunião com o antecessor de Tite, três dos quatro jogadores de defesa alertaram que a idade e a falta de velocidade dificultavam a marcação no campo ofensivo. Uma bola perdida na frente poderia se tornar contra-ataque e gol do adversário. "Vocês jogam pelo Corinthians. Jogador de time grande precisa saber jogar assim", respondeu Adílson Batista.

O relacionamento explodiu, e uma derrota por 4 a 3 para o Atlético Goianiense, no Pacaembu, precipitou a mudança no comando técnico. O presidente do Corinthians naquele momento era Andrés Sanchez, que, em 2005, acompanhara o empresário iraniano Kia Joorabchian ao vestiário. Sanchez achou justo trazer Tite de volta. Pensava que o clube havia se precipitado ao demiti-lo na época do MSI e convidou-o a voltar. A frase emblemática "eu quero" foi dita a este autor por telefone, quando Tite ainda não tinha conseguido a liberação do clube árabe. O Corinthians trabalhou pelo acordo, assim como Tite, e em outubro o treinador já voltava ao Parque São Jorge.

Só que, dessa vez, encontrou um clube diferente e um método de trabalho também diverso. Antes de Adílson Batista, o Corinthians passara dois anos sob o comando de Mano Menezes, técnico gaúcho como Tite, mas de influências distintas. "Eu costumava escutar entrevistas de Ênio Andrade, no interior. Ouvia-o falar pausadamente sobre futebol, explicar o jogo. Ajudava a entender", conta Mano Menezes. Adotava o estilo gaúcho mais limpo, mais parecido com o Internacional dos anos 1970.

Já Tite teve Carlos Froner como seu primeiro técnico, quando ainda era jogador do Caxias. Embora seu Grêmio campeão da Copa do Brasil em 2001 tenha sido apontado como um time "faceiro" — gíria gaúcha para as equipes leves demais —, o treinador adotava a marcação por encaixe e não desprezava a ligação direta. De todos os comandantes gaúchos, Tite foi o que mais se transformou e flutuou entre as correntes do Rio Grande do Sul. Como se fosse um misto de chimangos e maragatos, trabalhou com Carlos Froner e foi dirigido no time do colégio por Felipão. Mas Carlos Gainete, conhecido pelo futebol ofensivo e de troca de passes, treinou-o no Guarani, onde foi vice-campeão brasileiro de 1986. Todos gaúchos, porém de correntes variadas.

Quando chegou ao Corinthians, encontrou uma equipe que marcava por zona e atrás da linha da bola, gostava da troca de passes e chegava pelo chão ao gol adversário. Tite fez diferente de Adílson Batista: respeitou. Adaptou-se ao time, e, aos poucos, isso também interferiu na sua maneira de formar equipes.

Desde 2005, Tite já tinha o hábito de viajar à Europa para assistir e analisar o comportamento tático de times europeus. Foi à Itália em 2005, por exemplo, para estudar a Juventus de

Fabio Capello e a linha de quatro defensores. Em relação às equipes que montava, a diferença era a distância da linha de quatro homens: bem fechada, com os laterais bem próximos aos zagueiros centrais para diminuir a área de atuação dos atacantes. Tite aos poucos fez isso em trabalhos seguintes. Em vez de ter três zagueiros, como no Grêmio, ou de permitir que a linha de quatro praticamente se espalhasse de uma lateral à outra, entendeu que os quatro defensores deviam ocupar um espaço que fechasse a grande área. A maior extensão possível, assim, seria de uma lateral da área à outra — ou seja, de 40,32 metros.

Sempre que dispôs de pouco tempo para trabalhar, Tite teve dificuldades. Foi o caso da passagem pelo Palmeiras em 2006, por exemplo. Seu trabalho durante um turno do Campeonato Brasileiro serviu apenas para evitar o rebaixamento do clube. A falta de tempo não lhe permitiu montar uma equipe suficientemente estruturada em termos táticos.

No Internacional de 2008, a situação foi diferente. Chegou durante a campanha do Brasileirão e da Copa Sul-Americana e ajustou a equipe rapidamente. Já jogava com linha de quatro homens na defesa, diferente do seu Grêmio em 2001, campeão da Copa do Brasil com três zagueiros. No entanto, variava o sistema com o recuo do lateral-esquerdo, Marcão, que muitas vezes atuava como lateral defensivo para fazer a marcação de encaixe com o segundo atacante.

No Corinthians, o sistema tático era mais claro: 4-2-3-1. Em oito jogos, a partir da estreia em 24 de outubro de 2010, Tite assumiu o time em terceiro lugar e terminou o ano na mesma posição. Isso comprometeu o início de 2011, que incluía partidas da fase preliminar da Libertadores contra o Tolima.

Com Tite, foram cinco vitórias e três empates em 2010. Nos primeiros quatro jogos de 2011, uma vitória e três empates, um deles contra o adversário colombiano no Pacaembu. Assim, quando sofreu o primeiro revés contra o Tolima, na Colômbia, Tite somava apenas treze partidas, com seis vitórias e sete empates. Era o suficiente para pedirem sua demissão a qualquer custo. Na manhã de sábado, 5 de fevereiro de 2011, uma multidão de torcedores uniformizados cercou o Centro de Treinamento do Corinthians, na rodovia Ayrton Senna, para pedir a saída do treinador.

Tite foi salvo por dois fatores. Primeiro, venceu o clássico contra o Palmeiras no dia seguinte, por 1 a 0, com gol de Alessandro aos 37 do segundo tempo. O segundo fator foi uma reunião em que Andrés Sanchez solicitou a opinião de cinco pessoas presentes em uma sala pequena, também no Centro de Treinamento. Quatro votaram pela saída. Apenas um defendeu a manutenção, usando um argumento forte: "Se mandarmos o técnico embora e mantivermos a situação como está no grupo de jogadores, em três meses estaremos novamente com a necessidade de demitir outro treinador", disse o conselheiro, que prefere o anonimato.

Tite ficou. Em uma semana, Ronaldo Fenômeno anunciou sua aposentadoria. Também saíram do clube o lateral-esquerdo Roberto Carlos e o volante Jucilei.

## LIBERTADORES E MUNDIAL DE CLUBES

Tite não resistiu apenas à Libertadores perdida contra o Tolima. Escapou também da campanha do Campeonato Paulista, em que ficou atrás do Santos como vice-campeão. Por outro lado, entrou no Campeonato Brasileiro com força total e, em dez rodadas, abriu sete pontos de vantagem para o segundo colocado.

O time continuava com consistência defensiva, sendo às vezes acusado de vencer apenas por 1 a 0. Nas dez primeiras rodadas do Brasileirão, foram três placares mínimos. Mas o Corinthians sabia o que queria. Jogava com linha de quatro homens, com Júlio César, Alessandro, Chicão, Leandro Castán e Fábio Santos, mais Ralf e Paulinho completando o setor dos volantes à frente da defesa.

A força daquela equipe era a compactação defensiva. A linha de quatro zagueiros não se expandia além dos limites da grande área. A distância dos zagueiros para os volantes e dos meias para os volantes não passava de três metros. Enquanto o Milan de Arrigo Sacchi, em meados dos anos 1980, fez com que o futebol passasse a ser jogado em um terço do campo, o Corinthians se ajustava a uma realidade ainda mais forte: ocupação de 25% do campo para que o adversário não tivesse mais do que esse terreno para construir suas jogadas de ataque.

O time abriu uma vantagem recorde em dez rodadas, mas não conseguiu manter a diferença. No segundo turno, às vésperas de um clássico contra o São Paulo, no Morumbi, novamente se cogitava demitir Tite em caso de derrota para o rival. No clássico, o treinador barrou o zagueiro Chicão, em baixa tecnicamente, deslocou Leandro Castán para a lateral esquerda e colocou Wallace no miolo de defesa, formando dupla com Paulo André. O empate em 0 a 0 fez o Corinthians cair para quarto lugar e aumentou a pressão sobre Tite, mas permitiu a sequência na briga pelo troféu. Era a 25ª rodada.

Na 28ª, o Corinthians reassumiu a liderança ao ganhar do Atlético Goianiense por 3 a 0. De novo, o clube de Goiás aparecia no caminho de Tite. Antes, derrotou o Corinthians no jogo que causou a demissão de Adílson Batista e o retorno de Tite ao Parque São Jorge. Dessa vez, foi o adversário que lhe permitiu voltar à liderança. No final do ano, dia 4 de dezembro, a equipe confirmou o título brasileiro após empate por 0 a 0 com o Palmeiras, no dia da morte de Sócrates, ídolo corintiano dos anos 1980.

A entrada na fase de grupos da Libertadores estava garantida, e Tite podia experimentar um time extremamente seguro, com linhas próximas e compactação, sem carregar um grande peso nos ombros. Com o prestígio angariado, convenceu os dirigentes de que a pressão pelo título mais atrapalhava que ajudava. O Corinthians, pela primeira vez desde 1991, disputou a Libertadores como um troféu qualquer. Sonhava em vencer, mas não colocava todas as fichas na conquista.

Não é correto afirmar que o Corinthians desenvolveu uma obsessão pela Libertadores desde sua primeira participação, em 1977. No entanto, foi o que começou a ocorrer a partir de 1991. A vontade de conquistar o torneio continental era enorme naquele ano, porém falhas do zagueiro Guinei entregaram a classificação ao Boca Juniors nas oitavas de final. Aumentaram depois do bicampeonato do São Paulo, em 1992 e 1993, e mais ainda após o título do Palmeiras em 1999. As eliminações corintianas em 2003 e 2006 — contra o River Plate —, e em 2010 — contra o Flamengo, no ano do centenário —, elevaram a pressão. Tite conseguiu tirar a loucura. Deixou só o desejo pela taça.

Por mais que o Corinthians de 2012 fosse ótimo e extremamente vencedor, a equipe da Libertadores ainda não tinha a característica que Tite impôs anos mais tarde, depois de se afastar do Corinthians, viajar pela Europa e acompanhar a Copa do Mundo de 2014. Em 2012, Tite ainda não insistia na troca de passes precisos desde o início da jogada, do goleiro aos zagueiros e laterais.

Nas finais da Libertadores daquele ano, contra o Boca Juniors, a imprensa argentina tratava o Corinthians como uma equipe forte que não parecia brasileira. O nervosismo das finais contra um rival seis vezes campeão continental pesou, mas o time manteve a compactação defensiva, a capacidade de obrigar o rival a jogar em um terço ou até 25% do campo. Havia muitos chutes longos, com ligação direta.

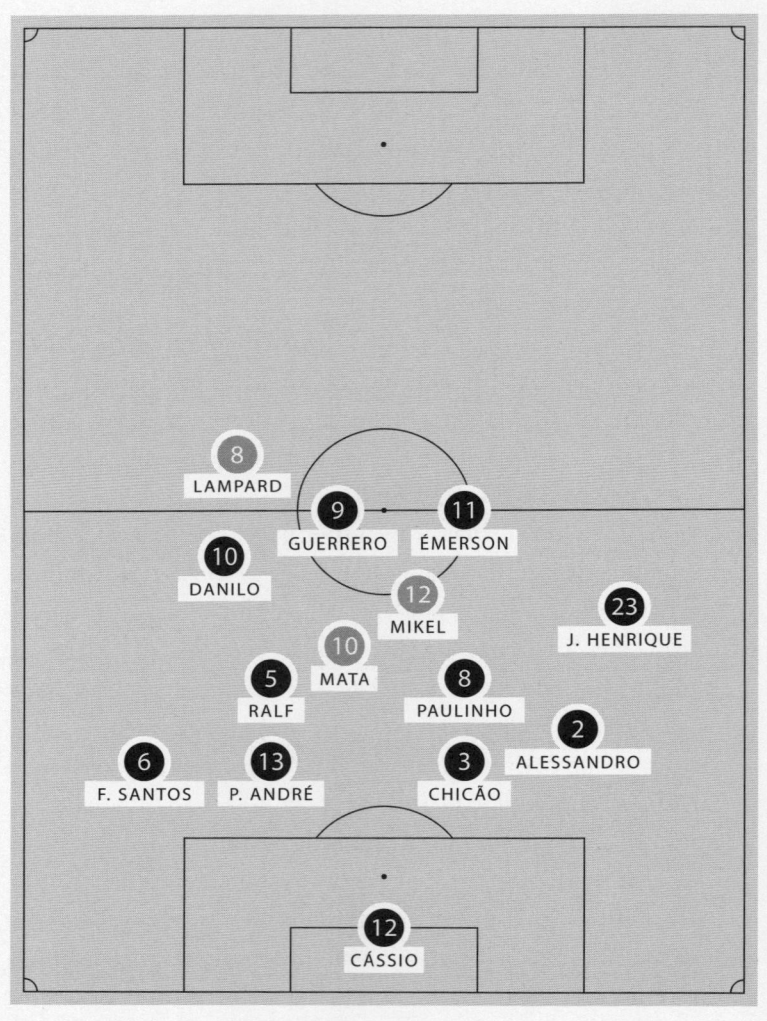

*Marcação sobre Lampard e compactação ajudaram o Corinthians contra o Chelsea.*

Outra demonstração do preparo de Tite e do Corinthians pode ser vista na jogada do primeiro gol. O 4-2-3-1 da decisão contra o Boca Juniors começou com Cássio, Alessandro, Chicão,

Leandro Castán e Fábio Santos; Ralf e Paulinho; Jorge Henrique, Alex e Danilo; Emerson na frente. No início da partida, Danilo atuava como centroavante. Depois de vinte minutos, Tite pediu a inversão com Emerson: Danilo caiu à esquerda para prender a subida do lateral Roncaglia, enquanto Emerson virou referência no ataque e buscava o bote na bola recuada.

A jogada foi ensaiada exaustivamente e provava que a preocupação ofensiva tinha como foco a recuperação da posse de bola. Por essa razão, os argentinos tratavam aquele Corinthians como se não fosse um rival brasileiro. A parte tática era muito cuidada, muito moderna. A recuperação da bola deu início à jogada do gol de Emerson — e também à festa, confirmada após a vitória por 2 a 0.

O título da Libertadores permitia pensar no Mundial. Embora o torneio não fosse uma obsessão corintiana, Tite trabalhou fortemente o estudo do jogo adversário e levou ao Japão um time com a mesma estrutura e o mesmo sistema.

Ainda assim, havia pequenas variações. Na partida final contra o Chelsea, o treinador montou duas linhas de quatro em um espaço equivalente a 25% do gramado. Não prezou pela posse de bola, que deixou sob o controle do adversário. Mas bloqueou a saída de bola inglesa, especialmente de Lampard. A marcação era por zona, como Tite já fazia a essa altura. Quando a bola saía dos zagueiros, Emerson encurtava o espaço para o camisa 8 do Chelsea. Lampard passava pela linha dos armadores e se aproximava de Paulinho e Ralf, que também se dividiam na marcação a Mata.

Tirando um lançamento de Hagard para o ponta nigeriano Moses, que conseguiu finalizar e obrigar Cássio a uma defesa espetacular, o Chelsea não andou: "Nossa ideia era bloquear o passe do Lampard e deixar o Ramires um pouco mais livre, porque ele é um infiltrador, não um passador", explicou Tite depois da partida. Deu tão certo que o jogo foi se arrastando até o gol de Paolo Guerrero, aos 24 minutos do segundo tempo. Na final em Yokohama, o Corinthians foi campeão mundial vencendo o campeão europeu.

# 25

## A SEGUNDA TELA

★

Tite carregou para o Japão uma comissão técnica com funções diferentes. Preparadores físicos, assistentes técnicos, gente que treinava a defesa e o ataque, pessoas que analisariam os adversários ou a própria equipe, quem está jogando bem e quem está jogando mal. Um desses auxiliares era Fernando Lázaro, filho do lateral-direito Zé Maria, campeão mundial em 1970 como reserva de Carlos Alberto e vencedor do Campeonato Paulista de 1977, edição famosa por tirar o Corinthians da fila de 23 anos.

Lázaro tentou a sorte como jogador de futebol. Não tinha talento. Estudou educação física, passou a trabalhar no Corinthians e chegou à função de analista. Apesar de a leitura de números voltada ao entendimento do jogo já ser difundida na Europa e na Ásia, o preconceito brasileiro atrasou o trabalho. "Quem mais me ajudou foi o Emerson Leão. Ele era o técnico e entreguei a ele uma fita cassete com imagens de adversários. Leão atirou a fita longe e avisou: 'Eu não tenho videocassete em casa há muito tempo'." Como isso aconteceu em 2006 e Leão já tinha mídias mais modernas, Lázaro contou a história à direção do clube e pediu novas tecnologias. O Corinthians passou a trabalhar com tudo o que havia de mais moderno a partir de 2008.

Muito antes disso, no São Paulo de Telê, não existia a função do analista de desempenho, mas o preparador físico Moraci Sant'Anna fazia o serviço com um computador ligado durante as partidas. Havia elogios e críticas, como se não fosse possível usar os números a favor do jogo.

Obviamente, futebol é diferente de beisebol. Nem todos os números refletem o jogo, especialmente se forem lidos sem o filtro correto. Um time pode chutar nove vezes ao gol e perder para outro que chutou uma, o que jamais acontecerá no basquete ou no beisebol. Isso não impede que se perceba, contudo, que o número de erros de passe em uma região do campo provoca chances de gol do adversário.

Em 1994, outro aspecto vanguardista do São Paulo era o uso da tecnologia, a sabedoria de utilizar números em favor da observação do técnico. Moraci Sant'Anna levava seu notebook para o banco de reservas e assistia aos jogos ao lado de Telê, observando o jogo e os números. Não tomava as decisões finais. Indicava para o treinador o que os números revelavam.

Qual é a função de um preparador físico na beira do campo? Comandar o aquecimento dos jogadores, estar perto deles e do médico para momentos de lesão. Moraci otimizava esses fatores. Desenvolvia análises e somava esforços.

Em 1996, o então editor-executivo da *Folha de S.Paulo*, Matinas Suzuki Jr., citou o trabalho de Moraci, que introduziu a informática e os números nos jogos, ao lado do técnico Telê Santana, no São Paulo. Por meio do Datafolha, o jornal iniciara dez anos antes o levantamento estatístico dos jogos da Copa de 1986, e foi bastante criticado pelo conservadorismo da imprensa esportiva, que dava o tom naquele momento. O argumento batido e surrado era o de sempre: futebol é genético (ou se nasce sabendo, ou não se joga), futebol é imprevisível, mais vale um gol do que mil teorias etc. Evidentemente, no futebol, não dá para trocar o craque e a iluminação pela estatística.

Por outro lado, também não existe lei na natureza que proíba o uso da estatística e dos números em favor do talento e da melhoria geral do esporte. Aos poucos, a importância dos números no futebol foi compreendida. Moraci Sant'Anna e seu notebook, auxiliando o trabalho do grande São Paulo de Telê Santana, contribuíram muito para a incorporação dos números na análise de desempenho (gosto sempre de lembrar que aquele time chegou a trocar mais de dezessete passes por minuto de bola corrida, com aproveitamento de 85%, um grande índice de eficiência). A difusão do uso dos computadores também contribuiu bastante para a assimilação da estatística na análise do futebol. Hoje, ela é praticamente obrigatória.

Matinas dizia isso para explicar o sucesso da implantação dos três pontos por vitória, o que, no Brasil, começou a ocorrer em 1995 em todas as competições, embora na Inglaterra já fosse assim desde 1981. Mas tocava num ponto importante. O São Paulo de Telê foi o primeiro time do Brasil a evidenciar o uso da tecnologia. Podia até passar por marketing, como se acusava. No entanto, imagine se o futebol brasileiro não adotasse, no início dos anos 1990, a capacidade de conferir números para avaliar ou desmentir observações dos olhos humanos.

Não é possível determinar se o uso da tecnologia começou com Telê e Moraci, nem garantir que a iniciativa voltou apenas com Tite. Há muitas variáveis nesse processo, desde os botões de Tim até o emprego de espiões que detalhavam a movimentação de adversários sem utilizar computadores. Contudo, é fato concreto que só na segunda metade da década de 2000 os clubes passaram a organizar departamentos profissionais de análise de desempenho. A estrutura política dos clubes brasileiros sempre faz com que algum conselheiro se aproxime do profissionalismo e o menospreze. Olham o custo, nunca o benefício. Como consequência, salvo algumas exceções, os times brasileiros permaneceram atrás dos europeus por pelo menos duas décadas.

Tite usou os números para definir que, na decisão do Mundial de Clubes de 2012, deveria deixar o volante Ramires livre para o passe porque ele conduziria a bola. Não podia deixar Lampard lançar com liberdade. Nesse momento da história do futebol brasileiro, apesar de o empirismo predominar, o estudo se juntava em busca de melhorias.

# 26

# O ÊXODO PÓS-BOSMAN

★

Desde 1995, quando o meia belga Jean-Marc Bosman ganhou ação na corte europeia e conseguiu liberação para que jogadores nascidos ou com passaporte da Comunidade Econômica Europeia trabalhassem sem fronteiras dentro do continente, os europeus passaram a ser hegemônicos nos Mundiais de Clubes e nas Copas Intercontinentais.

Até 1995, havia vinte conquistas sul-americanas contra catorze europeias. De 1996 a 2012, quando o Corinthians venceu o Chelsea, o placar já era 12 a 4 para a Europa. A disparidade se relacionava diretamente às transferências incessantes de jogadores sul-americanos para clubes europeus. Em 2010, a Internazionale ganhou a Liga dos Campeões sem nenhum italiano: Júlio César (Brasil), Maicon (Brasil), Lúcio (Brasil), Samuel (Argentina) e Chivu (Romênia); Cambiasso (Argentina) e Zanetti (Argentina);

Eto'o (Camarões), Sneijder (Holanda) e Pandev (Macedônia); Diego Milito (Argentina).

À medida que jogadores nascidos na Argentina, no Brasil, no Uruguai, na Colômbia e no Paraguai deixavam o continente, mais fracos ficavam os clubes sul-americanos, e menor era a chance de conquistarem a taça intercontinental. O que equilibrou a disputa entre Corinthians e Chelsea foi a preparação tática do Corinthians, a capacidade de extrair espaços do campo de ataque do adversário e a troca de passes sem pressa para chegar ao gol.

De certa forma, foi o que fez Abel Braga em 2006 para levar seu Internacional à vitória contra o Barcelona. O triunfo do clube gaúcho foi ainda mais marcante. No dia da decisão do Mundial, o Chelsea era o terceiro colocado do Campeonato Inglês, dez pontos atrás do Manchester United. Em 2006, o Internacional enfrentou o líder do Campeonato Espanhol.

O Corinthians ofereceu ao Chelsea seu estilo de jogo habitual: pouco ímpeto ofensivo, mas extrema organização tática. Por contraste, em comparação com a campanha do título da Libertadores e do vice-campeonato brasileiro, o Internacional apresentou um jogo bem diferente contra o Barcelona.

Não era uma equipe defensiva. Variava do sistema com três zagueiros para uma linha de quatro homens. Fazia marcação por encaixe, porém saía para a construção das jogadas com Fernandão, Alex, Iarley, Adriano Gabiru e, no último jogo do Brasileirão, com Alexandre Pato. No Parque Antarctica, aplicou 4 a 1 sem perdão no Palmeiras, com direito a espetáculo e futebol ofensivo. Jogava à base de posse de bola, troca de posições e infiltrações.

Em Yokohama, no Japão, mostrou um rosto diferente. Fechou-se em duas linhas de quatro homens. A primeira trazia Ceará, Índio, Fabiano Eller e Rubens Cardoso. A segunda,

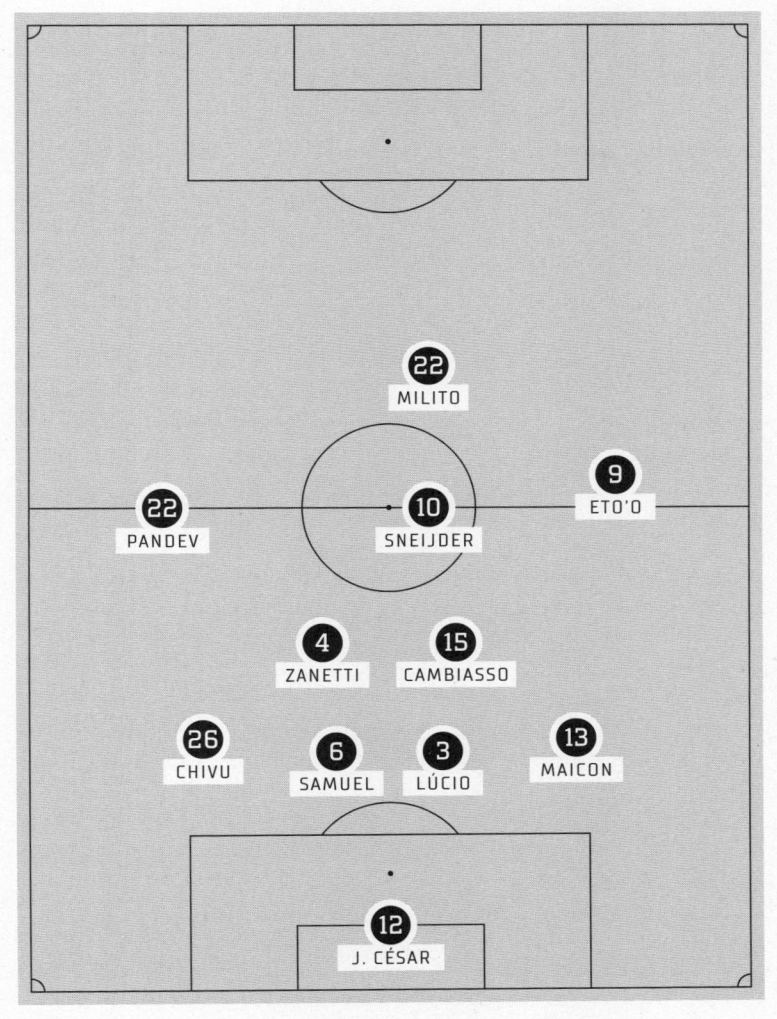

*A Internazionale 100% estrangeira na Champions League de 2010.*

Wellington Monteiro, Edinho, Alex e Iarley. Fernandão ficava à frente da linha, mais próximo de Alexandre Pato. O Inter, antes ofensivo, recuou e marcou no campo de defesa. Explorou um único contra-ataque.

O Barcelona era apontado como favorito absoluto. Desde 2004, jogava num 4-3-3 dirigido pelo holandês Frank Rijkaard, retomando as características da equipe de Johan Cruyff: muita pressão na saída de bola, inversão do lado da jogada e troca de passes até conseguir a infiltração. O Barça conquistou a Liga dos Campeões jogando com Victor Valdés, Oleguer, Rafa Márquez, Puyol e Van Bronckhorst; Edmílson, Van Bommel e Deco; Giuly, Eto'o e Ronaldinho Gaúcho. Na final do Mundial de Clubes, jogaram o islandês Gudjohnsen e o espanhol Andrés Iniesta, recuperado de lesão.

Rijkaard abriu mão de um volante de marcação e privilegiou ainda mais a troca de passes. Na semifinal, o Barcelona deu um show e goleou o América do México por 4 a 0. Ofereceu repertório com gol de infiltração, de tabela, de chute de fora da área. Contra o Internacional, o jogo não entrou. Isso porque o Internacional se fechou e tirou os espaços a partir de Ronaldinho Gaúcho, marcado de forma precisa pelo lateral-direito Ceará. No encaixe, Wellington Monteiro e Alex interferiam na rotação do jogo de Iniesta e Deco, e a bola não chegava a Eto'o. Até que, faltando oito minutos para o final da partida, o Inter encaixou um contra-ataque com Iarley, que serviu Adriano Gabiru para o 1 a 0 decisivo.

Abel Braga estudou exaustivamente o futebol do Barcelona e conseguiu anular a rotação da bola em alta velocidade. Mas, para vencer a partida, o Internacional admitiu sua inferioridade. De certa forma, o Corinthians também. De 1996 em diante, os Mundiais de Clubes transformaram o estilo de jogo dos times brasileiros. Melhor dizendo, dos clubes sul-americanos de maneira geral.

Se ao longo da história os latinos sempre foram mais técnicos e ofensivos, nos Mundiais de Clubes passaram a se defender. Era o resultado de décadas de exportações dos principais jogadores para os times da Europa. Os europeus passaram a contar com os craques, mesmo que tivessem nascido em diferentes regiões do planeta.

Inter e Corinthians precisaram resolver seus jogos taticamente. Em 2005, o São Paulo também foi massacrado em termos de posse de bola e número de finalizações pelo Liverpool, porém venceu por 1 a 0 com gol de Mineiro. Nos torneios intercontinentais de clubes, esses são casos raros de vitórias sul-americanas depois da era Bosman.

# 27

# O RAIO X DO 7 A 1

★

Na véspera da semifinal da Copa de 2014, a comissão técnica fez uma reunião a portas fechadas. Estavam presentes Felipão, Carlos Alberto Parreira, os preparadores físicos Paulo Paixão e Fábio Mahseredjian e os observadores Roque Júnior e Alexandre Gallo. Os alemães preocupavam a seleção, mas não pareciam bichos-papões. Afinal, tinham vencido a Argélia em Porto Alegre apenas na prorrogação, depois de um 0 a 0 suado, com risco de derrota, até Schürrle marcar o primeiro gol aos dois minutos do tempo suplementar. Depois, eliminou a França por 1 a 0 nas quartas, com gol de cabeça de Hummels aos treze minutos da primeira etapa. Um gol seguido por 77 minutos de bocejos no Maracanã ensolarado.

Havia duas opções planejadas. A imprensa cogitava a escalação de Willian na ponta direita, deixando Oscar pela faixa central como meia-armador e substituindo Neymar na criação. Fora do time por ter sofrido uma fratura na vértebra contra a Colômbia, Neymar parecia ser a única chance de título para o Brasil. Sua ausência preocupava mais do que a Alemanha. Oscar vinha jogando como titular, mas, nessa formação, teria que ser o protagonista. A responsabilidade de criar estaria em suas mãos.

Na sala fechada onde a comissão técnica montava o plano de jogo, Felipão e Parreira também consideravam escalar Ramires na ponta direita, mantendo o sistema 4-2-3-1, porém com mais poder de marcação. Não se cogitava Bernard. Há elementos desencontrados sobre a reunião. Um jogador titular da defesa diz que, no meio da reunião aberta com os jogadores, o olheiro Alexandre Gallo levantou a mão, disse ter assistido a todos os jogos da Alemanha e sugeriu a escalação de Bernard. A frase teria sido: "O único jeito é atacá-los". A história não foi bem assim.

No alto da colina de Teresópolis, a reunião incluía os dois observadores técnicos. Alexandre Gallo, de fato, havia acompanhado todos os jogos da Alemanha. Roque Júnior concordava com suas observações. Nenhum dos dois falou o nome de Bernard, mas ambos sugeriram usar homens de velocidade pelos dois lados do gramado. Em sua visão, o caminho passava pela ausência do centroavante, já que Fred seria presa fácil para a dupla de zagueiros: Boateng e Hummels anulavam um a um todos os centroavantes que invadiam a grande área alemã.

O Brasil deveria ter dois atacantes velozes para vencer os laterais Philipp Lahm, de 30 anos, e o destro Höwedes, improvisado na esquerda. O ponto central era bloquear a saída dos volantes, Khedira e Kroos, com marcação individual. Isso tiraria opção de passe para Schweinsteiger, que fazia o pivô defensivo e ajudava na transição da defesa para o ataque. Se a Argélia empatou por 0 a 0 com os alemães durante noventa minutos, o Brasil poderia segurar os primeiros 45 para definir a partida na segunda etapa, empurrado pela torcida.

Na reunião, nenhum dos espiões indicou nomes. Como assistiam à Alemanha, Roque e Gallo não estavam presentes aos treinos do Brasil. Seria impossível apontarem um jogador entre Paulinho, Ramires, Fernandinho, Bernard... Seria impossível dizer qual deveria ser o homem de velocidade pelo lado do campo e quais deveriam ser os marcadores individuais de Kroos e Khedira. Ainda assim, fizeram sugestões: marcação forte no meio de campo e na saída de bola, velocidade pelos lados do campo e ausência de um centroavante fixo. Assim seria possível vencer a Alemanha e chegar à final da Copa.

Felipão não levou em conta o plano dos seus observadores. Nenhum técnico precisa fazer isso. A recuperação dos diálogos da noite anterior ao 7 a 1 faz parecer que Felipão compreendeu apenas uma parte das recomendações. Optou pela velocidade do lado do campo, com Bernard sobre Höwedes e Hulk em cima de Philipp Lahm, porém não cortou a linha de passe pela faixa central da Alemanha, conduzida por Schweinsteiger, Kroos e Khedira. Tampouco abriu mão da presença de Fred.

Depois da reunião, podia-se defender a opção por Ramires sob o argumento de que, no Chelsea, tinha experiência como meia. Atuou nessa função numa semifinal de Liga dos Campeões contra o Barcelona, no Camp Nou, e saiu de campo como herói. Fez o primeiro gol do empate por 2 a 2 que classificou o time de Londres para a decisão em Munique, contra o Bayern, da qual sairia vitorioso. Ramires sabia usar o lado direito do campo, com marcação forte e poder de ataque.

Essa era a opção de Carlos Alberto Parreira. Só que o campeão mundial de 1994 não era mais o técnico. Sua função era de coordenador e, como tal, não podia se meter na seara de Felipão. Luiz Felipe Scolari, aos 65 anos, campeão mundial em 2002,

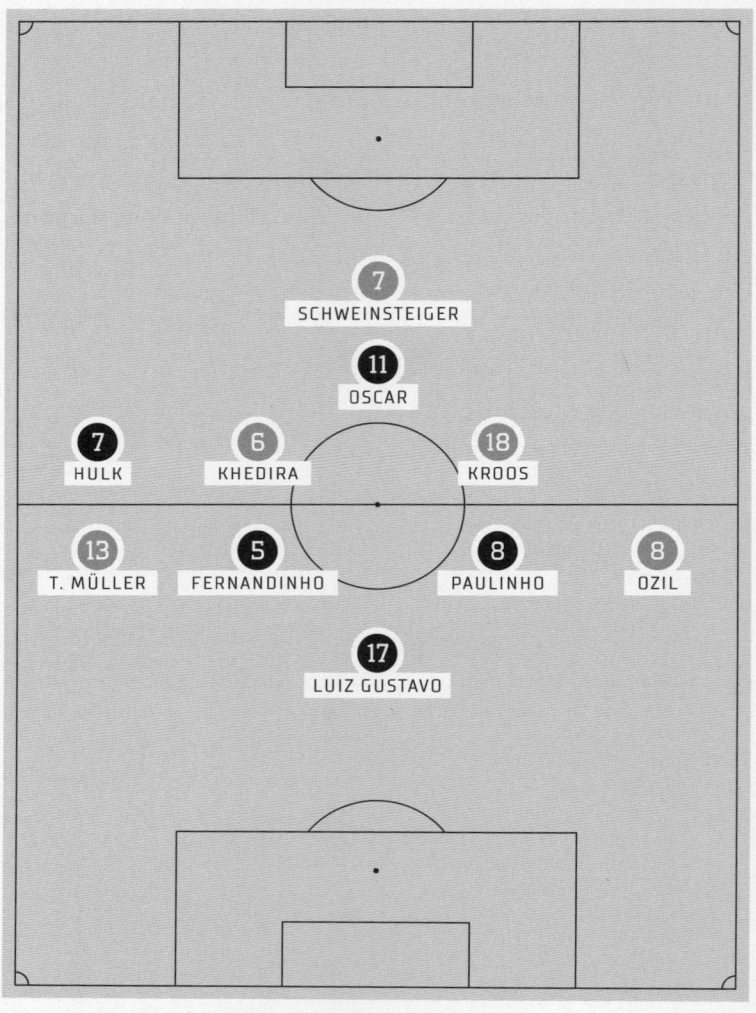

*Mais um no meio: o sistema evitaria o massacre?*

estava em dúvida. Justamente o que não teve em 2012, quando aceitou o convite para retornar à seleção e assumir o lugar de Mano Menezes, demitido por telefone. Talvez sua cabeça devesse ter perguntado se ele precisava mesmo voltar em novembro de 2012. O que pesava mais, consagrar-se como o primeiro treinador duas vezes campeão do mundo pelo Brasil, ou evitar o risco de ficar na história como Vicente Feola, tão herói do título de 1958 quanto vilão da eliminação mais precoce do Brasil nas Copas, em 1966? Outros técnicos trilharam o mesmo caminho. Foi o caso de Parreira, campeão em 1994 e eliminado nas quartas em 2006, e de Zagallo, campeão em 1970, quarto em 1974 e vice em 1998. Felipão não teve dúvida. Aceitou o cargo.

Contudo, na noite de 7 de julho, as perguntas desapareciam muito lentamente. Como se sabe hoje, suas certezas iam na direção inversa da cautela de Parreira. Felipão pensava em Bernard. Parreira nunca disse, nem nunca dirá, que preferia Ramires. Basta conhecer seu estilo. Entre agredir e esperar, Parreira sempre preferiu a segunda opção. Já Felipão cultivou a fama de retranqueiro nos anos 1990, mas esse nunca foi seu perfil. Na realidade, sempre procurou a melhor estratégia para ferir o adversário e ganhar o jogo. Era assim no Grêmio e no Palmeiras, campeões da Libertadores. E foi assim na quinta conquista mundial do Brasil, quando escalou Ronaldinho Gaúcho, Rivaldo e Ronaldo juntos, montando a única seleção da história das Copas capaz de vencer sete partidas na campanha do título.

Felipão pensou em Bernard no lugar de Neymar porque se lembrou do jogo contra o Uruguai no Mineirão, pela semifinal da Copa das Confederações de 2013. Bernard um dia foi um menino cruzeirense que frequentava a arquibancada vestido de camiseta azul, mas se transformou em símbolo do Atlético Mineiro campeão da Libertadores. Em junho, um ano antes da semifinal contra a Alemanha, o duelo contra o Uruguai foi sofrido. Fred inaugurou o marcador e Cavani empatou o jogo.

A Celeste dava sinais de que poderia repetir o Maracanazo de 1950, com virada num novo Mineiraço, até que Felipão mandou Bernard para o aquecimento. Bastou o menino "alegria nas pernas" — como Felipão o descrevia — ser chamado para o Mineirão explodir. O incentivo da arquibancada empurrou a equipe, que imediatamente subiu de produção. O gol da vitória brasileira demorou mais 22 minutos e só saiu aos quarenta da segunda etapa, marcado de cabeça por Paulinho.

A escolha de Bernard para o confronto contra a Alemanha teve a ver com a lembrança desse jogo. Só que, em 2014, a situação era bem diferente. "Não haverá grandes surpresas na semifinal, porque qualquer um pode vencer." A frase de Franz Beckenbauer foi publicada na *Folha de S.Paulo*, na manhã do dia 8 de julho de 2014, e se referia às duas pernas da penúltima fase da Copa do Mundo. Não haveria surpresa nem em Holanda × Argentina, nem em Brasil × Alemanha.

Naquela tarde, uma hecatombe abateu-se sobre o futebol brasileiro e deu origem à maior surpresa produzida numa Copa do Mundo. O que chamou a atenção não foi o vencedor — já se imaginava a vantagem da Alemanha. A enorme surpresa foi o tamanho do tombo.

A imprensa assistiu aos treinos abertos, tão criticados durante os sessenta dias de preparação em Teresópolis. Dizia-se que ninguém treinava com toda a imprensa e a torcida assistindo. Ninguém viu os treinos sérios da Alemanha porque, após quinze minutos de troca de passes, o técnico Joachim Löw sempre bloqueava o acesso dos jornalistas. Mas beira a leviandade afirmar que, por esse motivo, a Alemanha treinava e o Brasil, não. "Numa Copa do Mundo, nunca se treina demais, pois há sempre a preocupação com o cansaço dos jogadores em fim de temporada", diz Rodrigo Paiva, diretor de comunicação da CBF nos últimos quatro Mundiais.

Fato é que, depois do treino aberto em 7 de julho, a maioria dos jornais do dia 8 indicava a escalação com Júlio César, Maicon, David Luiz, Dante e Marcelo; Luiz Gustavo e Fernandinho;

Willian, Oscar e Hulk; Fred. A esta altura, você já sabe que não foi assim, e já sabe a razão.

O primeiro jogo no Mineirão durante a Copa do Mundo foi contra o Chile, nas oitavas de final. O Brasil fez trinta minutos excelentes, marcou 1 a 0, e então foi envolvido pelo toque de bola da equipe de Jorge Sampaoli. Sofreu o empate, levou bola na trave do atacante Pinilla no último minuto da prorrogação e mereceu perder, mas venceu nos pênaltis depois da cena de Thiago Silva, que chorou sentado na bola durante a disputa.

No retorno a Teresópolis, Fred encostou em Felipão e comentou: "Professor, a gente não está conseguindo jogar dentro dos caras como no ano passado". Há testemunhas do diálogo, embora Fred afirme não se lembrar da conversa. A referência era à Copa das Confederações, quando a seleção teve alguns momentos excelentes, como o segundo tempo da vitória por 4 a 2 sobre a Itália e os 3 a 0 sobre a Espanha. Na final, a torcida chegou a cantar "Domingo, eu vou ao Maracanã...", de Neguinho da Beija-Flor, como se repetisse "As touradas em Madri" dos 6 a 1 contra a mesma Espanha na penúltima partida da Copa de 1950.

A diferença é que a decepção de 1950 veio no jogo seguinte, enquanto a do século XXI demorou um ano.

Felipão ganhou a Copa das Confederações no dia 30 de junho de 2013, no aniversário de onze anos da conquista do penta em Yokohama, no Japão. A Copa de 2014 não se parecia com a Copa das Confederações, muito menos com o Mundial da Ásia. Fred já era apontado como um cone, embora não tivesse desperdiçado chances claras até aquela partida. Essa foi justamente a defesa de Francis Melo, seu agente. Mas o jogador não era o único assustado com o desempenho da seleção. Felipão também se preocupava.

No dia 29 de junho, manhã seguinte ao empate contra o Chile, o treinador viu na tela de seu celular a ligação de um jornalista, que no terceiro toque desistiu de incomodar o técnico em plena

Copa do Mundo. Em menos de cinco minutos, Felipão telefonou de volta. O diálogo começou abordando as perspectivas de mudança noticiadas pelos jornais. Segundo se dizia, Daniel Alves e Hulk perderiam seus lugares na equipe. Felipão deu a entender que Daniel de fato sairia, sendo substituído por Maicon contra a Colômbia, mas Hulk, não. Contra o Chile, o atacante tinha sido o grande destaque. Tanto para o bem, já que criou a maior parte das oportunidades de gol, quanto para o mal, pois desperdiçou chances importantes. Hulk não sairia da equipe.

O telefonema terminou com uma pergunta: "Você vai para a Granja Comary hoje?". A resposta do repórter: "Já estou aqui". Felipão completou: "Então fique atento, porque vou chamar um grupo de jornalistas para conversar sobre o que está acontecendo". O diretor de comunicação Rodrigo Paiva estava completamente alheio à decisão do treinador. À tarde, foi convidado um grupo composto por Juca Kfouri, Osvaldo Pascoal, Luiz Antônio Prósperi, Fernando Fernandes e Paulo Vinicius Coelho, com o reforço de Carlos Eduardo Mansur, convidado às pressas durante a reunião para que houvesse igualdade entre os jornais — O Globo não tinha nenhum representante até aquele momento e reclamou com razão.

Felipão queria falar sobre arbitragem, não sobre os problemas do time. Disse que a imprensa brasileira insistia em apontar erros a favor do Brasil, porém não discutia os equívocos que beneficiavam outras seleções. Rapidamente, o discurso caiu no vazio. Não fazia sentido reclamar dos árbitros. O Brasil havia sido ajudado, sim, na estreia contra a Croácia.

As perguntas, então, voltaram-se para aspectos táticos e emocionais. O Brasil sentia a pressão não só de jogar a Copa em casa, mas também de precisar vencê-la — necessidade agravada pelas declarações da comissão técnica desde a primeira entrevista coletiva. No dia em que a equipe se apresentou à Granja Comary, por exemplo, o coordenador de seleções Carlos Alberto Parreira afirmou: "Estamos com a mão na taça". Ao longo do Mundial, Parreira e Felipão disseram: "Vamos para cima, porque estamos no Brasil". A frase era repetida como se vencer a Copa fosse uma consequência natural de disputá-la em casa.

Depois da partida contra o Chile, ocorreram conversas sobre o assunto. Houve uma tentativa de diminuir a pressão sobre os jogadores, mesmo que ela fosse inerente ao torneio. Ninguém diria que, atuando em casa, o Brasil tentaria qualquer resultado que não fosse o título. Entrava em campo para ganhar. Mas isso não era diferente de outras Copas. O Brasil sempre joga para vencer. Se a pressão fosse apenas nesse sentido, talvez a maior parte dos jogadores não tivesse recebido uma sobrecarga de peso. Três anos depois da derrota para a Alemanha, Parreira seguia com o mesmo discurso: "Ninguém aceitaria se disséssemos que estávamos ali para respeitar os adversários e jogar pelo melhor resultado possível. Mesmo que fizéssemos isso, os jogadores sabem que o Brasil sempre entra para ganhar".

Se Felipão debateu com os jornalistas sobre a arbitragem, é evidente que, dentro da concentração, falava com os jogadores sobre a pressão causada pelos erros a favor do Brasil — especialmente o pênalti sobre Fred contra a Croácia — e pela maneira como a imprensa se comportava a respeito. Mas havia conversas com a psicóloga Regina Brandão e debates internos para entender como a obrigação de vitória influía no desempenho. A necessidade do título não podia virar medo de ser derrotado.

O Brasil perdeu a Copa do Mundo no Mineirão, na tarde de 8 de julho de 2014. Perdeu já aos dez minutos do primeiro tempo, quando Thomas Müller aproveitou falha de David Luiz após cobrança de escanteio, e sobretudo aos 23 minutos, quando Miroslav Klose fez 2 a 0. Na sequência, foram três gols em cinco minutos, quatro num espaço de seis minutos. Foi o suficiente para derrubar a seleção no aspecto emocional. O time já era uma pilha de nervos.

"Durante dois anos, os caras saíam às ruas e eram perguntados sobre a Copa, ouviam que íamos ganhar e queriam isso tudo. No instante em que entrou o segundo gol, o mundo deles desmoronou", diz Parreira. O mesmo tinha acontecido quatro dias antes, quando Neymar levou uma pancada de Zúñiga, da Colômbia, e fraturou uma vértebra. Na saída do vestiário para a zona mista, onde jornalistas e jogadores conviviam, Fred foi indagado sobre a vitória contra a Colômbia, o melhor desempenho do Brasil durante a Copa. Depois de dar sua versão sobre o jogo e o que acontecia com a equipe, ouviu que Neymar estava fora da competição. Na hora, sua expressão denunciou o susto.

Momento pior aconteceu na noite da vitória, quando os jogadores estavam no avião em Fortaleza à espera da decolagem para retornar ao Rio de Janeiro. De lá, seguiriam para Teresópolis e ficariam treinando na Granja Comary até a partida contra a Alemanha. A delegação embarcou e esperou pacientemente a chegada de Neymar.

Eram 21h30 e o susto se deu 45 minutos depois, um tempo inteiro de jogo: Neymar entrou na aeronave deitado, conduzido por um corpo de enfermeiros que o carregavam numa maca. Os jogadores assistiram à cena agoniados. Como se não bastasse a perda do capitão Thiago Silva — contestado, mas capitão —, suspenso pelo terceiro cartão amarelo, apresentava-se a evidência de que a equipe também não teria o jogador capaz de decidir a Copa em um lance.

"Foi muito duro, sim. Eu havia pedido ao dr. Runco que deixasse um espaço na parte da frente do avião, para que o Neymar pudesse viajar com conforto e com tranquilidade, mas quando a maca entrou na aeronave foi difícil, porque todo mundo viu", lembra Carlos Alberto Parreira. "Ele chegou até com uma cara boa. Estava sedado, sem dor, sorria. Mas todos os outros jogadores viram. Foi como se estivesse materializada a chance da derrota."

Perder um jogador e então perder a Copa do Mundo? O roteiro nunca foi assim no futebol brasileiro. Em 1962, Pelé sofreu distensão muscular contra a Tchecoslováquia, na segunda partida da competição. Foi substituído por Amarildo, que, junto com Garrincha, se transformou no grande protagonista do segundo título mundial. Amarildo vestia a camisa 20, a mesma de Bernard, substituto de Neymar. O desfecho das duas histórias não poderia ser mais diferente.

Após o 7 a 1, apontou-se para a fragilidade tática da seleção, a desatualização dos técnicos brasileiros, o suposto anacronismo de Felipão, a falta de investimento nas divisões de base. Pouco se tocou num problema recente do futebol brasileiro, responsável pelo desespero que tomou conta do time quando Neymar entrou de maca na aeronave: a seleção chegou à Copa do Mundo com um único craque.

Seria um símbolo da falta de investimento e da estrutura para formar jogadores? Mas como explicar atletas de 24 ou 25 anos como Pato e Ganso, que disputaram a Copa América de 2011 com chances de jogar o Mundial do Brasil, porém não chegaram em condições? Ou a geração de Robinho, com 30 anos, Diego, 29, Adriano e Kaká, 32, Ronaldinho Gaúcho, 34, que não estavam nos planos e nem deveriam estar por razões diversas? Pato desistiu de ser jogador de alto nível, Ganso não se mostrou competitivo o suficiente, Kaká sofreu com lesões depois de 2010, Ronaldinho perdeu a confiança de Felipão após chegar atrasado à concentração em Belo Horizonte, em abril de 2013 — e, então, por não suportar uma conversa longa sobre o atraso na cidade onde residia —, Diego deixou a seleção em 2008 e só voltou a ser convocado depois da Copa de 2014...

Houve um hiato entre a geração de Kaká, nascido em 1982, e a de Neymar, de 1992. São dez anos de buraco que obrigaram o craque a ser o único protagonista e a chegar à seleção como o salvador da pátria. Isso nunca tinha acontecido em uma Copa do Mundo. Pelé surgiu quando Didi era a estrela. O meia do Botafogo, inclusive, foi eleito o melhor jogador da Copa de 1958.

Jairzinho chegou à seleção quando Pelé era o Rei, e o mesmo aconteceu com Rivelino. Zico estreou num momento em que o protagonista já era Rivelino, e Careca, por sua vez, apareceu quando Zico estava na equipe. Romário estreou na geração de Careca, e Ronaldo chegou junto com Romário e Bebeto. Robinho e Kaká vestiram-se de amarelo pela primeira vez ao lado de Ronaldo e Rivaldo, e, poucos anos antes, Ronaldinho Gaúcho fizera o mesmo.

Já Neymar... A renovação depois da derrota para a Holanda em Port Elizabeth, na Copa de 2010, foi extremamente rápida e urgente. Neymar, Ganso e Pato disputaram a Copa América de 2011 com um time baseado em três talentos de dezenove, vinte e 21 anos. Se Pelé não venceu o torneio nessa idade e nessas condições, por que eles venceriam?

Neymar chegou à Copa do Mundo sem companhia, e também sem Pato e Ganso, que ficaram pelo caminho. A palavra que explica o fenômeno em torno da geração de 2014 é uma só: desperdício. O Brasil desperdiça talentos porque os mima demais ou porque lhes dá riqueza cedo demais. "Jogador bom é jogador com fome." Felipão repetiu esse mantra por toda a carreira. Neymar tinha fome, assim como todos os demais jogadores da seleção. Só que apenas um tinha talento para fazer a diferença.

As conversas com Regina Brandão e com a comissão técnica sobre o peso emocional podem ter ajudado, já que o Brasil melhorou contra a Colômbia. Depois da classificação contra o Chile, Márcio Santos, o zagueiro campeão mundial de 1994, decretou: "Estão todos com medo de ser Barbosa". O receio de serem lembrados por décadas como responsáveis pela debacle era mais forte do que a ambição de entrar para a história como campeões no Maracanã.

O símbolo disso é o capitão Thiago Silva, que ainda se recusou a cobrar um dos pênaltis contra o Chile. Talvez o peso fosse menor se o Brasil tivesse, em sua equipe, mais dois craques que formou e desperdiçou nos dez anos pré-Mundial. Adriano, Kaká, Ronaldinho, Ganso, Pato... Cada um deles com seu melhor desempenho.

Nenhum estava lá.

Desperdício, desatualização, erros no plano de jogo. Tudo isso contribuiu para a derrota. Perder a Copa com um time de uma única estrela — que nem jogou a semifinal — era um desfecho previsível. A maior parte dos analistas coerentes previu que o Brasil poderia chegar entre os quatro e não disputar a final. Ser goleado por 7 a 1 é diferente.

O melhor time da época prévia à Copa de 2014 era o Barcelona de Guardiola. De 247 partidas, o Barça aplicou quatro goleadas semelhantes. Fez 8 a 0 no Almería e no Osasuna, 9 a 0 no L'Hospitalet, 7 a 0 no Rayo Vallecano. Nenhum time do seu nível. Quando o 7 a 1 se aproxima, qualquer equipe cria obstáculos para a goleada. Cai, chuta a bola para a lateral, atrasa o jogo. O Brasil não fez nada disso. "Não deu tempo. Foi tudo muito rápido", diz Felipão.

A percepção da rapidez se deve à perplexidade que tomou conta da equipe. E a perplexidade era produzida pela fragilidade emocional. "O maior problema foi psicológico", diz o observador Alexandre Gallo. A psicóloga Regina Brandão não fala a respeito. Do ponto de vista tático, está claro que havia muito a evoluir. A compreensão sobre o plano de jogo falhou. Ainda assim, a distância da Alemanha para o Brasil não era de 7 a 1. Como não era essa a distância para a Argélia, nem para a França, nem para a Argentina na decisão.

A semifinal da Copa do Mundo se transformou na maior goleada já sofrida pela seleção brasileira — antes, 6 a 0 para o Uruguai em 1920. A ferida não vai cicatrizar jamais. Nunca haverá revanche do Maracanazo, e nunca ninguém se esquecerá do 7 a 1. Mas, assim como foi possível reverter o foco para os cinco títulos mundiais que sucederam a derrota em 1950, também é possível construir vitórias a partir da experiência do Mineirão, naquele 8 de julho de 2014.

# 28

# O JOGO COLETIVO

★

Na segunda metade da década de 2010, algumas palavras entraram no vocabulário do futebol. Time reativo ou que propõe o jogo, assistências para gols, assistências para finalizações... Não é preciso incorporar nenhuma nova expressão para entender o que se passa com o futebol brasileiro no início do século XXI.

"Nosso maior problema é que o jogador é tolhido em sua criatividade e não tenta o drible", analisa Edmundo. Um dos maiores talentos do futebol brasileiro nos anos 1990, Edmundo não se conforma com o jogo de passes curtos. Em parte, tem razão. Mas há motivos para o drible ter saído de moda no Brasil.

Um deles é o êxodo. O maior problema do futebol brasileiro e a grande dificuldade de manter seu estilo é a exportação de jogadores cada dia mais jovens. Eles se formam no Brasil, mas amadurecem em outros lugares. Com isso, os clubes do país ficam sem talentos capazes de reproduzir o que sempre foi sua principal marca: o improviso.

O problema não é que o Brasil exporte a seleção brasileira. É que exporta dez seleções brasileiras. No entanto, embora isso crie obstáculos, ao mesmo tempo abre uma possibilidade. Como diz Ricardo Drubscky, o jogo brasileiro sempre foi muito baseado na individualidade. Para Jonathan Wilson, o jornalista inglês autor de A *pirâmide invertida*, tática não envolve apenas jogo ofensivo. Depende também de estratégia ofensiva.

A terceira revolução de Arrigo Sacchi fez o futebol ser jogado em um terço do campo, que equivale aos 35 metros que separam a linha de defesa e o último atacante. Na década de 2000, times do Brasil e da Europa começaram a ocupar um espaço ainda menor — em alguns momentos, a distância de uma grande área, ou seja, 16,5 metros. Da frente da grande área até o círculo central são 27 metros. Essa virou a distância padrão nos times que se defendem.

Se não houver estratégia de ataque, só um gênio encontra espaço para o drible que desmonta sistemas defensivos. Como os gênios são exportados, o futebol jogado no Brasil fica sem criatividade. Nesse contexto, surge a comparação entre o jogo brasileiro e o europeu, e, covardemente, sempre se percebe o óbvio: o jogo europeu passou a ser mais vistoso, mais brilhante. Os craques estão lá. Mesmo com o espaço restrito a 27 metros, igualzinho ao Brasil, o craque inventa. Messi, Neymar, Cristiano Ronaldo, Mbappé.

O agravante do jogo feio no país durante a década de 2010 é pensar que tática é sinônimo de sistema defensivo, deixando a criatividade como único antídoto para a marcação. Não dá para ser só assim.

O Cruzeiro bicampeão brasileiro de 2013 e 2014 tinha uma dupla brilhante de armadores. Éverton Ribeiro saía da ponta direita para o meio. Ocupava o espaço de Ricardo Goulart, o ponta de lança, quando ele se infiltrava para se aproximar do centroavante. Questionado sobre como a dupla se entendia tão bem, o técnico Marcelo Oliveira explicou: "Isso é a química entre eles. É como quando eu jogava com Reinaldo no Atlético. A gente se entendia pelo olhar".

Claro que a relação especial, o entrosamento, a genialidade, devem aparecer. Mas a eles é necessário somar opções ofensivas. Cuca fez isso com maestria no Atlético de Ronaldinho Gaúcho e Jô, campeão da Libertadores de 2013. Uma de suas jogadas passava pelos zagueiros e por ligação direta. Na mesma época, o Borussia Dortmund foi vice-campeão da Champions League usando a mesma estratégia: Subotic fazia o passe longo, Lewandowski desviava de cabeça e deixava Götze frente a frente com o goleiro. Às vezes, era Reus quem fazia o papel da flecha. No Atlético, Leonardo Silva lançava, Jô desviava e Ronaldinho ou Tardelli chegavam na cara do gol.

No Palmeiras campeão brasileiro de 2016, Cuca ensaiava cuidadosamente as bolas paradas. Antes de viajar a Recife para enfrentar o Sport, pelo primeiro turno da competição, posicionou os zagueiros no treino de sábado e explicou em detalhes o que o time pernambucano faria. "Aqui vai ficar o Durval, aqui vai ficar o Matheus Ferraz. A bola tem de vir aqui", apontou para a risca da pequena área. O Palmeiras venceu por 3 a 1.

O ensaio detalhado é o único antídoto contra o êxodo dos craques, assim como a continuidade. A cultura segue sendo a de trocar técnicos a cada três resultados ruins. No Campeonato Brasileiro de 2016, por exemplo, houve 29 mudanças de treinadores. Só três dos vinte clubes participantes não fizeram substituições: o campeão Palmeiras, o vice-campeão Santos e a Ponte Preta, oitava colocada. A continuidade do técnico não deveria ser forçosa. Por outro lado, a manutenção de uma ideia de jogo e do estilo de cada clube faria a diferença. Se os jogadores são vendidos e se os elencos mudam completamente, as equipes só conseguiriam ganhar conjunto de uma maneira: preservando a comissão técnica ou trocando-a por quem trabalha com o mesmo estilo, e então desenvolvendo estratégias defensivas e ofensivas.

Só assim é possível reproduzir nos clubes o estilo brasileiro que seduziu o mundo. Mesmo que os craques já estejam no exterior. Desde que as exportações explodiram, em 1983, houve grandes times brasileiros. O Fluminense tricampeão carioca e campeão brasileiro de 1984, o São Paulo de Raí, o Palmeiras de Edmundo e Evair, o Vasco de Edmundo campeão brasileiro de 1997, o Corinthians de Edílson e Luizão bi brasileiro de 1998 e 1999, o Corinthians de Tite, o Santos de Neymar. Não por acaso, cada uma dessas equipes apresentava uma característica comum: uma ideia de jogo estabelecida e tempo para se tornarem inesquecíveis.

EPÍLOGO
# ONDE NASCEM OS ANJOS

★

Pelé e Garrincha jogaram juntos quarenta vezes na seleção brasileira. Nunca perderam uma partida. Ter dois dos maiores craques da história do futebol e dois símbolos da miscigenação do craque brasileiro foi um privilégio que durou oito anos: da vitória num amistoso contra a Bulgária, em 1958, até a estreia na Copa do Mundo de 1966, também contra os búlgaros.

Pelé nasceu em Três Corações, Minas Gerais, e começou a jogar em Bauru. Atuava no Canto do Rio, onde havia uma idade mínima de treze anos para um jogador se tornar federado. Por isso, aos onze, seu pai incentivou-o a fundar sua própria equipe, à qual Pelé deu o nome de Sete de Setembro. O time jogava no campo da rua Rio Branco. Nada da perfeição das bolas absolutamente redondas nem da grama macia. O capotão ensopava na chuva, e o terreno irregular exigia malabarismos para o domínio da bola. No campo irregular, Pelé inventou jogadas geniais. Mirar a canela do adversário e tabelar com ela para sair frente a frente com o goleiro não é uma estratégia comum. No entanto, era possível num aclive de terra, como no campo de Bauru.

Garrincha nasceu em Magé, região serrana do antigo estado do Rio de Janeiro, no distrito de Pau Grande. As ruas compridas, cobertas por pedras e árvores, tinham a paz encerrada apenas pela fábrica América Fabril, em que Garrincha trabalhou. A diversão era matar passarinhos — as garrinchas — e jogar bola num platô, um morrinho a menos de um quilômetro da empresa em torno da qual vivia o lugarejo. O drible tinha de ser perfeito. Em cima do platô, se a bola escapasse demais para a direita, desceria morro abaixo. Se, em vez da bola, o falseado fosse do pé direito, o tombo não seria pequeno.

Ronaldo já passou por experiências um pouco diferentes, mas também as aproveitou em seu jogo. Nascido em Bento Ribeiro, subúrbio do Rio de Janeiro, foi parar no São Cristóvão. A grama ainda era cortada por carneiros, que a comiam e a deixavam mais rente ao piso sempre irregular. Em seus gols mais geniais, contra o Compostela e o Valencia, pelo Barcelona, Ronaldo controlou a bola que parecia viva, entre o bate e rebate na canela dos zagueiros.

As condições eram mais estáveis nos anos 1990. Já se falava que o Brasil revelava menos jogadores porque não havia mais terrenos baldios. Mas revelava. Romário começou no Olaria, também de terreno ruim. Rivelino passou bom tempo no futebol de salão, assim como Ronaldinho Gaúcho e Alex. As quadras se juntaram aos campinhos e platôs desde a década de 1960. Rivelino foi um dos gênios brasileiros a começar com a bola pesada e em espaço restrito. Jogar onde não há espaço também ensina. Rivelino ampliou seu repertório de dribles de acordo com a necessidade de inventar latifúndios em centímetros.

Talvez as condições mais recentes fossem possíveis para formar craques em outros países. Na França, na Alemanha, na Espanha. Mas Pelé e Garrincha não seriam Pelé e Garrincha se não fossem brasileiros, formados pela invenção em estado puro e pela carência de condições materiais.

Os benefícios dessa experiência podem ser vistos nos mais variados momentos. Um bom exemplo é a tomada de decisão de Pelé em duas jogadas idênticas. No primeiro desses lances, na Copa do Mundo de 1970, o craque recebeu lançamento de Gérson na estreia do Brasil contra a Tchecoslováquia. O jogo estava 1 a 1 quando o passe longo caiu sobre sua cabeça. Pelé diminuiu o passo, esperou a bola bater em seu peito, atrasou o pé esquerdo e fuzilou com o direito.

Dezoito dias depois, na finalíssima contra a Itália, primeiro saltou muito mais alto do que o zagueiro Burgnich. Cabeceou de olhos abertos, como quem sobe em uma árvore para roubar uma fruta. De testa firme, escorou no canto esquerdo do goleiro Albertosi. Seu gol foi o centésimo da seleção em Copas do Mundo e o primeiro do Brasil na partida. A Itália empatou, e Gérson desempatou com um gol de longa distância. Então, Pelé recebeu outro lançamento de Gérson. A bola veio sobre sua cabeça, exatamente como acontecera contra a Tchecoslováquia. A decisão do maior craque da história foi diferente. Em vez de escorar com o peito, deixou a bola cair sobre sua cabeça. De testa, deixou Jairzinho de frente para o goleiro. Foi assim o terceiro gol do Brasil.

Quando lhe perguntaram por que tomou decisões diferentes em duas jogadas iguais, Pelé respondeu: "Contra a Itália, percebi que o zagueiro estava mais perto". Os gênios tomam decisões inesperadas, algumas forçadas pelo improviso. No Brasil, isso se aprende na rua, na praia, no terreno baldio, na fazenda ou na floresta. Talvez num platô, como Garrincha, ou num campinho sem grama, como Pelé.

# GLOSSÁRIO DAS POSIÇÕES

1. Goleiro — O único que pode defender a bola com as mãos. Precisa receber a bola recuada com os pés desde a mudança da regra em 1992.

2. Lateral-direito — No início, o número do lateral-direito era o 4. Foi assim no Santos e no Fluminense dos anos 1950, bem como no Fluminense tricampeão carioca de 1983, 1984 e 1985 e campeão brasileiro de 1984. Biguá era número 4 no Flamengo, Moreira, no Botafogo, Nelinho, no Cruzeiro e no Atlético, clubes que depois usariam a camisa 2 para a posição. O que regia a lógica era a diagonal pela direita ou pela esquerda. Nos tempos mais recentes, esse sentido se perdeu e os números passaram a ser fixos. Em vez do número 4, o lateral-direito do Santos já pode vestir a 38, por exemplo, como fez Daniel Guedes em 2018.

Médio-direito — *Grosso modo*, é possível dizer que não havia camisa para identificar o médio-direito, já que as numerações começaram a ser adotadas em 1948. Na Inglaterra, a numeração começou a ocorrer em 1933. Como a expressão "médio" vinha do inglês *half*, esse tipo de jogador também era chamado de half-direito.

Centromédio — Danilo Alvim, jogador da seleção de 1950, é o grande exemplo de talento nesta posição. O centromédio deu origem ao médio-volante, que, por sua vez, teve sua posição ocupada pelo cabeça de área. Como o termo vem do inglês *center-half*, muitas vezes foi chamado popularmente no Brasil de "center-hauf".

Médio-esquerdo — Equivalente ao médio-direito, mas no lado oposto do campo.

6. Lateral-esquerdo — Em muitos clubes, o lateral vestia a camisa 4. Até o final da década de 1980, o Corinthians e o Palmeiras eram bons exemplos: esse era o número do corintiano Wladimir e do palmeirense Zeca. Havia poucas exceções, como o Santos, que jogava com a 3, e o Flamengo, onde Júnior atuava com a 5. Assim como ocorreu com a lateral direita, aos poucos o sentido inicial da numeração foi se perdendo. A partir dos anos 1990, a camisa 6 se consagrou no Brasil.

5. Cabeça de área — Ainda que seja sinônimo de médio-volante, o cabeça de área representa mais o marcador implacável. Fez voltar a marcação homem a homem, embora o Brasil diga que adota o sistema por zona desde os anos 1950. Nem sempre o cabeça de área marcava individualmente, mas virou símbolo de brucutu.

3. Zagueiro central — O beque que joga pela direita. Diz-se "central" porque, no velho WM, ficava centralizado na linha de três defensores. Seguindo a lógica da numeração em que o lateral-direito é o 4, o zagueiro central historicamente é o 2. Isso mudou um pouco com a numeração fixa: nos tempos recentes, o zagueiro central tende a usar a camisa 3, embora possa escolher qualquer número.

4. Quarto-zagueiro — O beque que joga pelo lado esquerdo no meio da defesa. Diz-se "quarto-zagueiro" porque, na transformação do WM para o 4-2-4, o jogador foi recuado para atuar ao lado do zagueiro central. Por muitos anos, dependendo do clube, vestiu a camisa 6, enquanto o lateral-esquerdo usava a 4.

8. Meia-direita — Sempre foi caracterizado como o meia que joga pelo lado direito, no meio de campo, longe da ponta. Pode ser chamado de ponta de lança se esse jogador atuar com a camisa 8. Caso jogue com a 10, o ponta de lança passa a corresponder ao meia-esquerda.

10. Meia-esquerda — Equivalente ao meia-direita, mas no lado oposto do campo.

8. Meia-armador — Você pode dizer que o 8 é o ponta de lança, porém depende do clube. Leivinha era ponta de lança e vestia a 8, pois era meia-direita. Mas Gérson foi número 8 do Botafogo bicampeão carioca de 1967/1968 e da seleção brasileira de 1970. Era o homem do lançamento, da visão de jogo e, quando necessário, da cadência. O meia-armador.

10. Ponta de lança — Sim, você também sabe que o 10 muitas vezes é o meia-armador, mas nesta lista lhe atribuímos a camisa

8. Como podemos definir o 10 com a palavra "armador", se Pelé e Zico foram 10 e seu papel era chegar ao ataque, tabelar, infiltrar e fazer gols? O 10 histórico não é o organizador, o homem da cadência, e sim o ponta de lança. Isso mudou a partir dos anos 1990, quando a numeração deixou de ter importância para identificar posições. Muitos técnicos, a exemplo de Zagallo, definem dois pontas de lança como atacantes que se deslocam no ataque.

7. Ponta-direita — Carrega pelo lado do campo, dribla e chega à linha de fundo. "Tu também foi ponta, Telê! Bota ponta na seleção." A história é contada desde Garrincha até os falsos pontas, que jogavam pelos lados, mas voltavam para compor o meio de campo.

11. Ponta-esquerda — Também carrega pelo lado do campo, dribla e chega à linha de fundo. Zagallo foi ponta-esquerda, porém começou a ser o formiguinha e deu início à história dos falsos pontas pela esquerda. No entanto, sempre houve os pontas velozes, cruzadores ou goleadores: Pepe, um goleador, segundo maior artilheiro da história do Santos; Zé Sérgio, um velocista, destruidor de defesas a partir do drible.

9. Centroavante — Você pode achar que é aquele sujeito truculento, que briga pela bola e finaliza dentro da área, tipo Serginho Chulapa. Mas não é só isso. Sempre houve centroavantes hábeis, de movimentação e abertura de espaços, a começar por Leônidas da Silva. Nos anos 1970 e 1980, Reinaldo e Careca foram centroavantes, camisas 9 indiscutíveis. Ainda assim, eram centroavantes de movimentação.

Atacante — No tempo dos 4-4-2, com dois homens de frente movimentando-se sem cessar, a nomenclatura passou a ser adotada no lugar de ponta de lança, expressão que foi desaparecendo aos poucos. A nova dupla ofensiva incluía um centroavante e um segundo atacante.

Meia-atacante — Termo consagrado pelo jornal *Folha de S.Paulo*. É equivalente ao ponta de lança ou ao segundo atacante. Não é "meio atacante", por não ser atacante pela metade. No fundo, representa o meia que se aproxima do ataque, seja pela direita ou pela esquerda.

# EXPLICAÇÃO SOBRE A GRAFIA DOS CRAQUES HISTÓRICOS

Adotamos aqui um critério particular para grafar nomes de grandes craques do passado, que muitas vezes tiveram seus nomes escritos de maneira diferente, durante suas carreiras, do que estava escrito em suas certidões de nascimento. Por exemplo: Roberto Rivellino. Sabe-se hoje que seu sobrenome é grafado com dois L. Mas durante toda a carreira, Rivelino foi registrado nos jornais assim, com apenas um L. Adotamos Rivelino, por isso.

Seria também o caso de Mario Jorge Lobo Zagallo, conhecido como Zagalo durante toda a carreira de futebol e pela maior parte de sua trajetória como técnico. Ocorre que no final da passagem como treinador e na Copa de 1998 Zagallo já havia avisado que a grafia correta era com dois L, o que levou muitos jornais a escreverem seu nome da maneira como está em sua carteira de identidade.

Gylmar dos Santos Neves sempre foi conhecido como Gilmar. É quase como se houvesse se tornado um apelido.

Daí grafarmos:

Gilmar — Gylmar dos Santos Neves

Puskás — Ferenc Puskás

Rivelino — Roberto Rivellino

Waldir Peres — Waldir Peres Arruda

Zagallo — Mario Jorge Lobo Zagallo

# REFERÊNCIAS BIBLIOGRÁFICAS

Acervo *Folha de S.Paulo*.
Acervo Revista *Placar*.
ASSAF, Roberto; MARTINS, Clóvis. *Almanaque do Flamengo*. São Paulo: Editora Abril, 2001.
COIMBRA, David et al. *História dos Grenais*. Porto Alegre: L&PM, 2009.
DORP, Henk Van. *Ajax, Barcelona, Cruyff*. Londres: Bloomsbury Publishing PLC, 1999.
DOTTO, Giancarlo. *La squadra perfetta: Perché il Milan allenato da Sacchi ha giocato il miglior calcio della storia*. Milão: Mondadori, 2008.
DRUBSCKY, Ricardo. *Universo tático do futebol*. Belo Horizonte: Health, 2003.
HESSEN, Uli. *Tor!: The Story of German Football*. Londres: WSC Books, 2011.
HONINGSTEIN, Raphael. *Das Reboot: How German Soccer Reinvented Itself and Conquered the World*. Nova York: Nation Books, 2015.
MESQUITA, Alexandre; OLIVEIRA, César; GUIMARÃES, Marcelo. *As 100 melhores crônicas comentadas de João Saldanha*. Campinas: Livros de Futebol, 2017.
NASCIMENTO, Guilherme. *Almanaque do Santos*. São Paulo: Magma, 2012.

NAWRAT, Chris; HUTCHINGS, Steve. *The Sunday Times Illustrated History of Football*. Londres: Ted Smart, 1996.

NORIEGA, Mauricio. *Oswaldo Brandão: Libertador corintiano, herói palmeirense*. São Paulo: Contexto, 2014.

OLIVEIRA, Cesar (Org.). *As 100 melhores crônicas comentadas de João Saldanha*. Campinas: Livrosdefutebol.com, 2017.

RIBEIRO, Henrique. *Almanaque do Cruzeiro*. Caxias do Sul: Belas Letras, 2014.

SIQUEIRA, André Iki. *João Saldanha: Uma vida em jogo*. São Paulo: Companhia Editora Nacional, 2007.

UNZELTE, Celso. *Almanaque do Timão*. São Paulo: Editora Abril, 2000

_____. e VENDITTI, Mario Sérgio. *Almanaque do Palmeiras*. São Paulo: Editora Abril, 2005.

WILSON, Jonathan. *A pirâmide invertida*. Campinas: Grande Área, 2016.

WINNER, David. *Brillant Orange: The Neurotic Genius of Dutch Football*. Londres: Bloomsbury Publishing PLC, 2001.

# ÍNDICE REMISSIVO

As páginas das ilustrações estão indicadas em itálico.

Ademir da Guia, 40, 79, 103-4, 109, 122, 123, 202
Ademir de Menezes, 39, 47-8, 198, 210, 221
Adílio, 109
Adriano, 257, 259
Adriano Gabiru, 242, 244
África do Sul, seleção da, 139
Aguilera, 15
Aílton, 188
Aílton Lira, 116
Ajax, 132-4, *133*, 183
Al-Ahli, time da Arábia Saudita, 161, 165
Albertosi, 267
Aldair, 178, 201
Alemanha, seleção da, 73, 153-4, 168, 174, 182, 201, 214, 247-60, *250*
Alemão, 168, 171, 178
Alessandro, 231-2
Alex (Cruzeiro-Palmeiras), 78, 207, 210, 221, 266
Alex (Inter), 242
Al-Ittihad, time da Arábia Saudita, 138
Al-Wahda, time dos Emirados Árabes, 228
Amaral, Paulo, 138-9
Amarildo, 66, 72-3, 257
América (México), 244

América (MG), 140
América (Rio Preto, SP), 102
América (RJ), 57-61, 59, 75, 80, 83, 125, 137, 147
Amoroso (Guarani), 222
Amoroso (Fluminense), 81, 82
*Anatomia de uma derrota* (Perdigão), 44
Anderson Polga, 212
Andrade, 109, 112
Andrade, Ênio, 77, 79, 96, 122, 125-30, 158, 173, 213, 219, 221, 229
Antognoni, 158
Antônio Carlos, 220
Arábia Saudita, seleção da, 139
Argélia, seleção da, 171, 247
Argentina, seleção da, 23-4, 42, 76, 134, 153, 164, 176, 178, 209-10, 212, 215, 252
Arreguy, Cláudio, 178
Arsenal, 32
Atlético de Madrid, 84, 140
Atlético Goianiense, 228, 232
Atlético Mineiro, 22, 23, 84, 91, 101, 112, 129, 142, 173, 188, 225, 251, 263
Atlético Paranaense, 140, 212
Autuori, Paulo, 139

Bahia, 83, 84, 87, 98, 219
Ball, Alan, 94, 96
Baltazar, 128
Bangu, 23, 48, 80-1, 129
Baptista, Nelsinho, 124, 219
Barbosa, 259
Barcelona, 16, 42, 57, 61, 68, 109, 132, 134, 138, 194, 198, 204, 208, 210, 224, 242, 244, 249, 259, 266
Basílio, 124
Batista, Adílson, 228

Batista, volante, 109, *111*, 150-1, 153, 156, 169
Batista, zagueiro, 188
Battaglia, Vital, 155
Bayern, 249
Bearzot, Enzo, 158
Bebeto, 143, 174, 178, 187-8, 190-1, 197, *199*, 200, 203, 222, 258
Beckenbauer, Franz, 112, 252
Beenhakker, Leo, 182
Belenenses, 93
Bélgica, seleção da, 182, 214
Bellini, 53, 55, 71, 149
Benfica, 60
Bernard, 248-9, 251, 257
Biavatti, 147
Bielsa, Marcelo, 209
Biguá, 269
Bilardo, Carlos, 209
Bismarck, 191
Boateng, 248
Boca Juniors, 99, 233
Boiadeiro, 191
Bolívia, seleção da, 154, 167, 201
Bonamigo, Paulo, 139
Bonano, 210
Borrachinha, 128
Borussia Dortmund, 144, 263
Bosman, Jean Marc, 241
Botafogo, 25-6, 36-7, 40, 42, 47, 58, 66, 71-2, 75, 77, 83, 102-3, 114, 120, 126, 128, 138, 143, 168
Braga, Abel, 139, 242, 244
Bragantino, 217
Branco, 171
Brandão, Osvaldo, 77, 103-4, 108, 119-20, 122, 125, 149
Brandão, Regina, 255, 258-9
"Brasil na Retranca" (Saldanha), 145-7
Bráulio, 99, 102

Breitner, Paul, 155
Buckingham, Vic, 132
Bulgária, seleção da, 71, 265
Burgnich, 267
Buttice, 83

Cabelli, Humberto, 34
Cabralzinho, 83
Cabrini, 158, 160
Caçapava, volante, 109-10, *111*
Cafu, 78, 142-3, 193-4, 214, 221-2, 225
Camarões, seleção de, 158, 210
campeonato brasileiro de seleções estaduais, 87-8
Canário, 75
Candinho, 139
Capello, Fabio, 206, 230
Cardoso, Gentil, 34, 42
Careca, 168, 171-3, *172*, 178, 180, 187, 258, 272
Carlinhos (Violino), 187
Carlos Alberto (Torres), 22-3, *28*, 29, 53, 80, 138, 169
Carlos Alberto, meia, 224
Carlos Roberto, 114, 116
Carlos, goleiro, 169
Carpegiani, Paulo César, 67, 101, 104, 109, 112
Carvalhaes, João, 71
Casagrande, 169, 204
Cássio, 235
Castillo, Ramón, 171
Cavani, 251
Caxias, RS, 97, 229
CBD (Confederação Brasileira de Desportos, futura CBF), 16, 20, 23, 41, 43, 53, 68, 71, 73, 88, 107, 147
CBF, 108, 147, 161, 164, 166-7, 173-4, 223, 252

Ceará, lateral, 244
César Sampaio, 220
César, atacante (Palmeiras), 122
César, atacante (Vasco), 155
César, goleiro, 194
Chapman, Herbert, 32
Charles, centroavante, 129
Charles, Mel, 11, 72
Chedid, Nabi Abi, 167, 173
Chelsea, 140, *234*, 235, 242
Chicão, volante, 112, 146
Chicão, zagueiro, 232
Chile, seleção do, 72, 169, 174, 253, 255, 258
China, seleção da, 214
Chirol, Admildo, 16
Cilinho, 173, 186
Cláudio, lateral, 221
Clodoaldo, 26, 116, 138
Cocito, 208
Coelho, Paulo Vinícius, 31, 254
Coimbra, Edu, 140, 164, *165*
Colaussi, 147
Colômbia, seleção da, 108, 254, 256, 258
Compostela, 266
Conti, Bruno, 158
Copa América, 1989, 176
Copa das Confederações, 2013, 253
Copa do Mundo, 1950, 25, 34, 38-41, 43-4, 146, 150, 153, 198, 221, 251, 253, 260
Copa do Mundo, 1954, 73, 94
Copa do Mundo, 1958, 11, 17, 49, 52-3, 55, 66, 70-1, 73, 75, 94, 215, 251, 258
Copa do Mundo, 1962, 18, 25, 47, 55, 66, 72-3, 75, 215, 257
Copa do Mundo, 1966, 16, 19, 24, 71, 93, 96, 107, 251, 265

Copa do Mundo, 1970, 15-29, 60, 90, 107, 251, 267
Copa do Mundo, 1974, 59-60, 107, 109, 131, 133, 137, 141, 145, 182, 251
Copa do Mundo, 1978, 209
Copa do Mundo, 1982, 11, 60, 84-5, 139, 141, 145-60, 154, 162, 164, 169, 171, 182, 185, 210, 215
Copa do Mundo, 1986, 141, 168, 185, 239
Copa do Mundo, 1990, 139, 175, 178
Copa do Mundo, 1994, 60-1, 143, 186, 197, 200, 203, 210, 214, 251
Copa do Mundo, 1998, 144, 205, 251
Copa do Mundo, 2002, 11, 19, 162, 209-15, 213
Copa do Mundo, 2006, 224, 251
Copa do Mundo, 2010, 258
Copa do Mundo, 2014, 247-60
Copa Rio Branco, 19
Corinthians, 26, 55, 71, 83-4, 103, 109, 117, 122, 123, 129, 169, 179, 200, 202, 204, 207, 218, 221, 223-4, 227-9, 231-5, 234, 237, 241, 244, 264; Campeão da Libertadores e Mundial (2012), 235
Coritiba, 84, 128, 221
Costa e Silva, Artur da, 15
Costa Rica, seleção da, 214
Costa, Flávio, 31, 34-5, 38, 41-4, 47, 52, 77
Coutinho, 12, 60, 64, 94, 198, 200
Coutinho, Cláudio, 16, 68, 107-9, 117, 128, 162, 175, 193
Coutinho, Giulite, 147, 149, 164, 167
Cristiano Ronaldo, 262
Croácia, seleção da, 254-5
Cruyff, Johan, 131, 134, 136, 138, 183, 244

Cruzeiro, 26, 78, 87-90, 89, 103, 124, 129, 173, 203, 210, 221-3, 262
Cubillas, 22
Cuca, 263
Culpi, Levir, 212

Dalglish, Kenny, 80
Daniel Alves, 109, 254
Daniel Guedes, 269
Danilo, 235
Danilo Alvim, 270
David Luiz, 255
De Jong, 112
De Sordi, 55
Deco, 244
Denílson, 222
Denílson (o Príncipe), 112, 207
Deportivo La Coruña, 144, 204
Di Stéfano, 76
Dias, Medrado, 161, 167
Dida (Palmeiras), 194
Didi, 48-9, 53, 56, 71, 75-6, 78, 258
Diego, 257
Dinamarca, seleção da, 176
Dino Sani, 55, 68, 99
Dirceu, 84, 147, 151, 156, 169
Dirceu Lopes, 21, 88-90
Djalma Dias, 21
Djalma Santos, 169
Dorval, 94, 200
Doval, 83
Drubscky, Ricardo, 140-2, 262
duas linhas de quatro, 17, 70, 94, 180, 235, 242
Dudu, 103-4, 109, 122-3
Dunga, 109, 144, 174, 199, 225
"Dunga, era", 178
Durval, 263

Éder, 11, 142, 169

Edevaldo, 155-6, 169
Edílson, 202, 219, 220, 222, 225, 264
Edinho, 169
Edinho Baiano, 194
Edmílson, *213*
Edmundo, 200, 203, 220, 221, 225, 261, 264
Édson (São Paulo), 122-3
Édson Pezinho, 218
Edu (Palmeiras), 104, 122
Edu (Santos), 15, 16, 22
Élber, 210
Elivélton, 191, 192
Elzo, 168, 171
Émerson (Sheik), 235
Emirados Árabes, seleção dos, 139
Enéas, 198
Engelke, Luís, 98
Equador, seleção do, 212
escalações: Atlético Mineiro, 1987, 190; Barcelona campeão europeu, 2006, 244; Botafogo, 1948, 37; Brasil contra a Alemanha, 2014, 252-3; Brasil de Lazaroni (1990), 177; Brasil de Luxemburgo, 1999, 206; Brasil de Parreira,1986, *163*; Brasil de Saldanha, 1969, 20; Brasil de Telê, 1980, 149; Brasil de Telê, 1981, 154; Brasil de Telê, 1986, 168, 171; Brasil, 1950, 39; Corinthians de Brandão, 1954, 122; Corinthians de Tite, 2012, 235; Coritiba de Tim, 1976, 84; Cruzeiro, campeão da Taça Brasil, 1965, 87; Flamengo campeão mundial, 1981, 67; Flamengo de Zico, 120; Flamengo, 1987, 190; Fluminense campeão carioca, 1964, 80; Fluminense, 1951, 45; Internazionale campeã mundial, 2010, 242; Milan campeão europeu, 1989-90, 70; Palmeiras de Brandão, 1972-3, 119, 120; Palmeiras de Filpo Núñez (Academia), 120; Palmeiras de Minelli, 1987, 103; Roma de Capello, 2001, 207; Santos campeão mundial, 1963, 64; Santos de Formiga, 1977, 114; Santos de Luxemburgo, 2006, 224; Santos de Pelé, 1963, 120; Santos, 1955, 64; Vasco campeão carioca, 1970, 83
Escócia, seleção da, 215
escola brasileira: diferença de treinamento, 140-1; diferenças regionais, 12; incorporada pelos europeus, 58; introdução da informática, 238-40; origens, 10; prejudicada pela exportação de talentos, 262-4
Espanha, seleção da, 72, 171, 253
Espinosa, Valdir, 126
Esportivo (Bento Gonçalves, RS), 126
esquemas: 2-3-5, 33, 37, 51, 64, 70, 122; 3-2-5, 33, 39; 3-4-1-2, 207; 3-5-2, 67, 176, 212; 4-2-3-1, 67, 230, 234, 248; 4-2-4, 22, 39, 45, 51, 64-6, *65*, 88, 94, 132, 198, 271; 4-3-3, 63, 66, 94, 132, *135*, 183, 186, 191-2, 244; 4-4-2, 17, 67, 190, 192, 195, 198, 272; diagonal, 34, 36-9, 42, 47, 52, 269; pirâmide, 45, 51; WM, 32-3, 37-9, 42, 52, 55, 63, 66, 70, 132, 179, 271
Eto'o, 244
Evair, 200, 220, 221, 264
Evaldo, 90
Éverton Ribeiro, 262

Fabinho, 207
Fábio Santos, 232

Facchetti, 53
Fadrhonc, František, 134
Fahad Al-Ahmed Al-Jaber Al-Sabah, príncipe do Kwait, 139
Falcão, Paulo Roberto, 11, 42, 84, 101, 104, 107-12, *111*, 126, 139, 156, 158, 169, 173-4, 193
falso ponta, 67, 81, 147, 151, 154-5, 168, 178, 185, 190
Fedato, 104
Feola, Vicente, 49, 53-4, 72, 77, 251
Fernandão, 242
Fernandes, Fernando, 254
Fidélis, 82
Figueroa, 101, 104, 107
Fischer, 83
Fla x Flu, 10, 34, 48
Flamengo, 23, 31, 34, 41, 43, 47-8, 58, 67-9, 77, 83-4, 105, 108-9, 112, 117, 120, 126, 128, 143, 146, 162, 175, 187-90, *189*, 198, 200, 204, 217, 219, 223, 225, 233; Campeão Mundial, 1981, 67
Flávio, 110
Fluminense, 34, 42, 45, 46, 48-9, 51, 58, 69, 75, 77, 80, 83-4, 87, 90, 95, 110, 126, 140, 142, 146, 162, 164, 207, 264
*Folha de S.Paulo*, 149, 180, 197, 238, 252, 273
Fonseca, Divino, 181
Formiga, Chico, 112, 114
França, seleção da, 72, 134, 138-9, 144, 154, 171, 182, 205, 224, 247
Fred, 248-9, 251, 253, 255-6
Froner, Carlos, 97, 122, 213, 229
futebol e ditadura, 20-3

Gainete, Carlos, 97, 229
Gallardo, 22
Gallo, Alexandre, 247, 249, 259
Ganso, Paulo Henrique, 257-8
Garrincha, 10, 17, 31, 53, 55, 64, 70-2, 75, 94, 187, 257, 265, 267, 272
*Gazeta Esportiva, A*, 218
Geílson, 224
Geninho, técnico, 207
Geovani (Vasco), 176
Geovanni (Barcelona), 210
Gérson, 22, 25-6, 79, 114, 122-3, 138, 202, 267, 271
Getafe, 223
Ghezzi, 66
Ghiggia, 146
Gil Baiano, 218
Gilberto Costa, 116
Gilberto Silva, 212
Gilmar (dos Santos Neves), 55, 64, 75
Gilmar (Palmeiras), 117
Gílson Nunes, 81, 84
*Globo, O*, 254
Gonçalves, Otacílio, 139, 219
González, Alfredo, 83, 102
Götze, 263
Grêmio, 12, 84, 96-8, *97*, 125, 128, 141, 173, 187, 211-2, 228-30, 251
Guaita, 146
Guarani, 97, 173, 219, 229
Guardiola, Josep, 16, 42, 57, 60-1, 67, 138, 259; inspiração no Brasil, 57
Guilherme, 211
Guilherme, Helmer, 174
Guimarães, Joaquim, 34
Guimarães, Otávio Pinto, 167
Guinei, 233
Gullit, Ruud, 181, 183
Guttmann, Béla, 49, 54

Havelange, João, 23, 53, 147
Heleno de Freitas, 43

Hidegkuti, 73
Hogan, Jimmy, 32
Holanda, seleção da, 42, 59, 133-7, 135, 179, 182-3, 201, 252, 258; *ver também* Laranja Mecânica
Honduras, seleção da, 211
Höwedes, 248-9
Huddersfield, time escocês, 32
Hulk, 249, 254
Hummels, 247-8
Hungria, seleção da, 19, 49, 50, 52-4, 73, 94, 168, 221
Hunt, 17, 94
Hurst, 17, 94

Iarley, 242, 244
Inglaterra, seleção da, 11, 16-7, 18, 25-6, 49-50, 71-2, 94-6, 95, 107, 154, 164, 214
Iniesta, 60, 244
Internacional (RS), 12, 67, 77, 96, 98, 101-2, 104-9, 106, 112, 119, 125, 127, 142, 162, 179, 228-30, 242, 244; Campeão Mundial, 2006, 242-4
Internazionale, 207, 241, 243
Ipojucan (Vasco), 43
Irlanda do Norte, seleção da, 171
Itália, seleção da, 25, 29, 43, 53, 70, 145, 156, 157, 160-1, 182, 200, 215, 253, 267
Itaperuna (RJ), 219
Iugoslávia, seleção da, 169

Jair da Rosa Pinto, 40
Jairo, 84
Jairzinho, 22, 25-6, 28, 53, 90, 138, 258, 267
Jardel, 210
Jô, 263

João Carlos, técnico, 140
João Leite, 153, 189
João Paulo, 115
*João Saldanha: uma vida em jogo* (Siqueira), 20-3
Joaquinzinho, 81, 82
Joorabchian, Kia, 227-8
Joreca, 41
Jorge Wagner, 208
Jorginho, lateral, 174
Jorginho, ponta-direita, 80, 142, 147, 148
*Jornal do Brasil*, 146, 155, 178
Josimar, 171
Juary, 115
Jucilei, 231
Júlio César, goleiro, 232
Júlio César, zagueiro, 171
Juninho, 169
Júnior, 120, 150, 155, 158, 169, 171, 172, 174, 270
Juventude (RS), 126
Juventus (Turim, Itália), 134, 207, 229

Kahn, Oliver, 214
Kaká, 257, 259
Kashima Antlers, time japonês, 140
Keizer, 132
Kfouri, Juca, 254
Khedira, 248-9
Kieft, Wim, 183
Kléberson, 212
Klose, Miroslav, 255
Kocsis, 73, 221
Koeman, Erwin, 182
Kovács, Stefan, 132, 134, 138
Krol, 138
Kroos, 248-9
Kürschner, Dori, 31, 34, 39, 41, 206

Kuwait, seleção do, 138-9, 162
Kuznetzov, 71

Lahm, Philip, 248-9
Lampard, 234, 235, 240
Laranja Mecânica, seleção da Holanda de 1974, 137, 183
Lázaro, Fernando, 237
Lazaroni, Sebastião, 175-8
Leandro, 156, 169
Leandro Castán, 232
Leão (Émerson), 121, 124, 153, 211, 218, 237
Leivinha, 104, 122, 198, 202, 271
Léo Lima, 224
Leonardo Silva, 263
Leônidas da Silva, 272
Lewandowski, 263
Liedholm, Nils, 55, 75
Liga dos Campeões da Europa (Champions League), 52, 75, 132, 134, 207, 224, 241, 244, 249, 263
"limite da estupidez, O" (Saldanha), 158-60
Liverpool, 80, 132, 245
Lopes, Antônio, 187, 217, 224
Lopes, Norberto, 217
Los Angeles Aztecs, 68
Löw, Joachim, 252
Lucas, centroavante, 211
Luís Carlos (Vasco), 147
Luis Enrique, técnico, 109
Luís Pereira, 104, 122
Luiz Borracha, 128
Luizão, 264
Luizinho, 169, 188
Lula (Luiz Alonso Peres), 119, 223
Lula, ponta-esquerda, 110
Luxemburgo, Vanderlei, 11, 78-9, 119, 130, 138, 140, 205, 210, 217-24

Macedo, 143
Macedo, Evaristo de, 48, 81, 164, 166, 174
Machado de Carvalho, Paulo, 53
Madureira, 76
Magalhães, Mario, 197
Magallanes, 211
Mahseredjian, Fábio, 247
Maicon, 109, 254
Manchester United, 109
Mándi, Gyula, 49
Maneco (Manoel Anselmo da Silva), 58
Mansur, Carlos Eduardo, 254
Maracanã, 10, 12, 15, 150
Maradona, 178, 180, 188
marcação individual, 47-8, 51-2, 103, 120, 248
marcação por zona, 11, 45, 48-9, 51, 53, 55, 57, 103, 121, 163, 177, 206, 212, 229, 235, 270
Marcelinho Carioca, 202
Márcio Santos, 258
Marco Antônio, 110
Marino, Esteban, 73
Mario Filho, 95
Mário Sérgio, 76, 126, 129, 204
Mário Tilico, 129
Markarián, Sergio, 211
Marquinho Carioca, 190
Mata, 235
Mauricinho, 186
Maurílio, atacante, 222
Mauro (Ramos de Oliveira), 55, 64
Máximo, João, 42-4
Mazinho, 218, 220
Mbappé, 262
Médici, Emílio, 20-3
Mello, Francis, 253
Mendes, Luiz, 47

Menezes, Daltro, 68, 99
Menezes, Mano, 229, 250
Mengálvio, 64, 114
Menotti, César Luis, 42, 209
Merica, 146
Messi, 262
Michel, Espanha, 171
Michels, Rinus, 42, 131-2, 134, 138, 179, 182-3
Mifflin, 22
Miguez, 146
Milan, 64, 70, 77, 99, 176, 179-80, 181, 185, 207, 232
Mineiro, 245
Minelli, Rubens, 47, 68, 90, 101-5, 108-10, 117, 124, 138, 158, 162, 179, 213
Miranda, Eurico, 175
Moacir, Sérgio, 213
Mococa, volante, 117
Mogi Mirim, 204
Monarco, 58
Moreira, 269
Moreira, Airton, 90
Moreira, Aymoré, 19, 47, 72, 90, 124
Moreira, Zezé, 45, 47, 49, 90, 103, 142, 147, 158
Moses, 235
Mota, 221
Mourinho, José, 109, 224
MSI, grupo de investimentos russo, 227
MTK, time húngaro, 32
Mühren, 132
Müller, 143, 168, 170, 171-3, 172, 178, 186, 193, 195, 201
Müller, Thomas, 255
Mundial de Clubes, 57, 60, 64, 65, 67, 94, 192-4, 235-6, 240, 242, 244
Mundialito, 1981, 152-3

Nacional (Montevidéu), 127
Nacional (SP), 101
Napoli, 180, 187
Neeskens, 132, 136
Neguinho da Beija Flor, 253
Nelinho, 109, 269
Neymar, 61, 248, 251, 256-8, 262, 264
Nilmar, 224
Nílton Batata, 115
Nílton Santos, 37, 47, 71
Nova Zelândia, seleção da, 215
Novorizontino, 218
Nunes, 150-1
Nunes, Heleno, 147
Nunes, Max, 150, 151
Núñez, Filpo, 102, 120

Oberdã, 84
Olaria, 80, 266
*Olho no Lance* (programa de TV), 116
Olimpíada, Sydney 2000, 210, 223
Oliveira, Marcelo, 263
Oliveira, Oswaldo de, 124, 138, 140
Operário (MT), 114
Orlando Peçanha, 53
Orsi, 147
Oscar, meia, 247
Oscar, zagueiro, 169

Padilha, José Bastos, 32
Pagliuca, 200
País de Gales, seleção do, 11, 72
Paiva, Rodrigo, 252, 254
Paixão, Paulo, 247
Palestra Itália, 34, 47
Palhinha, atacante, 90, 124, 198, 200
Palhinha, meia, 193
Palmeiras, 47, 77, 78, 90, 101-4, 109, 113, 117, 119-22, 121, 126, 142-3,

147, 173, 188, 193-4, 200, 202,
204, 207, 217, 219-21, 220, 230-
3, 242, 251, 263-4; e Parmalat, 207,
219; *ver também* Palestra Itália
Paolo Guerrero, 236
Parada (Bangu), 82
Paraguai, seleção do, 15, 22, 25, 48,
167, 178, 211-2
Parreira, Carlos Alberto, 11, 16-7, 24,
26, 52, 57, 60-1, 66, 77, 93, 138-9,
144, 161, 163, 175, 187, 192, 212,
247, 249, 255-6
Pascoal, Osvaldo, 254
Passarinho, Jarbas, 23
Passo, Antônio do, 20
Pato (Alexandre), 242, 257-8
Paulinho, 232, 235, 252
Paulo André, 232
Paulo Borges, 82
Paulo Cézar Caju, 22, 68
Paulo Emílio, 138
Paulo Isidoro, 91, 128, 150-3, 169
Paulo Sérgio, goleiro, 155, 169
Pedrinho, 169
Pedro Rocha, 122
Pelé, 11-2, 15, 22-3, 26, 29, 53, 55,
60, 64, 66, 70-1, 73, 75, 79, 84,
88, 93-4, 114, 120, 198, 202, 257-
8, 265, 267, 272
Pepe, 64-5, 94, 200, 272
Perdigão, Paulo, 44
Pereira da Costa, Lamartine, 17
Pereira, Jair, 140
Peru, seleção do, 21, 24, 71, 76, 85,
158, 169
Peters, 94, 96
Piazza, 16, 22, 88, 90
Pinilla, 253
Pintado, 193-4
Piola, 147

Piontek, Sepp, 176
*pirâmide invertida*, A (Wilson), 52,
70, 262
Pires, 117
Pita, 116
*Placar*, revista, 31, 178, 182
Platero, Ramón, 34
Platini, 171
Polônia, seleção da, 158, 171
Ponte Preta, 122, 219, 263
Porto, 224
Portugal, seleção de, 19, 140
Portuguesa (RJ), 41
Pozzo, Vittorio, 70
Prósperi, Luiz Antônio, 254
PSV Eindhoven, 198, 203
Puskás, 73, 221

Quarentinha, 71
Quintas, Rubens, 114

Raí, 174, 193-4, 264
Ralf, 232, 235
Ramires, 235, 240, 248-9, 251
Raul (Plassmann), 88
Real Madrid, 52, 75, 140, 223
Real Sociedad, 223
Rêgo, José Lins do, 48
Reinaldo, 91, 155-6, 263, 272
Renato, 153
Renato Gaúcho, 126, 169, 187-90,
200
Renato Sá, 128
Rensenbrink, 138
Rep, 132, 136, 138
Reus, 263
Ricardo Gomes, 177
Ricardo Goulart, 263
Ricardo Rocha, 174
Rijkaard, Frank, 224, 244

Rildo, 21
Rio Branco (Americana-SP), 143
Rio Branco (ES), 217
Rivaldo, 11, 162, 204, 210, 214, 221, 251, 258
Rivelino, 26, 79, 109, 154, 258, 266
River Plate, 233
Rivera, Gianni, 66
Roberto Carlos, 144, 214, 220, 231
Roberto Dinamite, 169, 176, 186
Robinho, 257
Rodrigues, 90
Roger, 224
Rolla, Oswaldo (Foguinho), 98
Roma, 206
Romário, 174, 176, 178, 186-7, 197, 199, 200, 203, 210, 222, 258, 266
Ronaldinho Gaúcho, 210, 214, 224, 244, 251, 257, 259, 263, 266
Ronaldo, 11, 144, 162, 203, 210, 214, 231, 251, 258, 266
Ronaldo Luís, 193-4
Roncaglia, 235
Roque Júnior, 247, 249
Roth, Celso, 207
Rubens Feijão, 116
Runco, 256

Sacchi, Arrigo, 77, 176, 179, 185, 232, 262
Saldanha, João, 16, 19-20, 22-4, 63, 145-7, 155, 158-60, 159; briga com Yustrich, 23; relação tensa com Pelé, 23
Sampaoli, Jorge, 253
San Lorenzo, 83
Sanchez, Andrés, 228, 231
Sandro, 221
Sant'Anna, Moraci, 238, 239
Santa Cruz (PE), 126, 173
Santana, Joel, 175
Santana, Telê, 48, 78, 81-4, 95, 117, 138, 141-4, 147-56, 161, 163, 165, 168-71, 188, 190, 192, 194, 222, 238-9
Santos, 12, 26, 55, 57, 60-1, 64, 84, 87-8, 94, 103, 105, 112, 114-6, 115, 119-200, 223-5, 231, 263-4; Campeão Mundial 1962, 60; Campeão Mundial 1963, 64; contra o Barcelona, 57
São Bento, 102
São Cristóvão, 266
São Paulo, 26, 41, 43, 49, 53-4, 78, 104, 108, 112, 116, 122, 128, 143-6, 168, 173, 186, 190-5, 221, 227, 232-3, 238, 245, 264; Campeão Mundial 1992, 194; Campeão Mundial, 2005, 245
Sávio, 203
Schürrle, 247
Schweinsteiger, 248-9
Scolari, Luiz Felipe, 78, 140, 162, 211-2, 215, 229, 247, 249, 251, 253-8
Sebes, Gusztáv, 49
seleção brasileira: contra a Alemanha, 155, 168, 247-60; contra a Argentina, 178, 210; contra a Bolívia, 154; contra a Espanha, 171; contra a França, 144, 171, 205; contra a Holanda, 60, 137; contra a Hungria, 53, 168; contra a Inglaterra, 154; contra a Itália, 53, 160, 267; contra a Suécia, 75; contra a Tchecoslováquia, 267; contra Honduras, 211; contra o Chile, 253; contra o Paraguai, 15; contra o Peru, 21, 71; contra o Uruguai, 205, 251-2; contra Portugal, 19
seleção brasileira na Copa de 1970,

15-29, média de gols, 25; preparação, 26
Sergi Roberto, 109
Serginho Chulapa, 117, 153, 160, 169, 272
Sérgio Araújo, 190
Sérgio Moacir, 96, 122
Sidney, 168, 186
Silas, 168, 173, 178
Silva, Carlos Alberto, 124, 173-4
Simonsson, 55
Siqueira, André Iki, 20-3
Soares, Jô, 150, 155
Sócrates, 150-3, 158, 169-74, *172*, 198, 200, 232
Solich, Fleitas, 48, 206
Sorato, 190, 200
Sport (PE), 102, 126, 263
Steaua Bucareste, 132
Subotic, 263
Suécia, seleção da, 55
Suurbier, 132, 138
Suzuki Jr., Matinas, 238

Tadeu Ricci, 142
Taffarel, 174, 178
Taranto, Giuseppe, 31
Tarciso, 125, 142
Tardelli, 263
Taubaté, 102
Tchecoslováquia, seleção da, 72-3, 192, 257, 267
Teixeira, Ricardo, 174, 224
Tévez, 224
Thiago Silva, 253, 256, 259
Tiba, 218-9
tico-tico no fubá (América RJ), 57-61
tiki-taka (Barcelona), 61
Tim (Elba de Pádua Lima), 79-85, 87, 130-1, 158, 221, 239

Tim, Gilberto, 105
Tita, 151-4
Tite, 97, 139, 179, 227-36, 237, 240, 264
Tolima, Colômbia, 228, 231
Toninho Cerezo, 91, 112, *113*, 140, 145, 150-8, 169, 171, 174, 193
Toninho Vanusa, 101
Toninho Vieira, 112, 116
Toninho, lateral, 109-10, 168
Tony Meola, 200
Torino, 169
Tostão, 22, 26, 29, 88, 90, 141, 203
Tovar, 99, 101, 104
Travaglini, Mário, 138
Túlio, 203
Turquia, seleção da, 214

Ubirajara, 82
União Soviética, seleção da, 11, 19, 70-1, 150-1, 156, 159, 174, 182, 215
*universo tático do futebol, O* (Drubscky), 140
Uruguai, seleção do, 19, 25, 40-1, 146, 153, 164, 176, 178, 201, 205, 211, 251-2, 260

Valdo, 178
Valdomiro, 101, 104, 110, 147
Valencia, 266
Valencia, Antonio, 109
Valfrido, 83
Vampeta, 208, 210
van Basten, Marco, 180-1, 183
Vasco, 25, 34, 41, 43, 47, 58, 69, 83-4, 101, 144, 147, 164, 175, 186, 190, 198, 200, 203, 217, 224, 264
Vavá, 56, 64, 71, 94
Viana, *113*, 145
Vicente, 93

Vieira, Ondino, 42
Vítor, goleiro (Santos), 200
Vítor, lateral direito, 192-3
Vítor, zagueiro, 55
Vitória, 77, 98, 126
*Viva o Gordo* (programa de TV), 151, 154

Waldir Peres, 153, 159, 169
Wallace, 232
Wellington Monteiro, 244
West Bromwich, 132
William (Vasco), 191
Willian (Chelsea), 247
Wilmots, Marc, 214
Wilson, 72
Wilson, Jonathan, 52, 70, 262
Wladimir, 270
*World Soccer*, revista, 25

Xavi, 60

Yustrich, 22, 23, 77

Zagallo, 11, 19, 24, 26, 49, 52, 59, 64, 66, 72, 81, 94, 107, 128, 137-8, 141, 144, 154, 186, 192, 195, 197-8, 201-5, 223, 251, 272
Zé Carlos (Cruzeiro), 90
Zé Carlos (Santos), 112, 116
Zé do Carmo, 191
Zé Maria, 237
Zé Mário, 139, 146
Zé Roberto, 147
Zé Sérgio, 151, 272
Zeca, 270
Zequinha, 125
Zico, 40, 68, 109, 120, 140, 150-4, 158, 169, 171-4, 188, 190, 198, 202, 258, 272
Zidane, Zinedine, 224
Zinho, 187
Zito, 55, 64, 73
Zizinho, 39, 81, 107, 198, 221
Zúñiga, 256

1ª EDIÇÃO [2018] 3 reimpressões

ESTA OBRA FOI COMPOSTA PELA ABREU'S SYSTEM EM INES LIGHT
E IMPRESSA EM OFSETE PELA LIS GRÁFICA SOBRE PAPEL PÓLEN DA
SUZANO S.A. PARA A EDITORA SCHWARCZ EM MAIO DE 2024.

A marca FSC® é a garantia de que a madeira utilizada na fabricação do papel deste livro provém de florestas que foram gerenciadas de maneira ambientalmente correta, socialmente justa e economicamente viável, além de outras fontes de origem controlada.